Jakob Maul

Deutsche Kolonisten in Dänemark und Russland

AF211105

Über den Autor

Prof. Dr. Jakob Maul wurde in Kasachstan geboren, wohin seine Eltern während des Zweiten Weltkriegs aus einer früheren deutschen Kolonie im Wolgagebiet deportiert wurden. Seit 1993 lebt und arbeitet er in Deutschland.

Jakob Maul

Deutsche Kolonisten
in Dänemark und Russland

Hintergründe und Folgen der Auswanderung

Bibliografische Information der Deutschen Nationalbibliothek: Die Deutsche Nationalbibliothek verzeichnet diese Publikation in der Deutschen Nationalbibliografie; detaillierte bibliografische Daten sind im Internet über dnb.dnb.de abrufbar.

Die automatisierte Analyse des Werkes, um daraus Informationen insbesondere über Muster, Trends und Korrelationen gemäß §44b UrhG (Text und Data Mining) zu gewinnen, ist untersagt.

Titelbild: Abdruck des Gemäldes von Jakob Maul, 2023
"Ein Landweg in die deutsche Vergangenheit an der Wolga"

Mit Ausnahme der Kapitel 2 und 9 wurde diese Arbeit unter Verwendung einer gekürzten und aktualisierten Textvorlage aus dem Buch *"Die deutschen Auswanderer"* des Autors, veröffentlicht von Weltbuch Verlag GmbH, Dresden, 2017

Verlag: BoD • Books on Demand GmbH, In de Tarpen 42, 22848 Norderstedt
Druck: Libri Plureos GmbH, Friedensallee 273, 22763 Hamburg

ISBN: 978-3-7597-8352-3

Inhalt

Vorwort

Der Anstoß zum Schreiben dieses Buches war der Abschluss meiner langjährigen Suche nach meinen Vorfahren und insbesondere nach Informationen über die Kolonievergangenheit meiner Vorfahren in Dänemark vor deren Auswanderung nach Russland. Dabei konnte ich gleichzeitig eine seit langer geplanter Aktualisierung der Statistiken und des Textes meines vor sieben Jahren erschienenen und noch früher vorbereiteten Buches "Die deutschen Auswanderer im 18./19 Jahrhundert" verwirklichen. Die Abschnitte dieses Buches, die sich mit der Theorie der Problematik und dem russischen Kolonisationsprojekt befassen, sind in diesem Buch in einer überarbeiteten und zusammengefassten Fassung wieder aufgenommen.

Die Information über Dänische Vergangenheit meinen Vorfahren als Kolonisten bewegte mich die Geschichte der deutschen Auswanderung nach Dänemark unter die Lupe nehmen. Und es kam schnell raus, dass diese Ereignisse ziemlich gut erforscht und voll beschrieben sind in zwei fundamentalen Büchern. Das erste, ist ein Lebenswerk von Otto Clausen und heißt „Chronik der Heide-und Moorkolonisation im Herzogtum Schleswig (1760-1765)" und das beeindruckt den Leser von vorne an mit 895 fein gedruckten Seiten. Im Buch sind in Details die ganze Geschichte und die Auswanderung der deutschen Kolonisten nach Dänemark im 18 Jahrhundert dargestellt. Dass alles basiert auf Jahrzenten langen Recherchen von hunderten Dokumenten aus allen zu Verfügung stehenden Quellen, bekannten zu dieser Thema Veröffentlichungen und Forschungen.

Das zweite Buch „Die Einwanderung deutscher Kolonisten nach Dänemark und deren weitere Auswanderung nach Russland in den Jahren 1759–1766" ist von Dr. Alexander Eichhorn, einem deutschen Autor aus Kasachstan und Dr. Jacob Eichhorn und Mary Eichhorn aus USA veröffentlicht. Das Buch, das in deutscher und englischer Sprache zu lesen ist halte es für eine bedeutende Erscheinung in der Literatur über die Geschichte der deutschen Kolonisten in der letzten Zeit. Unter anderen wichtigen Informationen über die dänische Heide Kolonisierung, sind die Transportlisten nach Jütland und Herzogtum Schleswig mit tausenden Nahmen der deutschen Kolonisten aufgeführt. Zum erstem mall sind auch die Namen der Kolonisten, die weiter nach Russland ausgewandert sind veröffentlicht und das macht das Buch besonders gefragt bei sogenannten Russlanddeutschen.

Alle anderen Veröffentlichungen, meistens kurze und im Internet, sind so oder anders auf den Informationen aus diesen zwei Bücher aufgebaut. Auch ich habe den obengenannten Autoren zu verdanken für Ihre Forschungen und veröffentlichen Werken, die ich weiter reichlich zitieren werde bei der Beschreibung der Geschichte der deutschen Kolonisten in Dänemark.

Zu jener Zeit war Deutschland noch kein einheitlicher Staat. Mehrere hundert unabhängige Fürstentümer nahmen zwar ein zusammenhängendes Gebiet in Zentraleuropa ein, waren jedoch nur schwach miteinander verbunden und gehörten zum „Heiligen Römischen Reich Deutscher Nation". Der soeben zu Ende gegangene Siebenjährige Krieg und der Dreißigjährige Krieg, der zuvor in Europa gewütet hatte, führten zu einer abrupten Verarmung des Volkes, zur Erschöpfung seiner Lebenskraft und dazu, dass sich bei weiten

Teilen der Bevölkerung ein Gefühl der Ausweg- und Perspektivlosigkeit eingestellt hatte. In diesem Zusammenhang bildete sich in Europa zunehmend ein stabiles Migrationssystem mit festen Migrationstraditionen bei der Bevölkerung heraus. Diese verlegte ihren Wohnsitz sowohl innerhalb der eigenen Länder als auch in jenseits der jeweiligen Staatsgrenzen gelegene Gebiete und legte auf der Suche nach Arbeit und einem besseren Leben große Entfernungen zurück.

In diesem Buch wird der lange und gefährliche Weg der deutschen Kolonisten in weit entfernte Dänemark und Russland beschrieben. Die Zeit unterwegs war für sie durch Hunger, Kälte und zahlreiche Krankheiten gekennzeichnet. Die Beharrlichkeit und Besessenheit vieler tausend Menschen, die monatelang, ja manchmal jahrelang unterwegs waren, dabei Kinder, Angehörige und nahestehende Menschen verloren und dennoch ihre heißersehnten Ländereien erreichten, auf denen sie sich den Beginn ihres neuen Lebens erträumten, ruft schlichtweg Begeisterung hervor. Im Buch werden die globalen Ursachen der massenweisen Emigration der deutschen Kolonisten untersucht und beschrieben. Diese lauten wie folgt:

• Politische und ökonomische Schwäche der zahlreichen voneinander getrennten deutschen Staaten und Fürstentümer, die eine gemeinschaftlich organisierte Sicherung der Außengrenzen und einheitliche Emigrations- und Zollgesetze vermissen ließ.

• Fehlende koloniale Besitztümer aufseiten Deutschlands zu jener Zeit, was die Möglichkeiten einschränkte, diese für die Umsiedlung der eigenen „überschüssigen" Bevölkerung zu nutzen.

• Vergleichsweise später Beginn der industriellen Revolution im Land, wodurch die Option, der schnell wachsenden ländlichen Bevölkerung eine Beschäftigung in den verschiedenen Industriebranchen zu bieten, nicht gegeben war.

Dabei gehen wir davon aus, dass die von uns formulierten globalen Ursachen der Massenemigration bestimmten in wesentlichem Maße das Wirken und die Bedeutung der Ursachen zweiten Grades, zu denen verschiedene politische, religiöse, ökonomische und persönliche Auswanderungsmotive zählen.

Die Übersiedlung deutscher Staatsangehöriger nach Russland dauerte etwa 100 Jahre lang an. In dieser Zeit entstanden deutsche Siedlungen in den wilden Steppen des Wolgagebiets, in der Nähe von Sankt Petersburg und Woronesch, im Schwarzmeergebiet, in Bessarabien, am Don, im Nordkaukasus und im Hinterland des Kaukasus, am Ural, in Sibirien, Kasachstan und Mittelasien. Die deutschen Siedlungen nannte man damals Kolonien, ihre Bewohner Kolonisten. Durch ihren langen und unablässigen Einsatz verwandelten sie die einst öden Steppengebiete und die wenig bis gar nicht erschlossenen Landstriche in wirtschaftlich entwickelte Gebiete mit blühenden Siedlungen und trugen insgesamt erheblich zur allgemeinen Entwicklung Russlands bei, welches für sie zur Heimat geworden war.

Mit Beginn der zweiten Hälfte des 19. Jahrhunderts und einhundert Jahre nach Ankunft der ersten Kolonisten zogen allerdings erstmals schwarze Gewitterwolken am Himmel der deutschen Bevölkerung auf. Die schnell wachsende Bevölkerung führte zu einem akuten Mangel an Grund und Boden. Die Machthaber wollten nichts mehr davon wissen, dass sie die deutschen Kolonisten, die ihnen Hunderte von Jahren treue und ergebene Untertanen gewesen waren, einst eingeladen hatten. Nun, nachdem die deutschen Kolonisten die ihnen anvertrauten Aufgaben erfüllt und die einstmals öden Landstriche in blühende Ländereien verwandelt hatten, begannen die Machthaber und ein Teil der politischen Elite damit, in ihren Gesellschaften antideutsche Ressentiments zu schüren. Gegenüber den deutschen Kolonisten, deren wachsender Wohlstand und Erfolge in der landwirtschaftlichen und industriellen Produktion Neid und wahllose Anschuldigungen im deutschen Einflussgebiet hervorriefen, setzte sich zunehmend eine ablehnende Haltung durch.

Im Zuge der Reformen von Alexander II. wurde den Deutschen 1871 ihr privilegierter Sonderstatus als Kolonisten entzogen, und ab 1874 wurde auch der verpflichtende Kriegsdienst für sie eingeführt. Damit wurden die wichtigsten Privilegien aus der Zeit Katharinas II. aufgehoben, die sie ihren Vorfahren als dauerhaftes Geschenk gemacht hatte. Zudem hatten die nachfolgenden Zaren Pavel I., Alexander I. und Nikolaj I. diese Privilegien durch wiederholte Zarenerlasse bestätigt.

Es bedarf keines Beweises, dass es genau diese Vergünstigungen und Privilegien der herrschenden Monarchen waren, die einst den Ausschlag für die Übersiedlung der deutschen Bauern nach Russland gegeben hatten. Das Buch beschreibt diese Zeit detailliert und überzeugend zeigtes, dass nicht alle Kolonisten bereit waren, den Verlust ihrer

Privilegien einfach hinzunehmen, und viele von ihnen kehrten Russland den Rücken. Sie ließen dabei nicht nur die zivilisierten heimatlichen Gegenden und Ländereien zurück, sondern auch die Gräber ihrer Vorfahren, die ein Jahrhundert zuvor auf der Suche nach einem besseren Schicksal und einer neuen Heimat nach Russland gekommen waren.

Die Deutschen, die weiterhin in Russland blieben und nun den russischen Bauern gleichgestellt waren, setzten ihre ehrliche Arbeit fort, trugen erfolgreich zur Weiterentwicklung des Ackerbaus und der Viehzucht, der industriellen Produktion, der Bildung und der Kultur bei und glaubten weiterhin an eine bessere Zukunft. Allerdings rief eine derart dynamische und erfolgreiche Entwicklung der deutschen Kolonien als integraler Bestandteil der gesamten russischen Wirtschaft bei einem bestimmten Teil der Gesellschaft eine tief verwurzelte ablehnende Haltung gegenüber den deutschen Kolonisten hervor. Eine nicht unwesentliche Rolle spielte dabei die Tatsache, dass das vereinigte Deutschland im Jahr 1871 auf der Weltbühne erschien, da Russland nun in Deutschland seinen wichtigsten politischen und wirtschaftlichen Gegner in Europa sah.

Die Anstrengungen der nationalistischen und chauvinistischen Presse führten dazu, dass die sichtbaren Erfolge der deutschen ethnischen Minderheit Neid erregten und Gründe genannt wurden, weshalb ihre riesigen Landgüter und sonstigen Besitztümer konfisziert werden sollten. Die ständige Verschärfung der antideutschen Ressentiments verwandelte sich zu Beginn und während des Ersten Weltkriegs in eine antideutsche Hysterie, in Pogrome und in den Kampf der zaristischen Machthaber gegen den "deutschen Einfluss". Genau zu dieser Zeit begann auch die Massenemigration der

Russlanddeutschen aus dem Land. Die wesentlichen Phasen dieser Emigration und ihre quantitative Bewertung anhand vorhandener statistischer Materialien werden im vorliegenden Buch detailliert dargestellt.

Die Beziehungen zwischen diesen beiden Ländern stellten damit zum ersten, jedoch bei Weitem nicht zum letzten Mal, die Hauptursache für die wesentliche Verschlechterung der Situation der Kolonisten und der übrigen Deutschen in Russland dar. Nach der Revolution im Jahr 1917 und dem Untergang der zaristischen Autokratie verhielt sich die neue Sowjetmacht, die auf revolutionäre Veränderungen in Deutschland und auf der ganzen Welt hoffte, zunächst loyal gegenüber den deutschen Kolonisten und schuf 1918 das autonome Gebiet der Wolgadeutschen. Aus diesem wurde 1923 die Autonome Sozialistische Sowjetrepublik der Wolgadeutschen. Dieser Umstand bewahrte die Kolonisten im Wolgagebiet und in anderen Regionen Russlands allerdings nicht vor Erschütterungen, die ihre gewohnte Lebensweise endgültig zerstörten. Bereits in den 1930er Jahren wurden alle Kolonisten genauso wie die russischen Bauern gewaltsam in Kolchosen getrieben, und anschließend zog über sie wie über das gesamte Land eine Welle der Repressionen hinweg.

Der Beginn des Zweiten Weltkriegs brachte neues Leid in bisher unbekanntem Ausmaß und mit einer beispiellosen Dimension der Ungerechtigkeit für die deutsche Ethnie. Der Faschismus in Deutschland brachte vielen Völkern in Russland unbeschreibliche Armut, Trauer und Tod. Besonders die wahllosen Schuldzuweisungen an die ethnische deutsche Minderheit für die Verbrechen des Nazideutschlands hatten tragische Folgen. Die Nachkommen der deutschen

Kolonisten und die übrigen Gruppen der deutschen Bevölkerung hatten sich hunderte von Jahren weit von Deutschland entfernt aufgehalten und konnten unmöglich an der Machtergreifung und den Verbrechen des Naziregimes beteiligt gewesen sein. Massive Gewaltanwendung, Diskriminierung und Völkermord an der deutschen Bevölkerung haben dunkle Kapitel in der russischen Geschichtsschreibung hinterlassen und sind im genetischen Gedächtnis der ethnischen deutschen Minderheiten verankert.

Nach dem Zweiten Weltkrieg begann in den 1970er Jahren in der Sowjetunion eine Bewegung für die freie Ausreise der Russlanddeutschen in ihre historische Heimat. Trotz administrativer und strafrechtlicher Verfolgung setzte sich diese Bewegung bis zum Beginn demokratischer Reformen im Land fort. Diese Reformen ermöglichten die Emigration, wenn eine familiäre Wiedervereinigung nachgewiesen werden konnte. Dieser historische und schicksalhafte Moment in der Geschichte der Russlanddeutschen ist eng mit dem Namen M. S. Gorbatschow und seinem Kurs der Liberalisierung und Demokratisierung des öffentlichen Lebens der Völker der UdSSR verbunden. Dies markierte den Beginn der massenhaften Ausreise der Russlanddeutschen nach Deutschland. Jahr für Jahr verließen Hunderttausende von Menschen Russland, ließen erneut ihre Häuser und Besitztümer zurück, um in ihrer historischen Heimat einen Neuanfang zu wagen. Weder die leeren Versprechungen der russischen Machthaber, sämtliche Probleme der Russlanddeutschen zu lösen, noch die Zusicherungen der deutschen Regierung, die Tore seien für sie auf ewig geöffnet und es bestehe kein Grund zur Eile, konnten die massenhafte Auswanderung der Russlanddeutschen beenden.

Am Ende seines Buches hielt es der Autor für notwendig, ein Kapitel zu verfassen, das die Geschichte der deutschen Kolonisten und ihrer Nachkommen in Russland ausführlich im Spiegel der Geschichte seiner eigenen Familie darstellt. Er hofft, dass zusätzlich einige seiner Seiten anderen Nachkommen deutscher Kolonisten in Russland bei der Suche nach ihren Vorfahren nützlich sein werden. Abschließend sei darauf hingewiesen, dass bei der Verfassung des Buches umfangreiche Archivmaterialien und statistische Daten verwendet wurden. Zahlreiche historische Quellen, Bücher und Artikel unterschiedlichen Erscheinungsdatums wurden studiert und sind teilweise im umfassenden Literaturverzeichnis mit 155 Quellen aufgeführt. Das Buch enthält zudem 13 Abbildungen als Illustrationen, die vom Autor anhand kartografischer Materialien und literarischer Quellen aus dem 18. und 19. Jahrhundert selbst erstellt wurden. Diese dienen einem besseren Verständnis der Wege, die von den deutschen Kolonisten eingeschlagen wurden, und ihrer kompakten Wohngebiete.

Möge der Leser auf dem Pfad der einzigartigen Geschichte der deutschen Kolonisten, der immense Risiken, erstaunliche Kühnheit, harte Arbeit, verdiente Erfolge und tragische Ereignisse birgt, viele neue und interessante Informationen entdecken.

Jakob Maul

Kapitel 1

Die Bevölkerungstheorie in Europa im 18. Jahrhundert

1.1 Migrationssystem

Zu Beginn des 18. Jahrhunderts etablierte sich in Europa ein stabiles Migrationssystem mit festen Traditionen. Die Bevölkerung verlagerte ihren Wohnsitz innerhalb nationaler Grenzen und über diese hinaus auf der Suche nach Arbeit und einem besseren Leben. Besonders aktiv waren die Menschen aus den getrennten deutschen Staaten und Fürstentümern beteiligt. Deutschland war zu dieser Zeit noch kein einheitlicher Staat, sondern bestand aus Hunderten unabhängiger Fürstentümer im „Heiligen Römischen Reich Deutscher Nation". Eine bedeutende Anzahl von Bürgern zog aus überbevölkerten Gebieten in weniger dicht besiedelte Regionen um.

Statistische Daten zu den Migrationsprozessen des 18. Jahrhunderts sind nicht präzise überliefert. Historische Auswertungen, wie die von Klaus J. Bade in seinem Buch „Europa in Bewegung", basieren auf Analysen von Befragungsbögen von einreisenden Migranten, die noch von Präfekten aus der Zeit Napoleons für den französischen Innenminister Graf de Montalivet ausgefüllt worden waren. Diese zeigen etwa 20 Migrationssysteme in Europa, von denen sieben große Systeme jährlich mehr als 300.000 Menschen über 250 bis 300 Kilometer auf der Suche nach Arbeit reisen ließen, teilweise sogar die Staatsgrenzen überschreitend.[1]

Ähnliche Migrationsströme gab es auch bei Händlern, die große Entfernungen zurücklegten, um Absatzmöglichkeiten für ihre Waren zu finden. Deutsche Fürstentümer spielten eine wesentliche Rolle in diesen Strömen. Der wachsende Bedarf an Arbeitskräften in industriellen Zentren führte zu einer massiven Migration aus ländlichen Gebieten in Städte und aus Agrarstaaten in aufstrebende Industrieregionen. Die Migration betraf auch Länder mit begrenzten Ressourcen, die Menschen in weniger dicht besiedelte Gebiete lockten. Im 18. und 19. Jahrhundert entwickelten sich in Deutschland und anderen europäischen Staaten Bedingungen, die einen erheblichen Teil der Bevölkerung an verschiedenen Formen der inneren Migration teilnehmen ließen, und sie somit auf die Emigration vorbereiteten.

1.2 Die Peuplierungspolitik

Bereits im 17. und 18. Jahrhundert entwickelte sich die Bevölkerungstheorie und fand breite Anerkennung, was zur Umsetzung einer Peuplierungspolitik führte. Diese demografischen Maßnahmen zielten darauf ab, dünn besiedelte Gebiete durch Anwerbung ausländischer Staatsangehöriger zu besiedeln, indem diesen Privilegien und Freiheiten versprochen wurden. Die Populationskonzepte bildeten damals die Grundlage für die reale Bevölkerungspolitik vieler Monarchen europäischer Staaten. Diese Monarchen orientierten sich am Beispiel des preußischen Königs Friedrich II (der Große), der, im Anschluss an seine Vorgänger, eine aktive Populationspolitik (Peuplierungspolitik) verfolgte. Er gewährte Umsiedlern zahlreiche Privilegien, um ausländische, insbesondere deutsche Staatsangehörige ins Land zu locken. Dies stand in direktem Zusammenhang mit den erheblichen Bevölkerungsverlusten durch zahlreiche europäische Kriege, begleitet von religiöser Verfolgung, Hungersnöten, Epidemien und unmenschlichen Lebensbedingungen für das einfache Volk.

Eine bedeutende Facette von Friedrichs II. Peuplierungspolitik waren zahlreiche Agrarprojekte, besonders die größte landwirtschaftliche Erschließung zuvor ungeeigneter Gebiete. Projekt war die Austrocknung der Sumpfgebiete im Oderbruch. Bereits sein Vater, Friedrich Wilhelm I., hatte mit der Austrocknung begonnen, jedoch konnte er die schwierigen Maßnahmen nicht abschließen. 1740 beauftragte Friedrich II. den anerkannten Spezialisten Simon Leonard von Haerlem mit einer neuen Expertise und einem Konzept zur Trockenlegung der sümpfe. Die 1747 begonnenen Arbeiten umfassten die Absperrung von Oderarmen, den Bau von Dämmen und eines neuen Kanals zur Verkürzung des Flussbetts und Erhöhung der Fließgeschwindigkeit. Trotz Verzögerungen durch Widerstand der Bevölkerung wurden die Arbeiten 1753 abgeschlossen. Das Projekt ermöglichte die Trockenlegung von etwa 69.000 Hektar Sumpfgebiet, auf dem etwa 7.000 Kolonisten in 50 neuen Siedlungen ansässig wurden. Friedrich II. äußerte nach Abschluss des Projekts die bekannten Worte: *„Hier habe ich im Frieden eine Provinz erobert."* Auf den nutzbargemachten Ländereien siedelten sich Übersiedler aus verschiedenen Regionen an. Während seiner Regierungszeit (1740-1786) wurden etwa 100.000 Hektar Sumpfgebiete und ungenutzte Ländereien erschlossen.[2]

In dieser Zeit kamen etwa 284.000 Übersiedler in Preußen an, wovon sich 208.600 in Dörfern und 75.000 in Städten niederließen. Sie machten 7,5 % der Gesamtbevölkerung Preußens aus, die 1740 bei 2,24 Millionen und 1786 bei 6 Millionen lag.[3] Insgesamt wanderten von 1640 bis zum Ende von Friedrichs II. Regierungszeit mehr als 500.000 Kolonisten nach Preußen aus, was damals etwa ein Zehntel der Bevölkerung ausmachte.[4] Im 18. Jahrhundert folgten andere Länder Ost- und Südosteuropas dem Beispiel Preußens und begannen mit einer aktiven demografischen Peuplierungspolitik. Monarchen in Europa und Russland nutzten die schwierige Lage tausender deutscher Bürger und lockten sie mit großen Versprechungen in ihre Länder zur Einwanderung.

1.3 Die Auswanderungswellen aus Deutschland im 18. Jahrhundert

Im 17. Jahrhundert begann die Auswanderung aus deutschen Ländern, erreichte jedoch im 18. Jahrhundert ihren Höhepunkt. Südost- und Osteuropa waren zunächst Hauptziele, gefolgt von Nordamerika. Schätzungen zufolge wanderten zwischen 400.000 und 500.000 Menschen nach Südost- und Osteuropa aus, während 100.000 nach Nordamerika gingen.[5]

Ab dem 19. Jahrhundert änderte sich das Muster, und die Auswanderung richtete sich vor allem auf Überseeziele,

insbesondere die USA. Über einen Zeitraum von hundert Jahren wanderten schätzungsweise 52 Millionen Menschen aus Europa aus, wobei Nordamerika das Hauptziel war. Von diesen ließen sich 37 Millionen in Nordamerika, elf Millionen in Südamerika und 3,5 Millionen in Australien und Neuseeland nieder.[6]

Die deutsche Emigration nach Übersee dauerte etwa zwei Jahrhunderte und spiegelte soziale, wirtschaftliche, politische und andere Herausforderungen des deutschen Staates wider. Bis 1820 waren etwa 150.000 Deutsche in Amerika gelandet, danach stieg ihre Anzahl sprunghaft an und von 1850 bis 1890 stellten die deutschen Emigranten bereits die größte nationale Gruppe der gesamten europäischen Emigration nach Amerika dar.

Insgesamt machten sich im Zeitraum von 1820 bis 1928 5,9 Millionen deutsche Bürger auf den Weg ans jenseitige Ozeanufer. Von diesen ließen sich 89,8 % oder 5,3 Millionen in den USA, 200.000 in Brasilien, 145.000 in Kanada und 120.000 in Argentinien nieder.[7]

Jetzt zurück ins 18. Jahrhundert. Wie bereits erwähnt, begaben sich in dieser Zeit die meisten deutschen Kolonisten auf den Weg nach Ost- und Südosteuropa, um sich im damaligen Ungarn und in Russland niederzulassen. Vor der großen Auswanderungswelle nach Russland gab es jedoch eine kleinere Auswanderungsbewegung nach Dänemark, die von 1759 bis 1765 dauerte. Genau in dieser Auswanderungswelle nach Dänemark

befanden sich meine Vorfahren als Kolonisten, bevor sie später nach Russland ausreisten und sich dort an der Wolga niederließen. In den folgenden Kapiteln dieses Buches werden wir die Auswanderung der deutschen Kolonisten hauptsächlich in den beiden genannten Ländern detailliert behandeln.

Kapitel 2

Auswanderung nach Dänemark

2.1 Der Dänische Heide- und Moorkolonisation Projekt

Viele Bürger zogen in großer Zahl aus überbevölkerten Gebieten in weniger dicht besiedelte Regionen um. Sowohl hochqualifizierte Handwerker als auch einfache Arbeiter waren auf der Suche nach einem besseren Leben und Freiheit unterwegs. Die Armut zwang sie dazu, ihre Heimat zu verlassen und in europäischen und anderen Ländern nach Arbeit zu suchen. Auch aus Hessen-Darmstadt gab es mehrere Auswanderungswellen, zuerst nach Pennsylvania, als die englische Königin Anna im Jahr 1709 jedem Auswanderer eine freie Überfahrt und großzügige Landzuweisungen versprach. Später lockten die Hessen-Darmstädter und Tausende andere Deutsche mit großen Versprechungen die Herrscher der Donaumonarchie und der russischen Zarin Ekaterina II. zu einer Reise. Zu Beginn des 19. Jahrhunderts nahm die Bedeutung der großen Auswanderungswelle nach Nordamerika zu. Im Vergleich zu diesen gut erforschten und beschriebenen Auswanderungswellen ist die Auswanderung von 1760-1762 nach Dänemark weniger bekannt.

Wie immer begann auch diese Auswanderungswelle mit einer Einladung und großen Versprechungen des dänischen Königs Friedrich V. (1723-1766), der etwa eine Million Hektar Heideland in Jütland und Schleswig-Holstein in fruchtbares Ackerland umwandeln wollte. Es ist zu bemerken, dass dies nicht der erste Versuch war. Bereits 1723,

1739 und 1751 waren solche Projekte der dänischen Regierung zur Trockenlegung der Moore und Sümpfe in dieser Gegend gescheitert, weil niemand auf die Appelle und Versprechungen seines Großvaters, Vaters und Frederik V selber reagierte. So folgte 1751 nur ein einziger Kolonist aus der Pfalz seinem Aufruf, der bald wieder abreiste[8]. Unter anderem sollte dafür auch die Qualifikation der Bauern und der schlechte Zustand der dänischen Landwirtschaft verantwortlich sein. Aber diesmal sollte das kaum nutzbare für ein dänischer Bauer Land, durch Kenntnisse und Fleiß der deutschen Bauern kolonisiert werden. Um die Deutschen dazu zu bringen, in die großen Heidegebiete in Jütland und Schleswig-Holstein zu ziehen, versprach der dänische Staat jeder Siedlerfamilie eine Erbpachtstelle mit Haus, Vieh, Ackergerät, 20 Jahre Steuerfreiheit, Reisegeld und Tagegeld bis zur ersten ausreichenden Ernte.

Nach einer Gutachtung von Johann Heinrich Gottlieb von Justi (1717-1771) erhielt der dänische Gesandte in Frankfurt am Main, Johan Frederik Moritz (1715-1771), den Auftrag, deutsche Kolonisten zu gewinnen. Er machte sich aktiv an die Arbeit und verdiente sein Geld als erster an dem Projekt. Für jeden angeworbenen Kolonisten erhielt er vier Reichstaler.

Aus diesem Grund wurde fast jeder bei der Werbung akzeptiert, und als Konsequenz hatte ein Teil der zukünftigen Kolonisten keine Ahnung von der Landwirtschaft. Durch die erfolgreiche Arbeit des Werbers, Verbreitung von Werbeblättern unter dem Volk waren tausende Bürger aus der Pfalz, Baden, Württemberg und Hessen innerhalb kurzer Zeit bereit, nach Dänemark auszuwandern.

Es gab mehrere Gründe für die Bereitschaft der deutschen Bürger, ihr Land zu verlassen. Zum einen waren es die schlechten wirtschaftlichen Verhältnisse in ihrer Heimat, darunter: Armut, Hunger und Not. Ein Mangel an Perspektiven, um ihre Situation zu verbessern und Eigentum im eigenen Land zu erlangen, spielte ebenfalls eine Rolle. In vielerlei Hinsicht standen all diese wirtschaftlichen Probleme im Zusammenhang mit dem Siebenjährigen Krieg (1756-1763). Der zweite Grund für die Bereitschaft zur Auswanderung waren die verlockenden Versprechungen des dänischen Königs, die mit den Bestrebungen der deutschen Bevölkerung in dieser Zeit zusammenfielen. Ein weiterer wichtiger Faktor war die relative Nähe des Ansiedlungsortes im Vergleich zu anderen Kolonisationszielen, was keinen langen Aufenthalt auf dem Weg erforderte. Laut dem Buch von Dr. Alexander Eichhorn, Dr. Jacob Eichhorn und Mary Eichhorn wanderten zwischen 1759 und 1762 fast 5000 Deutsche auf den Ruf des dänischen Königs nach Jütland und Schleswig-Holstein als Kolonisten aus.[9]

In meiner Erzählung über die Geschichte der Besiedlung der dänischen Heidelandschaft werde ich zunehmend von den Menschen sprechen, die Hessen-Darmstadt verlassen haben, darunter auch meine Vorfahren, die zu den ersten Kolonisten gehörten, die nach Jütland kamen. Später werde ich bei der Beschreibung meines Stammbaums ausführliche Informationen über meine Vorfahren geben. Jetzt werde ich nur ihre Namen auflisten und kurz die Geschichte und den Herkunftsort beschreiben.

Die Geschichte unserer Familie, die mit der Kolonisierung und Erschließung von Land in Dänemark und später in Russland verbunden ist, beginnt mit Andreas Maul. Er wurde am 27. Januar 1705 in Klein-Bieberau geboren und am nächsten Tag in der evangelischen Kirche in Nieder Modau, 12 Kilometer südöstlich von Darmstadt, getauft. Am 4. Februar 1734 heiratete er Anna Margaretha Glaser, die Tochter von Michael Glaser, in derselben Kirche. Vor seiner Ausreise nach Dänemark arbeitete er als Tagelöhner und lebte in Ernsthofen, das zur Landgrafschaft Hessen-Darmstadt gehörte. Andreas und seine Frau hatten zusammen sechs Kinder, die alle in Neunkirchen, einem Ortsteil von Modautal, getauft wurden: Philipp Ludwig am 7. November 1734, Maria Catharina am 12. Oktober 1736, Johann Georg am 5. Juli 1739, Johann Michael am 5. September 1742, Maria Catharina am 25. Juli 1745 und Johann Philipp am 16. März 1749.[10] Andreas verließ seine Heimat in Richtung Dänemark mit den Kindern, ohne seine Frau Anna Margareta, die 1759 verstarb.

2.2 Der Weg nach Jütland

Die Reise war damals gefährlich, denn der Siebenjährige Krieg tobte noch immer, und die Auswanderergruppen versuchten den Truppen des Krieges zu entkommen. Die Reiseroute führte zunächst nach Frankfurt und von dort nach Altona. Die Stadt gehörte seit 1640 zum dänischen Hochgebiet und heute zum Hamburger Bezirk. Nach einer kurzen Pause machten sich die Kolonisten und ihre Familien erneut auf den Weg zu ihrem endgültigen Ziel in Jütland oder im

Herzogtum Schleswig. Die gesamte Route von Andreas und anderen Kolonisten aus Darmstadt, Hessen, erstreckte sich über etwa 900 Kilometer, wie aus Abbildung 1 ersichtlich ist. Die Route verlief größtenteils entlang des Landwegs zwischen Norddeutschland und Dänemark, der damals als Treibweg für Vieh genutzt wurde und den Namen "Ochsenweg" trug. Dieser Weg war unbefestigt, im Sommer staubig und sandig, bei kaltem Wetter morastig, grundlos und schwer passierbar. Von Hamburg aus führte eine Route durch Holstein nach Rendsburg. Im Herzogtum Schleswig verlief sie entlang der Städte Schleswig, Flensburg und Hadersleben bis nach Kolding.

Alle Erwachsene Auswanderer müssten auf holprigen Weg zu Fuß laufen, nur die kleinen Kinder dürften mit dem Gepäck auf dem Wagen mitfahren. Die Reise dauerte etwa 6-7 Wochen[11], in denen die Kolonisten und ihre Familien dem unbeständigen Wetter unter freiem Himmel ausgesetzt waren. Sie befanden sich in ständiger Angst, in ein Kriegsgebiet zu geraten oder während dieser beschwerlichen Reise zu erkranken. In dem bereits erwähnten Buch finden wir Andreas mit seiner Familie auf der Transportliste der Kolonisten A4, die vom 10. bis 24. April 1760 nach Altona kamen. Von dort aus gingen sie in zwei Kolonnen nach Jütland und erreichten am 1. Mai 1760 Fridericia, Jütland, wo sie sich in der Kolonie *"Friderichshoi"*, Amt Hald, niederließen.

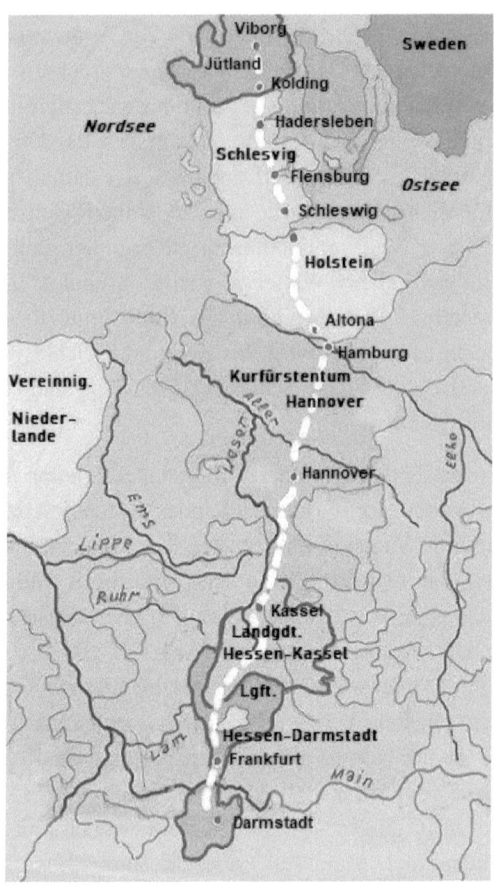

Abb.1: Die gesamte Route von Andreas Maul und anderen Kolonisten aus Darmstadt nach Jütland. (Die Karte wurde vom Autor
erstellt und gezeichnet).

Andreas' Cousin Maul Johann Philipp wanderte ebenfalls
aus, zusammen mit seiner Frau Anne Margaretha und fünf
Kindern, die auf der Transportliste A6 standen. Zu dieser

Zeit war er 45 Jahre alt. In der Transportkolonne von Andreas Maul waren insgesamt 448 Personen unterwegs, darunter 102 Männer, 105 Frauen, 200 Kinder, 21 ledige Männer und 21 ledige Frauen. Insgesamt haben zwischen dem 15. Oktober 1759 und dem 19. Januar 1761 298 deutsche Familien mit 1.106 Mitgliedern denselben Weg nach Jütland gemacht[12].

2.3 Vereidigung und der enttäuschender „nordischen Paradies"

Nach der Ankunft am Wohnort erfolgte die Annahme der neuen Staatsbürgerschaft in einer feierlichen Zeremonie, bei der alle Familienoberhäupter den Treueeid auf König Friedrich V. leisteten.

Alle Kolonisten, einschließlich der Ehefrauen und Kinder, wurden dänische Staatsangehörige mit allen Rechten und Pflichten der Staatsbürgerschaft. Dazu gehörte auch der Verlust des Rechts, das Land ohne behördliche Genehmigung zu verlassen.

Die nach Jütland gekommenen Kolonisten wurden größtenteils südwestlich von Viborg verteilt. Hier auf der Heide entstanden mehrere kleine Siedlungen von 3-4 Höfen sowie die beiden größeren Dörfer Frederiks Heide und Frederikshöj mit insgesamt 60 Familien[13]. Ein wesentlich kleinerer Teil der Kolonisten wurde im zweiten Ort angesiedelt, der westlich von Vejle Randböl-Heide lag. Die ersten Kolonisten ins Herzogtum Schleswig kamen ein Jahr später, das Kultivierungsgebiet umfasste die Ämter Gottorf, Flensburg und Tondern. Im Amt Gottorf waren 21 Kolonien, im Amt Flensburg 19 Kolonien und im Amt Tondern sieben Kolonien ausgewiesen. Insgesamt kamen 17 Kolonisten-Tecks nach Jütland vom 15. Oktober 1759 bis zum 19. Januar 1761, und 32 Trecks von 17. März 1761 bis zum 25. September 1762 nach Schleswig[14].

Die Freude über die Ankunft in der neuen Heimat und gute Laune waren jedoch bei den Kolonisten in kurzer Zeit vorbei. Die harte Realität entsprach nicht den Versprechungen und Geschichten der Anwerber, die sie ermutigten, Kolonisten zu werden und ihre Heimat zu verlassen. Für die angekommenen Kolonisten war kein Land vorbereitet und vermessen, keine Häuser gebaut. Sie mussten in Erdhütten (Abb.2.) oder zugewiesenen Schäfereien leben und warten, bis ihre Häuser gebaut wurden. Solche primitiven und ungesunden Wohnverhältnisse schockierten sie, und mehrere von ihnen verlangten aus Protest die Rückreise. Die schlechten Verhältnisse der Kolonisten in Jütland mussten auch Moritz nach seiner Inspektionsreise im Bericht zugeben. Er schrieb, dass die Kolonisten noch nicht über Besitz verfügten, die Hütten bestünden aus Torf, und „Einige sind darin gestorben, andere Ligen krank darnieder"[15]

Die dänische Regierung reagierte auf die Unzufriedenheit der Kolonisten und schlug am 24. Juni 1760 Maßnahmen vor, um die kritische Situation zu korrigieren. Dies umfasste insbesondere den schnellen Bau von Häusern für die Kolonisten, die Bereitstellung von Pfarrern entsprechend ihrer Konfession, die Vergabe von Land und Weideland, die Organisation der Ausbildung der Kinder in Schulen sowie finanzielle Unterstützung, bis das Land vollständig erschlossen ist. Trotz allem ging das Leben weiter, und es gab auch positive Entwicklungen bei den deutschen Kolonisten. Bis Ende Dezember 1760 waren in Jütland Plätze in den Kolonien für 244 Familien zugewiesen, von insgesamt 287 Angekommenen.

Abb.2: Erdhütte der deutschen Kolonisten in Dänemark (Zeichnung des Autors, basierend auf einem Foto aus dem Buch von Manfred Göbel *„Über Schleswig nach Wolga".* GENDI-Verlag *2022,* S. 23.)

Bis Ende des Jahres könnten viele von ihnen in die neu gebauten Heuser einzuziehen. Die ohne Plätze gebliebenen Familien wurden in den umliegenden Dörfern untergebracht.[16] Ein ähnliches Schicksal ereilte auch alle deutschen Kolonisten, die in den Jahren 1716-1765 nach Jütland und ins Herzogtum Schleswig kamen. Viele von ihnen mussten mehrere Monate, oft auch einige Jahre, als

Reservekolonisten auf eine eigene Wohnstelle warten. Alle Reservekolonisten, die sich für eine neue oder frei gewordene Stelle bewerben wollten, wurden zuvor einem Examen unterzogen. Nur diejenigen, die es bestanden hatten, konnten die Kolonisten Stelle bekommen.

Im Jahr 1737 überzog eine dunkle Wolke das dänische Kolonisationsprojekt. Die Finanzverhältnisse des Dänischen Staates waren wegen gestiegener Militärausgaben, aufgrund der drohenden Gefahr eines Krieges mit Russland, angespannt. Unter anderem beschloss man, auch bei den Kolonisten zu sparen und ihre Unterstützungsgelder um ein Drittel zu kürzen. Es wurde entschieden, faule, unwillige und für die Landwirtschaft ungeeignete Arbeiter aus dem Kolonisten Status zu entlassen und ausreisen zu lassen. Eine Generalüberprüfung der jütischen und schleswigschen Kolonisten wurde durchgeführt. Nach der Prüfung im April 1763 wurden 112 Kolonisten in Jütland als ungeeignet befunden. Die Liste wurde später im Juni 1763 auf 68 Familien eingeschränkt. Ähnliche Verhältnisse wurden bei der Generalüberprüfung der Kolonien auch im Herzogtum Schleswig festgestellt. Im Amt Gottorf sind nach der Überprüfung im Februar 1763 aus 288 etablierten Kolonisten Familien, 54 als unfähig eingestuft und Entlassen, im Amt

Flensburg sind im 6. Juni 24 und später noch mal 73 Reservekolonisten entlassen, im Amt Tondern sind am 10. Juni 1763 aus 190 Reservekolonisten 66 entlassen[17]. Aufgrund der Überprüfung mussten nicht nur Reservekolonisten, sondern auch etablierte Kolonisten gehen, was bei denen, die bleiben konnten, Unsicherheit auslöste. Keiner von ihnen war mehr sicher, da bei der nächsten Prüfung auch er als ungeeignet eingestuft werden könnte. Die ständigen

Reibereien mit Einheimischen, die befürchteten, dass die deutschen Siedler ihre Einnahmequellen wegnehmen würden, trugen zur Unruhe unter den Kolonisten bei.

2.4 Kolonisten Desertion und Projektdesaster

Es kam dazu, dass viele Kolonisten seine Stellen verzweifelt verlassen haben. Sehr oft verkauften sie trotz Verbots dabei ihre Ochsen und Kühe mit allen Geräten vom Hof, um die Flucht zu finanzieren. Am 26. März 1765 wurden vom dänischen König neue Sparmaßnahmen genehmigt. Diese sahen vor, die Tagegelder zu kürzen und eine erlaubte Abreise von *"nicht arbeitswilligen"* etablierten und Reservewohnkolonisten zu ermöglichen. Diese Entscheidung verursachte eine große Welle der Desertion. Im Januar 1765 blieben in den jütischen Kolonien von 145 Familien nur 64, und in den schleswigschen Kolonien von 567 Familien nur 241 übrig.[17] Zur Flucht bewogen die Kolonisten auch Werbungsblätter aus Russland, die bessere Bedingungen und ein freies, sattes Leben versprachen. Laut Eichhorn waren Ende 1767 in den Wolgakolonien 455 Familien ehemaliger jütischer und Schleswigscher Kolonisten registriert, was 7,3% aller an die Wolga angekommenen Auswanderer entsprach. Zusammen mit den dänischen Kolonisten, die sich in Russland bei Sankt-Peterburg, Woronesch, Tschernigov und Livland niederließen, ergab sich eine Gesamtzahl von 604 Familien oder 50% aller aus Deutschland nach Jütland und Herzogtum Schleswig gezogenen Familien[18].

Und so endete das große Projekt in einem Desaster. Es gelang dem dänischen Staat erneut nicht, das Heideland in Jütland und Schleswig-Holstein in fruchtbares Ackerland umzuwandeln und zu besiedeln. Die Kultivierung der Heide- und Moorflächen stellte sich als äußerst schwieriges Problem heraus, das erst am Ende des 19. Jahrhunderts mit ausreichend Mineraldünger und Dampfpflügen gelöst wurde, die die notwendigen großen Meliorationsarbeiten ermöglichten.

Wie bereits erwähnt, kamen Andreas und sein Cousin mit ihren Familien nach Jütland in die Kolonie Friedrichshoi. Andreas war einer der ersten 34 Kolonisten, die hier ihre Wohnplätze erhielten. Im Dezember 1761 lebten in Friedrichshoi 59 Kolonisten mit ihren Familien, von denen nur eine Familie katholisch war, alle anderen gehörten dem evangelisch-lutherischen Glauben an. Zu meinen Vorfahren, die als selbständige Kolonisten gemeldet waren, gehörten Andreas Maul mit Familie, sein älterer Sohn Philip Ludewig Maul mit Frau und drei Kindern, sein zweiter Sohn Johann Georg Maul, der im Juni 1761 Anna Margaretha Heuser in Dänemark heiratete und unser direkter Vorfahre wurde (die Beweise dafür werden im Kapitel 9 vorgelegt). Es scheint, dass Andreas auch in Dänemark erneut geheiratet hat, da im Dezember 1762 in seiner Familienbeschreibung eine Frau und zwei Söhne sowie eine Tochter erscheinen.

Die große Welle der Desertion hatte auch die Kolonie Friedrichshoi nicht umgangen. Im Dezember 1766 waren nur noch 16 Höfe mit Kolonisten aus Deutschland übrig. Unter den abgereisten Kolonisten waren auch meine Vorfahren. Es ist uns heute unbekannt, ob sie mit Genehmigung abgereist sind oder desertiert wie die meisten Kolonisten, aber es scheint, dass sie in Dänemark fleißig waren. Dafür spricht ein Artikel über die Kartoffeldeutschen in Wikipedia, der berichtet, dass die deutschen Kolonisten in Dänemark als *"Kartoffeldeutsche"* bezeichnet wurden, weil sie die Kartoffel als Lebensmittel einführten. Vorher betrachtete die dänische Bevölkerung die Kartoffel nur als Viehfutter. Anlässlich des 225. Jubiläums wurde 1984 in Frederiks ein Erinnerungsstein an die ersten Einwanderer aufgestellt (Abb. 3), der die Anerkennung für die Leistungen der deutschen Kolonisten bei der Trockenlegung von Feuchtgebieten und ihrer Rolle bei der Einführung der Kartoffelproduktion in Dänemark symbolisiert. Auf dem Stein stehen die Namen der 28 Familien (Kartoffeldeutsche), darunter auch Maul. Wie wir sehen, unter den Namen auf dem Stein ist aufgetragen und deutlich zu erkennen auf dem Bild auch der Name Maul18. Es ist uns unbekannt, ob auf dem Stein Andreas mit seinen Söhnen oder sein Cousin oder alle zusammen verewigt sind. Wir wissen jedoch genau, dass sie alle in dieser Zeit als deutsche Kolonisten hier arbeiteten und dass es keine anderen Kolonisten mit dem Namen Maul in Dänemark gab.

Auf dem Stein stehen die Namen der 28 Familien (Kartoffeldeutsche), darunter auch Maul. Wie wir sehen, unter den Namen auf dem Stein ist aufgetragen und deutlich zu erkennen auf dem Bild auch der Name Maul19. Es ist uns unbekannt, ob auf dem Stein Andreas mit seinen Söhnen oder sein Cousin oder alle zusammen verewigt sind. Wir wissen jedoch genau, dass sie alle in dieser Zeit als deutsche Kolonisten hier arbeiteten und dass es keine anderen Kolonisten mit dem Namen Maul in Dänemark gab.

Abb. 3: Erinnerungsstein an die deutschen Kolonisten in Dänemark (https://de.wikipedia.org/wiki/Kartoffeldeutsche).

Wie es mit Maul, Andreas weiterging, ist nicht ganz sicher. Wir gehen davon aus, dass Andreas, ebenso wie seine drei Söhne, nach Russland an die Wolga reiste, da er am 26. April 1763 das letzte Mal in seiner dänischen Kolonie verzeichnet ist. [20] Diese Annahme stützt sich jedoch nur auf eine Quelle im Internet, nämlich die Datenbank der Auswanderer nach Russland bei FamilySearch. [21] Laut dieser Datenbank verließen vier Einwohner aus Nieder Modau ihren Heimatort in Richtung Russland an die Wolga, darunter auch Andreas Maul, der am 27.01.1705 nach Schilling an der Wolga auswanderte. Im Gegensatz zu seinen Söhnen taucht er jedoch in keiner bekannten Volkszählung in der Kolonie Schilling an der Wolga auf. Es könnte jedoch sein, dass er in dieser Zeit bereits verstorben war.

Da die erste Liste der angekommenen Kolonisten in Schilling endgültig verloren gegangen ist, lässt sich heute nicht genau feststellen, ob Andreas tatsächlich nach

Schilling kam. Im Gegensatz dazu ist sein Cousin Maul Johann Philipp noch 1766 in der Kolonie Friedrichshoi verzeichnet, und es besteht die Möglichkeit, dass er in Dänemark geblieben ist.

Kapitel 3

Globale Ursachen und Motive
der Massenemigration

Den Autoren des bereits mehrfach zitierten Buches ist es gelungen, eine Liste von ausgewanderten dänischen Kolonisten nach Russland zu erstellen. [22] Sie verglichen die Namen, die in den deutschen Kolonien an der Wolga und den ehemaligen dänischen Kolonien registriert waren. Hierbei nutzten sie veröffentlichte Werke von Igor Pleve [23], der American Historical Society of Germans from Russia [24] und Brent Alan Mai [25]. Es ist anzumerken, dass diese Autoren eine enorme Arbeit geleistet haben, die vielen sogenannten Russlanddeutschen bei der Suche nach ihren entfernten Vorfahren helfen wird. Die Liste umfasst 603 Familien, die laut Eichhorn 50 % aller dänischen Kolonisten repräsentieren, die sich später in den russischen Kolonien, hauptsächlich an der Wolga, niederließen.

Meiner Meinung nach könnte die Liste jedoch nicht vollständig sein, basierend auf der Situation meiner Vorfahren. Auf der genannten Liste steht nur ein Sohn von Andreas, Johann Georg Maul, der in der Kolonie Schilling an der Wolga registriert ist. Es ist jedoch genau bekannt, dass Andreas' Sohn Johann Ludwig zusammen mit seiner Frau, seinen Kindern und seinen Brüdern Johann Georg, Johann Michael und Johann Philipp nach Russland zog und sich in der wolgadeutschen Kolonie Schilling niederließ. In der Volkszählung von 1798 wird Johann Ludwig in Schilling unter der Haushaltsnummer Sg16, Johann Georg unter der Haushaltsnummer Sg52, Johann Michael unter der

38

Haushaltsnummer Sg12 und Johann Philipp unter der Haushaltsnummer Sg10 geführt[26].

Die gesamte Geschichte der weiteren Auswanderung der dänischen Kolonisten nach Russland erfordert eine Erklärung. Einerseits überrascht mich ihre Bereitschaft, nach Russland zu gehen, nachdem sie in Dänemark schlechte Erfahrungen mit der Trockenlegung von Mooren und Sümpfen gemacht haben und von dort desertiert waren. Andererseits zog trotzdem die Hälfte von ihnen erneut in eine andere Richtung ins Ausland. Aus heutiger Sicht könnte man sagen: *"Es ist erstaunlich, wie viele Generationen in die gleiche Falle tappen."*

Ein eindeutiger Beweis dafür, dass es eine neue und noch schlimmere Falle war, ist das spätere Leben mehrerer deutscher Generationen in Russland. Deswegen, bevor wir uns der Auswanderung nach Russland widmen, wollen wir zunächst die Ursachen der deutschen Auswanderung im Allgemeinen untersuchen. Es ist anzumerken, dass diese Fragen in zahlreichen Publikationen zu diesem Thema mehrfach behandelt wurden, oft ohne genaue Quellenangabe. Heutzutage ist es äußerst schwierig festzustellen, wer diese Fragen zuerst angesprochen hat und wann dies geschah. Wir beginnen die Untersuchung mit der weit verbreiteten und logischen Systematisierung der Emigrationsursachen, wie sie Karl Stumpp in seinem Buch *"Die Auswanderung aus Deutschland nach Russland in den Jahren 1763 bis 1862"* beschreibt[27]. Die wesentlichen Motive der Massenemigration hat Stumpp in vier Gruppen zusammengefasst: politische, ökonomische, religiöse und persönliche Ursachen, die getrennt voneinander betrachtet werden müssen.

3.1 Politische Motiven

Zu den politischen Ursachen der Emigration zählen die zwangsweise Rekrutierung von Soldaten, zahlreiche Abgaben und Steuern während Kriegszeiten sowie Raubzüge und Kontributionszahlungen als schreckliche Folgen der vielen Kriege, die die deutschen Staaten und Fürstentümer heimgesucht hatten.

Nach dem Siebenjährigen Krieg führten die negativen ökonomischen Auswirkungen, in Form von überzogenen Abgaben und Steuern, zusammen mit abnehmenden Ernteerträgen zu einem Anstieg der Lebensmittelpreise. Die unangemessenen Abgaben an die Herrscher, die durch Raub an den Untergebenen finanziert wurden, verschärften die Depression der Bevölkerung.

Zu den politischen Ursachen gehört auch die Auswanderung der Mennoniten aus Westpreußen, die begann, nachdem König Friedrich Wilhelm II. 1787 die Privilegien der Mennoniten eingeschränkt hatte, die ihnen von seinem Vorgänger Friedrich II. (dem Großen) gewährt worden waren, indem er ihnen untersagte, neue Grundstücke zu erwerben. Daher überrascht es nicht, dass viele Bewohner der deutschen Länder die Auswanderung als Ausweg aus dieser schwierigen Situation sahen.

3.2 Ökonomische Motiven

Die ökonomischen Ursachen der Massenemigration gehen insbesondere auf das langfristige Bevölkerungswachstum in Deutschland im 18. bis zur Mitte des 19. Jahrhunderts zurück.

Nach einer signifikanten Abnahme infolge zahlreicher Kriege und Epidemien erreichte die Bevölkerung gegen Mitte des 18. Jahrhunderts wieder das Niveau der Anfangszeit des 17. Jahrhunderts und betrug 1750 23 Millionen, stieg bis 1790 auf 25 Millionen und bis 1816 bereits auf 29,6 Millionen Menschen an. Das Bevölkerungswachstum ging mit einem Mangel an landwirtschaftlicher Nutzfläche, einer ständig wachsenden Zahl an Betrieben und einer abnehmenden Größe ihrer Flächen einher. Die Bauern, deren Grundbesitz fortwährend abnahm, waren nicht dazu in der Lage, landwirtschaftliche Güter im für die Ernährung ihrer Familien nötigen Umfang zu produzieren, geschweige denn einen Anteil davon zu verkaufen, um die für die zahlreichen und unangemessenen Abgaben und Steuern notwendigen Gelder zu erhalten.[28]

Betrachten wir das Beispiel des Bistums Würzburg genauer, um das Problem des steigenden Drucks der schnell wachsenden Bevölkerung auf die verfügbaren landwirtschaftlichen Nutzflächen und die daraus resultierenden Emigrationsprozesse zu verstehen. In der Region Würzburg musste eine Familie bereits 1730 fünf bis acht Hektar Land mit qualitativ hochwertigen Böden bearbeiten, um sich zu ernähren und die zahlreichen Steuern und Abgaben zu bezahlen[28]. Wie aus der Tabelle 1 hervorgeht, verfügten die

41

deutschen Bauern im Fürstentum bereits 1730 nicht über genügend Nutzfläche, um ihren Familien eine normale Existenz zu ermöglichen. In den Folgeperioden verschlimmerte sich ihre Lage weiterhin dramatisch. Die den Bauern zur Verfügung stehenden Ländereien hatten in der Mitte des 18. Jahrhunderts nur die Hälfte der Fläche, die sie für ein Leben ohne Hunger benötigten.

Zu Beginn des 19. Jahrhunderts war es sogar noch weniger. Wie in anderen Ländern waren die Bauern zur Bezahlung zahlreicher Steuern für den Unterhalt des Bischofs und seines Hofes sowie zur Abgabe eines Zehntels ihrer Feldfrüchte, ihres Weins, ihrer Kartoffeln, ihres Heus, Tabaks, Fleisches, ihrer Milch und weiterer Nahrungsmittel verpflichtet. Zusätzlich mussten sie acht bis 156 Tage im Jahr kostenlos für ihren Gutsherren arbeiten. Zum bäuerlichen Frondienst gehörten Arbeiten wie die Bestellung und Ernte der Felder, der Hausbau, die Teilnahme am Treiben des Wildes während der Jagd und viele weitere Aufgaben.

Tabelle 1. Änderung der landwirtschaftlichen Nutzfläche im Fürstentum Würzburg

Jahr	1680	1700	1730	1750	1790	1812
Ein-wohner	140.000	160.000	210.000	250.000	290.000	310.000*
Hektar pro Ein-wohner	1,44	1,27	0,96	0,80	0,72	0,66
Hektar pro Fa-milie	6,48	5,71	4,32	3,60	3,24	2,97

*Anmerkung. 1812 lag die Bevölkerung im Großherzogtum Würzburg bei 353.775 Menschen, die Fläche betrug 6.183 Km2. Die in der Tabelle angegebenen Einwohnerzahlen stellen Näherungswerte innerhalb der alten Grenzen des Herzogtums vor der Säkularisierung und dem Anschluss an Bayern dar.

Die schwere und oft ausweglose Situation wurde durch die in regelmäßigen Abständen wiederkehrenden ertragsschwachen Jahre und das Viehsterben weiter verschärft. All das zwang die Bauern dazu, in hoffnungsloser Armut zu leben, Hunger zu leiden und führte zu einem ständigen Anstieg der Verschuldung und letztendlich zum Verlust der eigenen Höfe.

In vielerlei Hinsicht trug auch das damals in Deutschland geltende Erbrecht der Bauernhöfe zu dieser Lage bei, welches die Erbfolge nach dem in östlichen und nördlichen Regionen geltenden *"Anerbrecht"* oder der in den südlichen und westlichen Landesteilen verbreiteten *"Realerbteilung"* vorsah. Die Erbfolge nach dem Prinzip der "Realerbteilung" sah die Aufteilung des Landes und Vermögens eines Bauernhofes auf alle gesetzlichen Erben vor. Dies führte zu einer ständig wachsenden Zahl bäuerlicher Betriebe und zu deren Verkleinerung. Je kleiner jedoch der Betrieb wurde, umso stärker wurde jede flächenmäßige Einheit mit verschiedenen Steuern, Zahlungen und Dienstleistungen belastet, was die Wirtschaft und deren Stabilität zerstörte.

In Regionen, in denen das *"Anerbrecht"* verbreitet war, gab es nur einen Haupterben, der den Bauernhof samt den dazugehörenden Ländereien erbte. Dies ermöglichte es, die Größe eines Hofes zu erhalten und seine Nutzfläche nicht aufzuteilen. Der Haupterbe musste seinen Brüdern und Schwestern ihren Erbteil ausbezahlen, was in der Regel in Teilen und über viele Jahre hinweg geschah, und seinen Eltern eine Unterkunft bereitstellen. Die Erben, die keine Ländereien erhielten, konnten auf den Kauf eines neuen Bauernhofes hoffen, wenn die Familie ein gutes Auskommen besaß, durch Eheschließung in einen fremden Bauernhof einziehen oder in Gegenden umziehen, in denen Ländereien neu erschlossen wurden. Dies war allerdings aufgrund des Mangels an freien und fruchtbaren Ländereien äußerst selten der Fall. Daher mussten sie sich meistens als Knecht oder Magd bei vermögenden Bauern verdingen oder versuchen, Arbeit als Geselle zu finden, und trugen so zur steigenden Anzahl verarmter Dorfbewohner ohne Grundbesitz bei. Gegen Ende des 18. Jahrhunderts waren schon etwa zwei Drittel der Dorfbevölkerung nicht mehr in der Lage, durch ihren landwirtschaftlichen Grundbesitz ihre Ernährung und Existenz zu sichern. Die steigenden Lebensmittelpreise und der damit verbundene Hunger verschärften die Armut breiter Bevölkerungsmassen weiter. Diese sah in der Auswanderung nach Russland und in andere Länder einen möglichen Ausweg aus der entstandenen Situation.

Unter diesem Aspekt waren die geschönten Versprechungen der Werber Friedrichs II., der österreichischen Könige und Katharinas II., allen Übersiedlern große, fruchtbare Ländereien zuzuteilen und ihnen darüber hinaus eine ganze Reihe von Privilegien zu gewähren, für die deutschen Kolonisten durchaus attraktiv. Sie verlockten sie und riefen sie dazu auf, sich in diese fernen Länder aufzumachen.

Auf der wirtschaftlichen Ebene sind auch die Ursachen der Auswanderung der Mennoniten aus Westpreußen nach Russland in den Jahren 1788 und 1789 zu suchen. Diese waren schon im 17. Jahrhundert im westlichen Preußen angekommen. Zunächst mussten sie die Sumpfgebiete durch den Bau zahlreicher Dämme und Deiche austrocknen, diese brachen jedoch ständig ein, was zu einer Überschwemmung ihrer Felder und Wiesen führte. Die dadurch entstandenen Missernten und die Notwendigkeit, diese Verluste durch andere Finanzierungsquellen zu kompensieren, machten ihre enormen Anstrengungen und ihren Eifer häufig zunichte. Die Bevölkerung der Mennoniten in Westpreußen wuchs genauso schnell an wie in Deutschland insgesamt, und der dadurch ständig steigende Bedarf an landwirtschaftlichen Nutzflächen wurde zum nächsten entscheidenden ökonomischen Faktor, auf den die Gemütslage der Mennoniten zurückzuführen war, Preußen zu verlassen und nach Russland überzusiedeln.

3.3 Religiöse Motiven

Bereits im Jahr 1555 wurde in Augsburg der *"Augsburger Religionsfrieden"* geschlossen, der das Luthertum als offizielle Religion des Heiligen Römischen Reiches neben dem Katholizismus anerkannte. Nach dem Ende des Dreißigjährigen Krieges und dem Westfälischen Frieden von 1648 wurde auch der Calvinismus als offizielle Religion anerkannt. Allerdings wurde die freie Religionsausübung in der deutschen Praxis nicht immer gewährt. Oft kam es zu ökonomischen Einschränkungen, Verfolgungen oder sogar Vertreibungen von Anhängern anderer Religionen als derjenigen, die von den Machthabern oder Herrschern eines bestimmten Landes unterstützt wurde.

Wie zuvor erwähnt, nahm Preußen eine Sonderstellung ein, indem es über viele Jahrhunderte hinweg den Anhängern verschiedenster Religionen offenstand und religiöse Toleranz auf deutschen Ländereien förderte. Dies unterschied die preußischen Könige von den Habsburger Monarchen, die die Ansiedlung von Protestanten und Juden auf ihren Ländereien beschränkten. Während des ersten und zweiten großen Schwabenzuges nach Österreich-Ungarn unter der Regierung von Karl VI. und Maria Theresia kam es zur Diskriminierung von Übersiedlern aus religiösen Gründen. Erst in den Regierungsjahren Josephs II. war es Protestanten, Juden und Griechisch-Orthodoxen gestattet, sich im

Königreich Österreich-Ungarn niederzulassen und einer Arbeit nachzugehen.

In Deutschland selbst spielte der Faktor Religion im 18. Jahrhundert, besonders für Protestanten und Anhänger verschiedener Sekten ohne offizielle Kirchenzugehörigkeit, eine entscheidende Rolle beim massenhaften Auszug aus dem Land. Dazu gehörten vor allem die Anhänger des weit verbreiteten Pietismus, besonders in Süddeutschland und Württemberg. Ab 1750 verlor der Pietismus als Sektenbewegung innerhalb der protestantischen Kirche in Deutschland an Einfluss und seine Anhänger wanderten gemeinsam mit Emigranten nach Amerika und Russland aus.

Gegen Ende des 18. und zu Beginn des 19. Jahrhunderts erlebte diese Bewegung eine Wiederbelebung in Form apokalyptischer Weltuntergangserwartungen, Prophezeiungen von der zweiten Ankunft Christi und seinem tausendjährigen Reich auf der Erde. Die Anhänger, die sich Chiliasten nannten, sahen ihre Zukunft in der Auswanderung nach Amerika und Russland. Sie strebten danach, zum Fuße des Berges Ararat zu gelangen, dem letzten Standort der Arche Noah, wo nach ihrem Glauben das kommende tausendjährige Reich seinen Standort haben sollte. Die Auswanderung aus religiösen Motiven fand jedoch nicht nur in Württemberg, sondern auch in mehreren bayerischen Regionen und anderen Teilen Deutschlands statt. Die politischen Ursachen für die Auswanderung wurden bereits bei den Problemen der preußischen Mennoniten angesprochen, die durch Einschränkungen ihrer Rechte beim Erwerb neuer Grundstücke verursacht wurden. Diese politischen und wirtschaftlichen Beeinträchtigungen können auch als Strafe für ihre religiösen Überzeugungen betrachtet werden, die es ihnen untersagten, Kriegsdienst und öffentliche Dienste zu leisten.

Auch die Auswanderung von Katholiken war eine Folge drastischer Maßnahmen, die Bismarck während seines von 1871 bis 1878 dauernden Kulturkampfes gegen die katholische Kirche und das Dogma der päpstlichen Unfehlbarkeit ergriffen hatte. Nach diesem Konflikt entschied sich ein Teil der Katholiken, Deutschland als Protest gegen die landesweiten Modernisierungsprozesse und die wachsende Bedeutung der protestantischen (lutherischen) Kirche zu verlassen.

Zusammenfassend zeigt sich, dass die Zugehörigkeit zu einer bestimmten Konfession, die keinen offiziellen Status hatte und sich von den religiösen Überzeugungen der Landesherrscher unterschied, oft die Ursache für politische und wirtschaftliche Verfolgung war. In solchen Fällen sahen die Betroffenen die Auswanderung als Ausweg aus dem Konflikt mit dem Staat.

3.4 Persönliche Motive

Die Auswanderung wurde von vielen deutschen Kolonisten als Möglichkeit betrachtet, den Bund der Ehe einzugehen und eine eigene Familie zu gründen, was in der alten Gemeinde oft schwierig oder sogar unmöglich war. Regierungen, darunter des Russlands, bevorzugten bei Einladungen Übersiedler mit Familien. Daher wurden vor der Abreise an Sammelpunkten und deutschen Häfen Eheschließungen in großer Zahl vollzogen. In Büdingen, einem

Sammelpunkt für Übersiedler aus Hessen, registrierte ein protestantischer Pastor zwischen dem 04. Februar und dem 08. Juli 1766 375 Eheschließungen. Nach dem Verlassen von Büdingen wurden in der lutherischen Kirche von Schlitz weitere 36 Eheschließungen von jungen Männern und Frauen verzeichnet, die sich der Kolonne später anschlossen.[29]

Voller schillernder Erwartungen machten sich die Auswanderer auf den Weg, in der Hoffnung, Freiheit, materiellen Wohlstand und ein geordnetes familiäres Leben in fernen und unbekannten

Gebieten zu finden. Die Aussicht, das persönliche und familiäre Leben in geordnete Bahnen zu lenken, blieb auch zu späteren Zeiten ein bedeutender Grund für die Auswanderung.

Es ist bekannt, dass in einigen Gemeinden Witwen ihr Einverständnis zu einer neuen Ehe verweigerten, da ihnen keine neuen Ländereien zugewiesen wurden. Als Reaktion darauf wanderten sie oft mit ihren neuen Partnern nach Amerika aus, um dort ein geordnetes familiäres Leben zu führen und Glück zu suchen. Die vorbeiziehenden Kolonnen der Übersiedler gaben nicht selten den letzten Anstoß zur endgültigen Entscheidung zur Emigration. Viele Bewohner schlossen sich impulsiv an und verließen ihre verödeten deutschen Siedlungen. Briefe von Verwandten, Nachbarn und Bekannten sowie Broschüren und

Reklameprospekte spielten eine wichtige Rolle bei der Entscheidung zur Auswanderung. In diesen Briefen wurde das

neue Leben in der Emigration in den schillerndsten Far-
ben beschrieben, während die Werbematerialien für das Leben in verschiedenen fernen Ländern warben und positive
Unterschiede zum schweren Leben in der Heimat betonten.

3.5 Globale Ursachen der Massenemigration

Bei der Zusammenfassung der Ursachen der Massenemigration aus Deutschland und anderen europäischen Ländern sollte erneut Karl Stumpps Gedanke hervorgehoben werden, dass die Emigration nie durch ein einzelnes Motiv ausgelöst wurde, sondern stets eine Kombination von Motiven im Spiel war. Dabei nahm die Emigration in verschiedenen Ländern und Gebieten unterschiedliche Formen an.[30] Es ist wichtig anzumerken, dass die wesentlichen Motive sich im Laufe der Zeit und der verschiedenen Auswanderungsperioden veränderten. In diesem Zusammenhang sollte betont werden, dass das Recht auf Emigration in Europa seit jeher eine grundlegende Freiheit der bürgerlichen Gesellschaft ist, deren Ursprünge weit in die Vergangenheit zurückreichen.

Die massenhafte Emigration der deutschen Kolonisten hatte damals vielfältige Gründe, und es stellt sich die Frage, warum politische, ökonomische und andere Verhältnisse in Deutschland entstanden sind, die hauptsächlich Deutsche dazu bewogen, ihre Heimat zu verlassen. Nach umfangreichen Forschungen gelangte ich zu folgenden Überlegungen,[31] die es erlauben, die wesentlichen globalen Ursachen für die massenhafte Emigration deutscher Kolonisten in fremde Länder zu benennen:

• Politische und ökonomische Schwäche der zahlreichen voneinander getrennten deutschen Staaten und Fürstentümer, das Fehlen eines vereinten Staates mit gemeinschaftlich organisierter Sicherung der Außengrenzen und einheitlichen Emigrations- und Zollgesetzen.

• Fehlende koloniale Besitztümer auf Seiten Deutschlands zu jener Zeit im Vergleich zu anderen europäischen Staaten, die solche besaßen. Dadurch fehlten Möglichkeiten, diese für die Umsiedlung der eigenen überschüssigen Bevölkerung zu nutzen.

• Der späte Beginn der industriellen Revolution im Land führte dazu, dass die schnell wachsende ländliche Bevölkerung keine Anstellung in verschiedenen Industriebranchen finden konnte.

Diese globalen Ursachen spielten eine bedeutende Rolle für die Bedeutung der politischen, religiösen, wirtschaftlichen und persönlichen Auswanderungsmotive, die zu verschiedenen Zeiten eine unterschiedliche Gewichtung erfuhren. Trotz des Zusammenspiels verschiedener Faktoren waren wirtschaftliche Gründe die Hauptursache für die massenhafte Emigration deutscher Kolonisten. Diese standen im Zusammenhang mit dem rasanten Bevölkerungsanstieg und dem akuten Mangel an Grund und Boden. Der Verlust des eigenen Grundbesitzes und die fehlende Möglichkeit, sich und die eigene Familie zu ernähren oder eine Familie zu gründen, waren für zahlreiche deutsche Staatsangehörige die Hauptursache für die Auswanderung in fremde Staaten, die durch Versprechungen von Monarchen und Werbern mit zahlreichen Vergünstigungen und Privilegien beworben wurden.

Aus diesem Grund kam es auch zu späteren Übersiedlungen deutscher Kolonisten innerhalb ihrer neuen Länder. In Russland beispielsweise, als ein starkes Bevölkerungswachstum einsetzte und die Ländereien in den Kolonien am Ufer des Schwarzen Meeres und im Wolgagebiet nicht mehr ausreichten, bestimmte die Umsiedlung zunächst in Tochterkolonien und später in den Kaukasus, nach Sibirien, Mittelasien und Kasachstan. Die deutschen Kolonisten ließen sich weder von unbekannten Sprachen noch von fremden Religionen, Traditionen und Kulturen der ansässigen Völker aufhalten.

Vor dem Hintergrund des tragischen Schicksals, das Generationen deutscher Kolonisten Hunderte von Jahren nach der Auswanderung ihrer Vorfahren erleiden mussten, ist es bedauerlich, dass Deutschland damals aufgrund des Fehlens eines einheitlichen Staates und entsprechender einheitlicher Dienstvorschriften und Gesetze nicht in der Lage war, seine eigene Bevölkerung zu schützen.

Kapitel 4

Russische Kolonisationsprojekte im 18. Jahrhundert

4.1 Kolonisationspolitik und Manifeste Katharinas der Großen

Der Präsenz deutscher Kolonisten in Russland im 18. Jahrhundert wird häufig mit Katharina II. (der Großen) in Verbindung gebracht, der deutschen Prinzessin Sophie Auguste Friederike von Anhalt-Zerbst. Sie wuchs im Hause ihres Vaters, des Herzogs von Anhalt-Zerbst, auf, der unter Friedrich II. von Preußen diente. Durch diese Verbindung wurde sie bereits in jungen Jahren mit der Bevölkerungstheorie und ihrer praktischen Umsetzung in Preußen vertraut. Es ist wenig überraschend, dass sie nach ihrer Thronbesteigung eine aktive Verfechterin dieser Ideen wurde. Dennoch war sie nicht die Erste, die solche Konzepte in Russland umsetzte. Bereits während der Regierungszeit von Elisabeth (Elisabeth Petrovna) erlaubte die russische Regierung serbischen Auswanderern die Umsiedlung in die Ukraine, entlang des rechten Dnjepr-Ufers an der damaligen Grenze zu Polen.

Die ersten Projekte zur Einladung ausländischer Staatsangehöriger nach Russland mit dem Ziel der Kolonisation öder Gebiete wurden ebenfalls während Elisabeths Regentschaft entwickelt. Die russische Regierung, beeinflusst von der erfolgreichen Bevölkerungspolitik Preußens, beschäftigte sich intensiv mit dem Projekt von Francois de Lafont, der vorschlug, die in Frankreich verbliebenen Protestanten nach Russland umzusiedeln. Die Idee war, die Franzosen entlang des Dnjepr in der Ukraine oder an den Ufern der Wolga und in der Nähe von Moskau anzusiedeln. Das Projekt sah vor, dass die russische Regierung den Neuankömmlingen Religionsfreiheit gewährte, sie 15 Jahre von Steuern und Abgaben befreite, die Kosten für den Umzug und die für die Betriebseröffnung notwendigen Materialien, Geräte, Tiere und Werkzeuge übernahm, den Nachkommen das Recht auf den Besitz der Ländereien und die freie Ausreise gewährte und den Fabrikbesitzern verschiedene Vergünstigungen gewährte, einschließlich des Rechts auf russische Bauern als Leibeigene. Aufgrund der träge verlaufenden Senatsarbeit und des Ausbruchs des Siebenjährigen Krieges wurde das Projekt von De Lafont letztendlich nicht bestätigt.

Ein ähnlich trauriges Schicksal erlitt das Projekt des sächsischen Generals Weißbach, der vorgeschlagen hatte, die durch zahlreiche Kriegsquartiere, die Einberufung von Rekruten und die harten Strafen Friedrichs II. während des Siebenjährigen Krieges entstandene Emigration aus Preußen in angrenzende polnische Gebiete zu nutzen. Dies zeigt, dass die Frage, wie ausländische Staatsangehörige zur Eroberung öder oder zurückeroberte russische Gebiete angelockt werden könnten, zur Zeit Elisabeths bereits von der russischen Regierung untersucht wurde, und Vorbereitungen zur Umsetzung wurden getroffen. Anhand dieser umfangreichen Vorbereitungsmaßnahmen lässt sich auch erklären, weshalb Katharina II. ihr erstes Manifest vom 04. Dezember 1762 innerhalb kurzer Zeit verabschiedete – es wurde nämlich lediglich fünf Monate nach ihrer Krönung am 28. Juni 1762 veröffentlicht. Dieses Dokument lud Ausländer verschiedener Nationalitäten (Juden ausgenommen) dazu ein, sich in Russland anzusiedeln, und gestatteten Flüchtlingen die Rückkehr in ihre Heimat, die sie zuvor aus verschiedenen Gründen verlassen hatten. Mit ihrem Manifest setzte Katharina II. die Projekte fort, die bereits unter Elisabeth Petrovna begonnen worden waren. Ihr Schwerpunkt lag dabei jedoch nicht mehr in der Schaffung neuer Fabriken und Manufakturen in den Städten, sondern in der Entwicklung des Ackerbaus und der damit verbundenen Gewerbe. Obwohl das Manifest in verschiedenen Sprachen gedruckt und in den Ländern Europas verteilt wurde, zog es keine praktischen Folgen nach sich. Dies hatte damit zu tun, dass es keine konkreten Bedingungen und Vergünstigungen für Übersiedler enthielt. Die Reaktion auf das erste Manifest Katharinas II. ist ein wichtiger Punkt, der zeigt, dass es zu dieser Zeit in der europäischen Bevölkerung keine potenziellen Migranten gab, die bereit waren, ohne klare Bedingungen, Vergünstigungen und Garantien in andere Länder wie Russland umzusiedeln.

Die russische Regierung war sich dessen bewusst und arbeitete aktiv an der Vorbereitung eines neuen grundlegenden Dokuments. Dieses wurde schließlich als das bekannte Manifest Katharinas II. vom 22. Juli 1763 veröffentlicht: *"Über die allen nach Russland einreisenden Ausländern erteilte Erlaubnis, sich in Gouvernements ihrer Wahl niederzulassen, und über die ihnen gewährten Rechte."* Am selben Tag erließ sie den *"Erlass an den regierenden Senat über die Einrichtung einer Vormundschaftskanzlei für Ausländer"* und die "Instruktion der Vormundschaftskanzlei für

Ausländer hinsichtlich ihrer Pflichten bei der Organisation der Aufnahme ausländischer Übersiedler in Russland." [32]

Zum Präsidenten der Kanzlei wurde Graf Orlow ernannt, der von diesem Moment an sämtliche Vollmachten erhielt, die für die Aufnahme und Ansiedlung der Ausländer sowie für die praktische Lösung aller Fragen notwendig waren, die mit der Verwaltung, Finanzierung und Entwicklung der Kolonisten Siedlungen zusammenhingen.

Dabei ist anzumerken, dass die im Manifest aufgelisteten Vergünstigungen und Privilegien *keine prinzipielle Neuerung der damals in Europa vorherrschenden Kolonisationspolitik darstellten.* In vielerlei Hinsicht wurden sie aus entsprechenden Dokumenten Preußens, Dänemarks, Österreichs und Englands übernommen, die bereits unter Elisabeth Petrovna untersucht worden waren. Allerdings waren sie für potenzielle europäische Übersiedler vorteilhafter und attraktiver, und sie bildeten eine äußerst wichtige Grundlage der gesamten russischen Kolonisationspolitik im 18. und 19. Jahrhundert.

Und so, ist der Beginn der massenhaften Ausreise der Deutschen nach Russland mit der Veröffentlichung der Manifeste der russischen Zarin Katharina II. (der Großen) in den Jahr 1763 verbunden. Darin rief sie ausländische Staatsangehörige zur Übersiedlung nach Russland auf. Sie garantierte ihnen das Recht auf freie Berufs- und Standortwahl, die Zuteilung fruchtbarer Ländereien, freie Religionsausübung und den Erhalt der eigenen Sprache, die Befreiung vom Kriegsdienst, Selbstverwaltung, finanzielle Unterstützung und Steuervorteile.

Die Kolonisationspolitik Katharinas II. wurde von ihrem Sohn Pavel I. und insbesondere von ihrem Enkel Alexander I. fortgesetzt. Die Übersiedlung deutscher Staatsangehöriger nach Russland dauerte mit Unterbrechung etwa 100 Jahre lang an. In dieser Zeit entstanden deutsche Siedlungen in den wilden Steppen des Wolgagebiets, in der Nähe von Sankt Petersburg und Woronesch, im Schwarzmeergebiet, in Bessarabien, in der Walachei, am Don, im Nordkaukasus und im Hinterland des Kaukasus, am Ural, in Sibirien, Kasachstan und Mittelasien. Die deutschen Siedlungen nannte man damals Kolonien, ihre Bewohner Kolonisten. Durch ihren langen und unablässigen Einsatz verwandelten sie die einst öden Steppengebiete und die wenig bis gar nicht erschlossenen Landstriche in wirtschaftlich entwickelte Gebiete mit blühenden Siedlungen und trugen insgesamt erheblich zur allgemeinen Entwicklung Russlands bei, das für sie zur Heimat geworden war.

Wir bekräftigen und stellen die These auf, dass zu jener Zeit ein harter Konkurrenzkampf um die deutschen Kolonisten stattfand, von dem die Bedingungen, zu denen sie von den Monarchen und Regierungen verschiedener Länder eingeladen wurden, direkt abhängig waren. Diese boten ihnen zahlreiche Vergünstigungen und Privilegien an. Dasselbe galt für die nicht immer legalen Vorgehensweisen und Methoden der zahlreichen Anwerber dieser Länder, welche die deutschen Übersiedler mit erlogenen Geschichten vom Paradies auf Erden und dem Land, wo Milch und Honig fließen, zu ködern versuchten.

4.2 Aggressives Anwerben

Im Zusammenhang mit dem Anwerben deutscher Kolonisten wurde ein ganzer Apparat russischer Gesandter und Residenten beauftragt, die Einladung der russischen Zarin an zahlreichen großen und kleinen Höfen der deutschen Fürstentümer zu verbreiten. In ganz Deutschland wurden spezielle Kommissare ernannt, deren Aufgabe im Anwerben deutscher Bürger und der Organisation ihres Transports zu den Sammelpunkten lag. Für das Großprojekt, mit dem deutschen Kolonisten nach Russland gelockt werden sollten, standen umfangreiche finanzielle Fördermittel bereit. Dennoch entsprachen die Ergebnisse der Arbeit der russischen Regierungsvertreter gegen Ende des Jahres 1764 nicht den Erwartungen, die Zahl der angeworbenen Kolonisten lag weit unter den Planzahlen.

Um die Situation zu verbessern, wurden weitere Maßnahmen ergriffen. Ab dem Jahr 1765 entschied man, die Agitation und Überzeugungsarbeit der potenziellen Übersiedler nicht nur staatlichen Beamten zu überlassen, sondern auch Privatunternehmer damit zu beauftragen. Die russische Regierung schloss Verträge mit den privaten Werbern, aus denen ein Interesse am Anwerben einer möglichst großen Anzahl von Kolonisten hervorging, da das Honorar und bestimmte Rechte auf die Zuteilung von Ländereien an ihrem Siedlungsort davon abhingen. Man ging davon aus, dass ausländische Werber großes Vertrauen bei potenziellen Auswanderern genossen, daher waren die Werber mehrheitlich Franzosen mit Namen wie Le Roh, Munni, Pictet, Baron Beauregard, Precour und De Boffe.

Neben der Arbeit privater Werber setzten auch Vertreter des russischen Staates ihre Tätigkeit fort. Alle anfallenden Koordinations- und Organisationsaufgaben wurden von Johann Smolin geleitet, einem russischen Gesandten am Regensburger Reichstag. Dieser beauftragte zwei seiner Kommissare mit dem Anwerben deutscher Kolonisten. Der erste war Karl Friedrich Meixner aus Augsburg, der zweite Johann Facius aus Hanau. Sie hatten der russischen Regierung die Treue geschworen und in Russland den Beamtenstatus erlangt. Meixner eröffnete seine Büros, in denen Kolonisten angeworben werden sollten, in Ulm, Facius in Frankfurt am Main, und die Büros wurden offiziell als städtische Behörden anerkannt.

Im Unterschied zu den privaten Werbern, mit denen ein Vertrag abgeschlossen war, erhielten die Kommissare eine feste Bezahlung in Höhe von 400 bis 500 Rubel. Die staatlichen Werber nutzten die Dienste einer großen Anzahl privater Agenten, die für jede angeworbene Familie eine Prämie von drei bis vier Dukaten erhielten oder je nach Vereinbarung für die Anreise einer bestimmten Anzahl von Kolonisten Familien bezahlt wurden.

Eine derart aktive, zweidimensionale Vorgehensweise beim Anwerben führte sehr rasch zu den benötigten Resultaten. Die Anzahl deutscher Staatsbürger, die nach Russland umziehen wollten, wuchs auf ungefähr 25.000 Menschen an. Dabei bleibt festzustellen, dass die schlechten Lebensbedingungen dieser Leute im damaligen Deutschland eine nicht unwesentliche Rolle bei der Tatsache spielten, dass eine so große Anzahl deutscher Staatsbürger sich für das Verlassen des eigenen Landes entschied. Daher war der

Zeitpunkt sehr günstig, um deutsche Staatsbürger für die Übersiedlung nach Russland anzuwerben.

Die Tätigkeit der Werber und verschiedener Eilboten dieser Länder, die auf der Jagd nach deutschen Staatsbürgern waren, führte zu einem aktiven Wettbewerb zwischen ihnen, was wiederum zahlreiche Beschwerden und Gegenmaßnahmen vonseiten der Herrscher deutscher Länder, insbesondere aus dem südlichen Teil Deutschlands, zur Folge hatte. Letzten Endes sah sich Joseph II. gezwungen, den nachdrücklichen Forderungen zahlreicher Fürstentümer des Reiches Folge zu leisten und im Jahr 1768 das Edikt gegen die Auswanderung im Heiligen Römischen Reich Deutscher Nation herauszubringen.

Auf die russische Werbekampagne hatte dieses Edikt allerdings keinerlei praktischen Einfluss mehr. Russland hatte aufgrund der unzureichenden Anzahl von Schiffen Anfang 1766 selbst verboten, deutsche Kolonisten anzuwerben, da sie in der Hafenstadt Lübeck scharenweise auf ihre Abfahrt warteten.

Nur dem preußischen König Friedrich dem Großen gelang es, der vielschichtigen und aggressiven Vorgehensweise der russischen Regierung beim Anwerben deutscher Kolonisten zu widerstehen. Aus Preußen reiste lediglich eine unbedeutende Zahl an Kolonisten aus, was sich über die anderen deutschen Landstriche und insbesondere über die kleinen Fürstentümer, deren Auswanderungsverbote bei den eigenen Staatsangehörigen keine Wirkung zeigten, nicht behaupten lässt. So stellt Gerhard Bonwetsch in seinem knappen, doch äußerst erkenntnisreichen Buch „Geschichte der deutschen Kolonien an der Wolga" [34] aus dem

Jahr 1919 fest, die Machthaber hätten sich nicht dazu entscheiden können, die Wurzel des Problems zu beseitigen und die Tätigkeit der russischen Werber komplett zu verbieten.

Bezeichnend ist in dieser Hinsicht das Verhalten von Friedrich August von Anhalt-Zerbst, dem Herrscher des Fürstentums Anhalt-Zerbst, dessen Prinzessin Katharina II. war. Aus heutiger Sicht lässt sich nur schwer sagen, ob sich Friedrich August nur von Verwandtschaftsgefühlen leiten ließ, als er der Schaffung eines Sammelpunktes für angeworbene deutsche Kolonisten, die nach Russland weiterreisen sollten, zustimmte, dabei jedoch die eigene Regierung damit beauftragte, darauf zu achten, dass sich diesen keine Bewohner seines Fürstentums anschlossen.

Ein solches unpatriotisches Verhalten der Herrscher kleiner Fürstentümer ermöglichte es den ausländischen Staaten, sich zu Lasten deutschen Blutes zu stärken, wie Bonwetsch sehr passend formuliert hatte (*"...dem Ausland die Möglichkeit gab, sich durch Zufuhr deutschen Blutes zu stärken..."*).[33]

Nach all diesen Ereignissen im Zusammenhang mit der Weigerung der russischen Regierung, weitere deutsche Kolonisten aufzunehmen, geriet die Tätigkeit ihrer Agenten ins Stocken, kam jedoch nie vollständig zum Erliegen und erreichte während der Regierungszeit Alexanders I. einen weiteren Höhepunkt, da dieser deutschen Kolonisten für die Erschließung und Verteidigung der Ländereien in Südrussland benötigte.

4.3 Bewertung der Zusammensetzung der ersten Wolga-Kolonisten

Doch wer waren die Menschen, die sich in der Mitte des 18. Jahrhunderts auf Einladung von Katharina II. von den Werbern anlocken ließen, nach Russland gebracht wurden und zu deutschen Kolonisten an der Wolga wurden? Die meisten Autoren, die sich mit diesem Thema befassen, beziehen sich auf das Buch "Der russische Colonist oder Christian Gottlob Züges Leben in Rußland" von Christian Gottlob Züge.[34] Dieses Buch gilt als das einzige bekannte Werk, das von einem deutschen Kolonisten selbst geschrieben wurde, der den gesamten Weg von Lübeck nach Saratow mit anderen Kolonisten zurücklegte, dort 10 Jahre lebte und es schaffte, illegal nach Deutschland zurückzukehren.

Da dies ein äußerst seltenes Werk ist und von einem Autor stammt, der das Leben der Kolonisten an der Wolga aus erster Hand erlebt hat, halte ich es für notwendig, das Buch gründlich zu studieren, um alle Ereignisse im Zusammenhang mit den Kolonisten an der Wolga durch die Augen eines von ihnen zu sehen und zu verstehen.

Züge veröffentlichte sein Buch nicht sofort, sondern erst im Jahr 1802, 28 Jahre nach seiner Rückkehr in die Heimat. Alle seine Notizen und das erste Manuskript im Jahr 1780 bei einem Großbrand in der Stadt Gera, in der er lebte, zerstört wurden. Daher verfasste er das Buch als erwachsener und reifer Mann, was sich auf seine vernünftigen und gut begründeten Urteile und Schlussfolgerungen auswirkte. Dennoch sind diese oft subjektiver Natur, was auf den Mangel an ausreichenden und objektiven Informationen zurückzuführen ist. Im Allgemeinen zeigt das Buch jedoch seine solide Ausbildung, einen aufmerksamen Blick auf die Welt um ihn herum und die Fähigkeit, endgültige Verallgemeinerungen und Schlussfolgerungen zu ziehen.

Es sollte angemerkt werden, dass ich in dieser Arbeit hauptsächlich die Seiten des Buches untersucht habe, die sich mit der Geschichte der deutschen Kolonisten an der Wolga befassen, ohne auf alle Aspekte seines Stadtlebens und seiner illegalen Rückkehr in die Heimat einzugehen. Eine unerwartete Entdeckung am Anfang des Buches war der eigentliche Grund für Züges Reise, nämlich sein Wunsch, die Welt zu sehen. Dieser Wunsch wurde von seinen Eltern und Verwandten unterstützt. Es scheint, dass solche Reisen damals üblich waren, zumindest für diejenigen, die die erforderlichen Mittel hatten. Die Reise konnte jedoch lange dauern; Züge selbst hatte auf dem Weg von Gera nach Berlin drei Vierteljahr bei einem Meister gearbeitet. Um die Welt weiter zu erkunden, verließ er Berlin und begab sich nach Lübeck.

In Lübeck fiel Züge, wie viele andere Deutsche, den russischen Werbern zum Opfer und wurde überredet, nicht nach Amerika, sondern nach Russland zu gehen, wo laut Manifest der russischen Zarin und den hochgelobten Worten russischer Agenten das Paradies auf Erden zu finden sei. Er kapitulierte vor der Beschreibung der Güter, Schönheiten und der Bekanntschaften mit zahlreichen Völkern, die ihn angeblich erwarteten, und machte sich mit einer angeworbenen Gruppe auf den Weg nach Russland. Detailliert und aufmerksam beschreibt er sämtliche Etappen der Schiffsreise nach Kronstadt, der Weiterreise auf Pferdewagen in der Kolonne und auf Flussschiffen über die Wolga bis zum

Siedlungsort der deutschen Kolonisten im Gebiet Saratow. Während der langen Wartezeit in Lübeck lernte er die Menschen an seiner Seite gut kennen. Züge stellte fest, dass die meisten von ihnen in dem fernen und bisher unbekannten Land einen Zufluchtsort suchten, da ihre Heimat sie im Stich gelassen hatte. Nach seiner Einschätzung befanden sich darunter Verbrecher und Betrüger, die möglicherweise versuchten, einer Verfolgung und gerechten Bestrafung zu entkommen. Er merkte an, dass die meisten von ihnen Abenteurer oder leichtgläubige, unerfahrene Menschen waren, die den ihnen erzählten Lügen Glauben schenkten und keinerlei Zweifel an einem leichten und glücklichen Leben in der Ferne hatten. Viele von ihnen waren mit der Feldarbeit nicht vertraut und wussten nicht einmal, wie man ein Pferd spannt oder sich einem Pflug nähert.[35]

Es wäre jedoch naiv anzunehmen, dass die Elite der deutschen Bauernschaft den Überredungskünsten der russischen Werber erlegen wäre und nach Russland gegangen wäre. Vielmehr handelte es sich um verarmte Bauern, Handwerker und Händler, die hohe Schulden hatten und ihr Gewerbe aufgegeben hatten, gescheiterte Unternehmer, Friseure, ausgediente Soldaten, erfolglose Künstler, Lehrer und Menschen ohne jeden Beruf. Unter ihnen befanden sich sogar ruinierte oder auf die schiefe Bahn geratene Adlige. Allerdings hatte keiner der Menschen, die nichts mit der Landwirtschaft zu tun hatten, tatsächlich die Absicht, Bauer zu werden. Sie alle suchten ihr Glück und waren bereit, weiterhin in verschiedenen russischen Städten und Siedlungen in ihrem Fachgebiet tätig zu werden, wie es Russischen Werbern versprochen worden.[36]

Es war nicht ihre Schuld, dass sie alle nach ihrer Ankunft in Russland unter Zwang in die Wolgaregion geschickt und zur Landarbeit verpflichtet wurden. Hierbei ist anzumerken, dass die russische Regierung später versuchte, eine Änderung der Dinge herbeizuführen. Sie sandte ihre Kommissare und Agenten nach dem Wortlaut des Manifests widersprachen, und die Werber ignorierten sie einfach auf ihrer Jagd nach schnellem Geld.

Autoren, die aus dem panslawischen Standpunkt die verfehlte Kolonisationspolitik Russlands zu beweisen versuchen, bewerten die Zusammensetzung der Kolonisten aus dem Buch des Kolonisten Züge häufig wenig schmeichelhaft. Unter diesem Gesichtspunkt bleibt festzuhalten, dass auch Züge selbst die Eigenschaften der angeworbenen Kolonisten nicht unbedingt schmeichelhaft beschreibt. Dabei zieht er seine Schlüsse aus der Bewertung einer einzigen Gruppe, mit der er nach Russland angereist war.

Uns gelang es, ihn in den Aufzeichnungen der Übersiedler aus den Kolonisten Siedlungen ausfindig zu machen. Diese Aufzeichnungen wurden im Zuge einer Revision erstellt, die auf Anordnung der Vormundschaftskanzlei für Ausländer am Ende des Jahres 1767 durchgeführt wurde. An zehnter Stelle ist er neben weiteren Übersiedlern der Kolonie *„Potschinnaja"* registriert, deren deutsche Bezeichnung *„Kratzke"* lautet. Die im Zensus angeführten Informationen *„Züge Christian Gottlieb, 22, Schuhmacher aus Sachsen, ledig, Ankunft am 7.08.1766, hat von der Voevodsker Kanzlei in Saratow 150 Rubel erhalten, hat zum Jahr 1768 eine Deßjatine aufgepflügt, ist als Leiharbeiter* *tätig"*,[37] entsprechen voll und ganz seiner Erzählung über sich selbst. Letzteres dient auch als Beweis seiner Autorenschaft, die von einzelnen Historikern angezweifelt wird, wie sich den Fakten im Nachwort zu seinem Buch entnehmen lässt. Alle Übersiedler der Kolonie „Potschinnaja" wurden der Anwerbemannschaft der Privatkolonie De Boffes zugerechnet. Deren Mitglieder wendeten im Bemühen, so viel Geld wie möglich zu verdienen, beliebige legale und illegale Vorgehensweisen an, machten auch vor offensichtlichem Betrug keinen Halt und warben alle und jeden an, einschließlich Kolonisten, die für die Landarbeit ungeeignet waren. Die damals unter den Anwerbemannschaften vorkommende *„schmutzige"* Praxis beim Anwerben deutscher Kolonisten erwähnt auch Georgij Pisarevskij in seinem Buch: *„... das allgemeine Niveau der Kronskolonisten war weitaus höher als das der Privatkolonisten, bei denen Vertreter des städtischen Proletariats keine Seltenheit waren – Menschen, die jeder Arbeit aus dem Wege gingen, Trinker und Vagabunden".*[38]

Die hier für die Kolonie *„Potschinnaja"* durchgeführte Analyse des Übersiedlerverzeichnisses aus der Revision von 1767, in dem auch der Kolonist Züge geführt wird, zeigt, dass unter 43 offiziell registrierte Kolonisten, nur sechs Ackerbauern bzw. Personen waren, die über Erfahrung in der Landwirtschaft verfügten. Unter den Übrigen waren sechs Schuhmacher, fünf Weber, drei Schneider und jeweils zwei Gerber, Schmiede, Weinbrenner, Steinmetze, Soldaten und Tischler. Nur einmal waren folgende Berufe anzutreffen: Maler, Jäger, Instrumentenbauer, Schlosser und Schreiner. Je einmal waren auch so seltene Fachgebiete wie Salzsieder, Kupferschmied, Schiffbauer,

Silberschmied, Sattler und Buchbinder vertreten. Wir sehen also, dass lediglich 14% der in der Kolonie „*Potschinnaja*" registrierten Kolonisten über Erfahrungen in der Landwirtschaft verfügten. Die Übrigen, die den Überredungskünsten und der Hartnäckigkeit der Beamten nachgegeben hatten, wurden gegen ihren Willen gezwungen, einer landwirtschaftlichen Beschäftigung nachzugehen, obwohl sie auf ganz andere Bereiche spezialisiert waren. Eine solche professionelle Zusammensetzung konnte auch Züge beobachten, und die daraufhin folgende Beschreibung in seinem Buch fiel nicht unbedingt positiv aus.

Nicht nur er, sondern auch andere Autoren übertrugen die negativen und subjektiven Einschätzungen hinsichtlich der beruflichen Eignung der Übersiedler, die meist durch Agenten anwerbender Privatkolonien rekrutiert wurden, auf alle deutschen Kolonisten im Wolgagebiet, was bei weitem nicht immer den tatsächlichen Gegebenheiten entsprach. Um keine leeren Behauptungen aufzustellen, werden an dieser Stelle die Ergebnisse der bereits erwähnten Revision von 1767 angeführt. Diese lagen dem Rapport des Grafen Orlov vom 14. Februar 1769 zugrunde, den er an Katharina II. gesendet hatte. Die einzigartigen Materialien dieses Rechenschaftsberichts sind im Anhang №38 der monumentalen Arbeit Grigorij Pisarevskijs aufgeführt. Der Anhang enthält eine zahlenmäßige Charakteristik der Kolonisten *("(...) wie viele ausländische Familien in den bei Saratow gegründeten Kolonien zum Ackerbau in der Lage bzw. nicht in der Lage sind, und auch die Anzahl der Männer und Frauen...")* und gibt auch den Viehbestand, den Bestand an Saat- und Dreschgut sowie die Anzahl der gebauten Häuser und Anbauten an.[39]

Dabei werden die sogenannten „*Kronkolonien*" und die „Privatkolonien" getrennt voneinander behandelt. Insgesamt wurden im Wolgagebiet 41 Krons- und 61 Privatkolonien gegründet. Laut den im Rapport des Grafen Orlov gemachten Angaben lebten 2.946 Kolonistenfamilien in den Kronkolonien. Davon waren 2.747 oder 93% zum Ackerbau fähig, bei 199 war dies nicht der Fall. Dabei waren in Kolonien wie Panovka, Elshanka, Jagodnaja Poljana, Talovka und Bujdakov Bujarak alle 100% der Familien für die Arbeit in der Landwirtschaft geeignet. Im Falle der Privatkolonien wurden folgende Zahlen genannt: Bei De Beauregard waren 1.357 von 1.523 oder 89% der Familien für den Ackerbau geeignet, bei De Boffe 403 von 434 oder 92,8% der Familien. Ein wenig niedriger war der Anteil der für den Ackerbau geeigneten Familien in den Privatkolonien Lerois' und Pitets, der bei 1.347 von 1.530 Familien lag (88%). Von allen 6.433 Familien der Krons- und Privatkolonien wurden 5.854 oder etwa 91% als für den Ackerbau geeignet geführt. Wie wir also sehen, wird im Rapport Orlovs eine recht hohe Eignung der Kolonistenfamilien für die landwirtschaftliche Produktion genannt, die sich in keinster Weise mit den existierenden negativen Bewertungen einzelner Autoren vereinbaren lässt. Dabei ist anzumerken, dass die Bewertung der Eignung eines Kolonisten für den Ackerbau ohne Angabe seines vormaligen Fachgebiets erfolgt. Man kann davon ausgehen, dass ein bestimmter Anteil der Übersiedler nichts mit der Landwirtschaft zu tun hatte, sich gegen den eigenen Willen zum Erlernen des Ackerbaus gezwungen sah und sich erst später daran gewöhnte und Fortschritte in dieser Tätigkeit machte.

4.4 Der lange Weg nach Russland

Die deutschen Kolonisten, die die mutige Entscheidung trafen, in ein fremdes und unbekanntes Land auszuwandern, hatten einen äußerst langen und mühsamen Weg zu ihren neuen Siedlungsorten vor sich. Das Reisen im 18. Jahrhundert war mit erheblichen Schwierigkeiten und Gefahren verbunden. Die Straßen waren nicht asphaltiert und befanden sich in miserablen Zuständen. An vielen Stellen mussten Wälder, Flussarme und Sumpfgebiete überwunden werden, was zu zahlreichen Unfällen führte. Achs- und Radbrüche der überladenen, von Pferden gezogenen Wagen waren keine Seltenheit. Während der Reise oder während der Nachtlager konnten ganze Kolonnen oder einzelne Siedlerfamilien jederzeit von Räuberbanden überfallen werden. Ebenso beschwerlich und gefahrvoll war die Reise über Flüsse, deren Strömung nicht reguliert war, mit Wasserabfällen und Wasserstrudeln, oder über das unruhige und stürmische Wasser der Meere. Während der gesamten Zeit der Massenauswanderung wandten sich die deutschen Kolonisten Deutschland in verschiedene Richtungen zu. Zu den Hauptwegen gehörten der Landweg nach Preußen, die Übersiedlung nach Südosteuropa ins damalige Ungarn und weiter ans Schwarze Meer nach Russland (über Land), sowie der Weg über den Ozean nach Nord- und Südamerika.

In diesem Buch beschränken wir uns auf die Beschreibung des Weges nach Russland, der die ersten deutschen Kolonisten an die Wolga nach Saratow führte. Zwischen 1764 und 1767 kamen sie auf Schiffen über die Ostsee und wurden in Kolonien an der Wolga angesiedelt. Bei der Beschreibung dieses langen Weges wurden historische Materialien aus den Büchern von Gottlieb Beratz[40], Gottlieb Züge und dem Russischen Staatsarchiv für alte Dokumente zur Geschichte der Organisation der deutschen Kolonien im Wolgagebiet verwendet, sowie aus anderen Quellen. Diejenigen, die nach Russland auswandern wollten, begaben sich von verschiedenen Orten Deutschlands zu den Sammelpunkten für Übersiedler. Diese befanden sich in Lübeck, Regensburg, Freiburg im Breisgau, Roßlau, Büdingen, Wörth, Nürnberg und Ulm. An diesen Orten sammelten sich nicht nur Übersiedler aus dieser Region, sondern auch aus vielen anderen Ländern und Staaten. In Freiburg trafen beispielsweise auch Übersiedler aus Frankreich (Elsass-Lothringen) und Italien ein. Nachdem sich eine ausreichend große Anzahl von Übersiedlern angesammelt hatte, wurden verschiedene Transportkolonnen gebildet. Diese begaben sich unter der Führung von Werbern oder Regierungskommissaren nach Lübeck oder, seltener, nach Danzig, von wo aus sie per Schiff nach Russland aufbrachen.

Nach der Ankunft in den genannten Hafenstädten wurden die Übersiedler in speziell angemieteten, oft überfüllten Baracken in den Vorstädten untergebracht. Diejenigen, die über ausreichendes Guthaben verfügten, konnten sich eine komfortablere Unterkunft in der Stadt leisten, während sie auf die Abfahrt ihres Schiffes warteten. Um auch unter diesen Umständen für ein Mindestmaß an Ordnung zu sorgen, wurden aus dem Kreis der besonders gebildeten und zuverlässigen Übersiedler Gruppenführer ernannt. Diese hatten die Aufgabe, die Ordnung aufrechtzuerhalten und den Familien täglich die ihnen zugeteilten finanziellen Mittel und

Lebensmittel auszugeben. Viele dieser Ältesten wurden später in den Kolonien zu den ersten Bürgermeistern, und die Kolonien wurden häufig nach ihrem Namen benannt. Bis zur Einschiffung konnte eine Zeitspanne von einigen Wochen bis zu mehreren Monaten vergehen, was nicht jeden störte, da den Übersiedlern durch die täglich zugeteilten acht Schillinge an nichts mangelte und manche ein dementsprechendes Lotterleben führten.

Vor dem Einschiffen erhielt jeder angeworbene Übersiedler 16 Schillinge als Geschenk. Damit konnten benötigte Waren oder Lebensmittel gekauft werden. Der ärmere Teil der Übersiedler erhielt die notwendige Kleidung oder das dafür nötige Geld. Züge weist in seinem Buch darauf hin, dass alle Kolonisten die ihnen für vier Wochen zustehende Summe im Voraus erhielten. Um die Kolonisten unterwegs verpflegen zu können, wurde das Schiff mit Brot, Zwieback, Rauchfleisch, Wurst, Wein und französischem Brandy beladen. Diejenigen, die sich nach Russland aufmachen wollten, waren in so großer Zahl, dass die russische Regierung für den Transport nicht nur auf deutsche Schiffe in Lübeck angewiesen war, sondern auch auf zwei große englische Fregatten und kleine russische Segelschiffe. Die Schiffe waren in der Regel überladen, in den engen und überfüllten Laderäumen gab es kaum Licht, und die Hitze und der Gestank waren unerträglich. Die Passagiere litten unter Seekrankheit und anderen Krankheiten, und Verzögerungen auf der Fahrt führten oft zu zusätzlichem Hunger und Durst. Bei günstigen Windverhältnissen dauerte die Reise von Lübeck nach Kronstadt neun bis zwölf Tage. Bei Sturm oder Gegenwind, was auf der Ostsee nicht selten war, konnte sich die Fahrzeit auf bis zu sechs Wochen verlängern. Recht häufig versuchten die Schiffskapitäne selbst, unterwegs Zeit zu schinden, indem sie außerplanmäßige Verzögerungen ins Leben riefen. Diese dienten dem Zweck, möglichst viel Geld für Lebensmittel aus den Übersiedlern herauszupressen, wobei die Lebensmittel allein aus diesem Grund mitgeführt und zu vielfach überhöhten Preisen verkauft wurden. Eine solche Reise musste auch der bereits erwähnte Kolonist Züge durchmachen, dessen Schiff erst gegen Ende der vierten Woche in Kronstadt ankam.

Nach der Ankunft in Kronstadt wurden die Kolonisten ausgeschifft und warteten auf die Abreise nach Oranienbaum. Dort verweilten sie einige Tage bis zu vier Wochen, in manchen Fällen sogar länger. Zum Beispiel wartete Züge etwa sechs Wochen lang auf seine Abreise an die Wolga. Der ausgedehnte Aufenthalt in Oranienbaum hatte mehrere Gründe. Erstens legten die Kolonisten hier die Treueschwur gegenüber der Zarin und dem neuen Vaterland ab und wurden zu neuen russischen Staatsbürgern. Der aufmerksame Leser des Buches kann sich noch daran erinnern, dass nicht seit langem den gleichen Schwur meine Vorfahren und andere nach Dänemark ausgereiste Kolonisten gegenüber dem König Friedrich V. ablegen mussten. Zweitens mussten die zahlreichen Übersiedler, die keine Ackerbauer waren und in russischen Groß- und Kleinstädten handwerklichen Tätigkeiten nachgehen wollten, entgegen den Versprechungen im Manifest Katharinas von 1763 überzeugt werden, "freiwillig" Ackerbauern zu werden und sich an die Wolga aufzumachen, um die menschenleeren Steppen von Saratow in blühende landwirtschaftliche Kolonien zu verwandeln. Drittens, entgegen den Versprechungen des Manifests, hatte man die notwendige Feldvermessung an den Siedlungsorten noch nicht durchgeführt. Die Wohnhäuser für die Kolonisten waren aufgrund fehlender Baumaterialien und einer unzureichenden Anzahl an Bauarbeitern noch nicht fertiggestellt, weshalb es keine besondere Eile bei der Abreise der Kolonisten gab. In Oranienbaum erhielt jede Übersiedlerfamilie Geld für das Nötigste an Waren, Kleidung und Schuhen. Nachdem sich alle damit einverstanden erklärt hatten, Ackerbauern zu werden, konnten die Kolonisten ihre Reise auf Schiffen auf dem Wasserweg oder auf Wagen auf dem Landweg nach Sankt Petersburg fortsetzen.

In der Hauptstadt warteten die Kolonisten erneut auf die Ausstellung notwendiger Dokumente, die von Beamten der Vormundschaftskanzlei für Ausländer vorbereitet wurden und zwei bis drei Wochen in Anspruch nahmen. Während dieser Zeit befanden sich die Kolonisten auf den Schiffen oder wohnten in der deutschen Kolonie Novyj Saratow unweit von Sankt Petersburg. Während der Wartezeit wurden den Kolonisten Transportkolonnen zugeteilt, die jeweils von russischen Offizieren angeführt wurden. Ihre Aufgabe bestand darin, die Kolonisten unterwegs zu begleiten und an ihre jeweiligen Siedlungsorte zu bringen. Die Reise führte auf Schiffen über die Newa und den unter Peter I. erbauten Alten Ladogakanal, der die Flüsse Newa und Wolchow miteinander verband, bis nach Nowgorod. Dort wurden die erneut erkrankten Übersiedler an Land gebracht und zur Behandlung in die Stadt gebracht. Die übrigen Kolonisten mussten noch ein kleines Teilstück auf dem Wasser zurücklegen, gingen dann ans Ufer und setzten ihre Reise auf zuvor vorbereiteten Fuhren über das Festland fort. Die Transportwagen wurden nur mit Gepäck, Frauen und Kindern beladen, während die Männer die Strecke bis zur Stadt

Torschok, im Gouvernement Tver gelegen, wie zuvor in Deutschland komplett zu Fuß zurücklegten. Von den Qualen der Seereise befreit, lernten die Kolonisten nun alle Beschwerden einer zweiwöchigen Reise auf dem Landweg kennen. Die meisten Kolonnen erreichten Nowgorod im Oktober, als bereits starker Herbstfrost einsetzte, unter dem die Übersiedler und insbesondere die Kinder trotz Halbmänteln aus Schafswolle stark zu leiden hatten. Ein Teil der Transportkolonnen machte in Torschok halt, wo die Kolonisten den Winter in den umliegenden Dörfern in Häusern russischer Bauern verbrachten. Einige erreichten auch Wolchow, von wo auch die Kolonisten auf Schlitten nach Belozersk gebracht wurden. Dort warteten sie darauf, in Winterbehausungen in Dörfern im Umkreis der Stadt Kirillov untergebracht zu werden.

Im Jahr 1766 verbrachte bereits ein Großteil der Kolonisten den Winter in Unterkünften in russischen Dörfern auf dem Weg nach Saratow, was nicht unbedingt auf Reiseverzögerungen zurückzuführen war. Die Tatsache, dass die Siedlungshäuser noch nicht gebaut waren, führte dazu, dass die russische Regierung größere Mittel für den Transport der Kolonisten bereitstellte. Die alternativen Winterquartiere in Oranienbaum waren sehr teuer, und in Saratow gab es keine geeignete Option. Zu der Zeit hatte die Stadt Saratow höchstens 10.000 Einwohner, und es fehlte schlichtweg an ausreichendem Wohnraum für die Kolonisten im Winter. Daher übernahm die Regierung bewusst die Kosten für die Verlängerung der Reisezeit, die Bezahlung der russischen Bauern für die Winterquartiere und die Verpflegung der Kolonisten in deren Häusern.

In seinem Buch beschreibt und kritisiert auch Zuge denselben Winterweg, wobei er häufig Bewertungen und Kritik zu verschiedenen Aspekten des russischen Kolonisationsprojekts äußert. Dies reicht von Verzögerungen während der gesamten Reise von Lübeck bis Saratow, die viele Kolonnen zu einem erzwungenen monatelangen Aufenthalt in russischen Dörfern entlang der Wolga im Winter zwangen. Dennoch gab es auch positive Aspekte, da die Kolonisten während der kalten Wintermonate erstmals die Gelegenheit hatten, die ungewohnten und harten Lebensbedingungen ihrer neuen Mitbürger kennenzulernen, ebenso wie deren Küche, Bräuche und die russische Sprache. Während der winterlichen Wartezeit wurden die Kolonisten regelmäßig von Pastoren besucht, die neugeborene Kinder taufen oder junge Paare vermählen, die sich während der Reise kennengelernt hatten und eine Familie gründen wollten. Mit dem Frühling begann die Navigationszeit, und die Kolonisten setzten ihre Reise auf dem Wasserweg bis zur Wolga fort. Flussschiffe fuhren von Torschok über den Fluss Tverza, und da die Anzahl der Schiffe nicht ausreichte, schifften sich einige Siedler in der Stadt Kassimow ein, um über die Oka zur Wolga zu gelangen. Die deutschen Siedler waren beeindruckt und begeistert, als sie im Frühling erstmals die mächtige, wasserreiche russische Wolga sahen, deren gegenüberliegendes Ufer mit bloßem Auge nicht zu erkennen war. Die Kolonisten, darunter auch Zuge, erreichten über die Wolga die Stadt Sysran. Von dort waren es noch etwas mehr als 300 km bis Saratow, doch der einsetzende Frost zwang auch sie, den Winter in russischen Dörfern in der Nähe zu verbringen.

Die rauen und für die Siedler ungewohnten klimatischen Bedingungen führten dazu, dass viele von ihnen unterwegs erkrankten und starben, wobei am Wegesrand nur Gräber zurückblieben. Wenn der Tod während der Fahrt über die Wolga eintrat, legten die Schiffe am Ufer an, um die Toten in Gräbern zu beerdigen, auf denen ein eilig gezimmertes Kreuz angebracht wurde. Die Schiffe setzten dann ihre Fahrt über den Fluss fort. Laut Igor Pleves Buch verloren unterwegs 3.293 Menschen oder 12,5% der 26.676 Siedler, die sich in Saratow niederlassen wollten, ihr Leben.[41]

Während der Fahrt über die Wolga versuchten die Schiffe, so selten wie möglich am Ufer anzulegen, was nur in dringenden Fällen geschah. Hier stieß man erneut auf eine Sache, die auch Zuge missfiel - den Versuch von Schiffskapitänen, die Reise auf dem Meer über mehrere Wochen zu verlängern, um den Vorrat an gekauften Produkten zu einem überhöhten Preis zuerst zu verbrauchen. Gleiches taten auch russische Offiziere, die die Kolonisten begleiteten. Nicht selten war die eingekaufte Provision auf einem zweiten Schiff geladen, das hinterherlief. Endlich kamen die Schiffe nach verschiedenen unfreiwilligen und freiwilligen Zwischenhalten teils rechtzeitig, teils mit Verspätung im Frühling und Sommer von 1764 bis 1767 in Saratow an. Die gesamte Route von Lübeck nach Kronstadt und von dort weiter nach Saratow geht aus Abbildung 4 hervor.

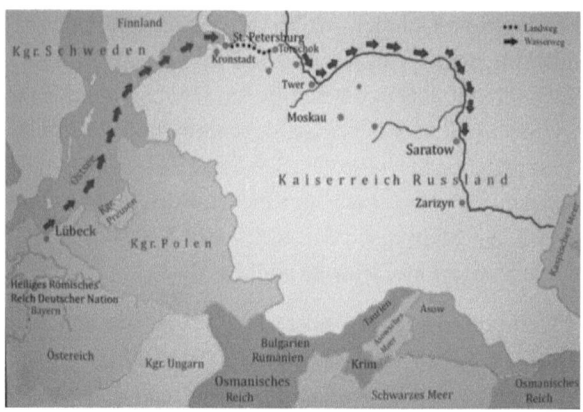

Abb. 4: Der Weg der deutschen Kolonisten aus Lübeck nach Saratow von 1764 bis 1767. (Die Karte wurde vom Autor gezeichnet, als Quelle dienten: Werken von Gottlieb Beratz und Christian Gottlob Züge).

Einzelne Übersiedlerkolonnen, die gut organisiert und ohne längere Zwischenhalte ihrer Route folgten, schafften es bis nach Saratow, ohne ein Winterquartier in Anspruch nehmen zu müssen. Dies gelang etwa einer Kolonne von 319 Menschen (davon 103 Männer, 82 Frauen und 134 Kinder), die von Kapitän Boris Paykul, dem Kornett Friedrich Rehbinder und einer Mannschaft aus drei Korporalen und 17 Soldaten begleitet wurde. In dieser Kolonne war auch mein Namensvetter[42] Michael Maul, der zusammen mit seiner Frau und dem 17-jährigen Sohn auf dem Weg nach Saratow war, im Rapport von Kapitän Paykul wird er unter Nummer 93 aufgeführt. Die Kolonne brach am 3. Juli 1764 aus Sankt Petersburg auf, war am 8. Juli in Ladoga, am 16. Juli an der Anlegestelle Sominsk, am 25. Juli an der Anlegestelle Rybnoslobodsk, am 19. August in Jaroslawl, am 22.

August in Kostroma, am 28. August in Nischni Nowgorod, am 5. September in Kosmodemjansk, am 14. September in Samara und erreichte schließlich am 20. September Saratow. Ein Verzeichnis der Kolonisten, ihre familiären Verhältnisse, die Anzahl und das Alter der Kinder, den Geburtsort und die Glaubenszugehörigkeit findet man im Bericht von Kapitän Paykul, den dieser am 8. März 1765 an die Vormundschaftskanzlei für Ausländer sandte. Ihr Inhalt lässt darauf schließen, dass die Route dieser Kolonne vonseiten der Beamten der Vormundschaftskanzlei für Ausländer gut organisiert und kontrolliert wurde. Diese hatten den Routenverlauf und die Begleitung der Kolonisten in ihrer Instruktion vom 14. Juli 1764 genau festgelegt und die Kolonne war nur zwei Monate und 17 Tage lang unterwegs. All diese einzigartigen Materialien werden im Russischen Staatsarchiv für alte Dokumente zur Geschichte der Organisation der deutschen Kolonien im Wolgagebiet aufbewahrt.[43]

Insgesamt kamen von 1764 bis 1767 mehr als 8.000 Familien oder 27.000 europäische Übersiedler auf dem oben beschriebenen Weg aus Lübeck oder in selteneren Fällen auch aus Danzig über Kronstadt und Oranienbaum nach Saratow an der Wolga. Diese Daten hinsichtlich der Anzahl eingetroffener Kolonisten werden von der Mehrzahl der Autoren in Büchern und Dissertationen angeführt, die schon zu Beginn des 20. Jahrhunderts über die Kolonisation an der Wolga im 18. Jahrhundert veröffentlicht wurden.[44,45] Eine etwas andere Einschätzung findet sich bei I. Pleve. Dieser zufolge starben unterwegs 3.293 Menschen oder 12,5% von 26.676 Übersiedlern, zu denen auch 167 Kolonisten aus Sarepta gehörten, während von 1764 bis 1771 insgesamt

23.216 deutsche Übersiedler in Saratow ankamen und sich in 104 Kolonien niederließen.[46]

Kapitel 5

Das deutsche Kolonisten Leben in Russland

5.1 Schwieriger Anfang

Die eingetroffenen Kolonisten in Saratow wurden von Kommissaren der Vormundschaftskanzlei für Ausländer empfangen. Ab April 1766 übernahmen Beamte des Saratower Kontors der Vormundschaftskanzlei für Ausländer diese Aufgabe. Sie führten die Registrierung durch, wiesen den Kolonisten eine bestimmte Siedlung zu und bereiteten alle erforderlichen Dokumente vor. Während ihres mehrwöchigen Aufenthalts in Saratow erhielten die Kolonisten eine Vorauszahlung von 150 Rubel. Ein Teil davon wurde für den Kauf eigener Pferde, Wagen, Lebensmittel sowie Arbeitsgeräte, Werkzeuge und Waren verwendet, die sie besonders zu Beginn benötigten. Züge hält in seinem Buch fest, dass die Zahlung von 150 Rubel als Fehler anzusehen ist. Ein Teil des Geldes wurde in Abwesenheit von Land und Häusern nicht für den Kauf von Vieh, Ladegeräte und Saatgut verwendet, sondern für vollkommen andere, unnötige Zwecke.

Wenn der Tag der Abreise zum Land schließlich gekommen war, setzte sich der Reigen vollbeladener Wagen mit gespannten Pferden in Bewegung, um zu den Siedlungsorten zu gelangen. Es gab jedoch auch andere Varianten, bei denen die Kolonisten sich zunächst zu den Siedlungsorten begaben und anschließend nach Saratow kamen, um die bereits vorbereiteten Pferde und die Vorauszahlung in Empfang zu nehmen. Dort erwarben sie Wagen, Spannbügel, landwirtschaftliche Gerätschaften, Sensen und anderes notwendiges Betriebsinventar.

Die wenigen erhaltenen Zeugenberichte über die ersten Eindrücke der deutschen Kolonisten nach der Ankunft an den Siedlungsorten und die Beschwerden der ersten Jahre vermitteln einen Eindruck von der verzweifelten und schwierigen Lage, in der sie sich befanden. Im Folgenden wird die Ankunft des Wolgakolonisten Züge beschrieben, der als Teil einer Kolonne in Saratow ankam und in dieser Zeit ein Pferd und einen Wagen erwarb. Am vereinbarten Tag begab er sich als Teil seiner Kolonne zu seinem Siedlungsort, der in diesem Buch als die Kolonie *"Potschinnaja"* genannt wird und 86 Werst (92 Kilometer) von Saratow entfernt lag. Der Weg führte durch die Steppe und hatte wenig mit dem versprochenen Paradies der Werber zu tun. Auf dem gesamten Weg trafen sie kein einziges russisches Dorf, nur verstreute Kolonien deutscher Siedler. Die hier herrschende Armut war offensichtlich, die Siedler trugen abgetragene russische und teilweise deutsche Kleidung, ihre Gesichter spiegelten das Heimweh nach der zurückgelassenen Heimat wider. Die Route verlief abseits aller Straßen durch die wilde Steppe, und die seelische Unruhe wuchs bei allen immer mehr. Als die Wagenkolonne ein kleines Flüsschen erreichte, ließ der Gruppenführer Halt machen, was allgemeines Erstaunen auslöste, da es noch hell und zu früh für das Aufschlagen eines Nachtlagers war. Als die Kolonisten erfuhren, dass sie ihr Ziel erreicht hatten, wich die Verwunderung Verzweiflung und Angst. Inmitten dieser Wildnis, überwuchert von meterhohem, vertrocknetem Gras, fanden sie sich wieder. Keiner der Kolonisten wollte von den beladenen Wagen absteigen, und nachdem der allgemeine Schreck nachgelassen hatte, konnte man in allen Gesichtern nur den Wunsch nach einer baldigen Rückkehr lesen.

Natürlich war es naiv zu erwarten, in einer unbesiedelten Gegend Russlands den Garten Eden zu finden. Dennoch war die Enttäuschung riesengroß, als die Kolonisten stattdessen nur wilde Steppe vorfanden, die keinerlei Ähnlichkeit mit den von den Werbern versprochenen deutschen Landschaften hatte. Weder stießen sie auf vor ihrer Ankunft erbaute Häuser noch waren andere Bauten errichtet oder Vorbereitungen getroffen worden. Dennoch war es notwendig, sich einzurichten und ein neues Leben zu beginnen, da der Winter bevorstand.[47]

Die Kolonisten, die in Züges Kolonne angekommen waren, sahen sich noch vor dem Eintreffen der Zimmermänner und versprochenen Baumaterialien dazu gezwungen, eilig Erdlöcher zu graben. Diese wurden mit dünnen Stangen abgedeckt, die sie großzügig mit ausgeschnittenen Schichten aus Bodenerde bedeckten, ähnlich wie bei meinen Vorfahren und anderen Kolonisten in Dänemark geschah. Züge selbst kehrte nach Saratow zurück, verbrachte den ersten Winter und weitere zehn Jahre seines Lebens dort, bis er schließlich heimlich floh. Im Jahr 1765 wurden außerhalb des Stadtgebiets von Saratow 16 Kasernen für die Kolonisten gebaut, in denen sie auf eine mögliche Weiterfahrt in ihre zugewiesenen Kolonien warteten.

Es gestaltet sich schwierig, genaue Angaben darüber zu machen, wie viele wolgadeutsche Familien den Winter und Teile ihres Lebens in den eilig ausgehobenen Erdhütten verbrachten, wie viele zeitweise in Saratow oder in Häusern bei bereits ansässigen Übersiedlern lebten und wie vielen es gelang, sich sofort in den für sie vorbereiteten Häusern niederzulassen. Dank der einzigartigen Archivmaterialien jener Zeit, die in den Anhängen der bekannten Monographie von Grigorij Pisarevskij[48] aufgeführt sind, lässt sich jedoch ein Eindruck von der Situation im Wohnungsbau für die Kolonisten gewinnen.

Das Kontor der Vormundschaftskanzlei für Ausländer teilte in einem Schreiben vom 2. Mai 1771 nach Sankt Petersburg mit, dass sich in den um Saratow auf beiden Seiten der Wolga liegenden Gebieten 6.229 Familien befanden, für die 1768 3.453 Häuser gebaut wurden. Dies entsprach lediglich 55% der tatsächlich benötigten Häuser. Die Bauvorhaben konnten 1767 wegen schlechter Wetterbedingungen und Schwierigkeiten beim Holztransport über die Wolga nicht vollständig realisiert werden, da *"(...) es nicht gelang, die Menge benötigter Materialien zu liefern, da sie in jenem Jahr nahezu komplett von Stürmen zerstört und auf beiden Seiten des Ufers verstreut wurden."*

Zwischen 1764 und 1767 gründeten die in Saratow angekommenen Kolonisten zunächst 104 Kolonien am rechten und linken Wolgaufer. Laut Orlows Rapport zählten 41 davon zu den Krons- oder staatlichen Kolonien, während die übrigen 63 Privatkolonien waren. Agenten wie De Beauregard, Lerois, Pitets und De Boffe warben diese Kolonien an. Die Kolonisten waren größtenteils Deutsche, aber es gab auch Holländer, Dänen (vermutlich hauptsächlich Deutsche, die nach Dänemark 1760 ausgewandert waren), Schweden, Schweizer, Engländer, Franzosen und Italiener. Mit der Zeit übernahmen sie die Sprache und Traditionen der Deutschen, die ihnen zahlenmäßig überlegen waren, und wurden genauso *"deutsche Kolonisten"* genannt. Nach den Angaben im an Katharina II. gesandten Rapport des Grafen Orlow hatten sich bis zum 14. Februar 1769 23.100 Einwohner aus 6.433 Familien in 104 deutschen Kolonien niedergelassen. Ihre Betriebe besaßen 13.552 Pferde, 11.552 Kühe, 704 Lastochsen, 2.269 Schafe und 1.019 Schweine.[49]

Wie bereits erwähnt, sollten laut dem Manifest von 1763 jeder Familie 30 Desjatinen Land zugeteilt werden. Tatsächlich wurden im Durchschnitt 36,2–36,3 Desjatinen und insgesamt 368.084 Desjatinen Land wurden günstig zugeteilt, und mit der Erschließung begann die Entwicklung von Landwirtschaft und Viehzucht in den Betrieben der Kolonisten.[50] Die erste deutsche Kolonie, Dobrinka, wurde am 29. Juni 1764 gegründet. Die weiteren Kolonien erstreckten sich von Dobrinka in nördlicher Richtung entlang der Wolga bis Saratow. Im Gründungsjahr 1764 entstanden auch Beidek, Galka, Schilling und Anton. Im Folgejahr wurden 11 Kolonien gegründet, 1766 weitere 20, und 1767 schließlich 68 Kolonien.[51] Zusätzlich wurden 200 Menschen in der Kolonie Sarepta angesiedelt, die etwa zur selben Zeit 1775 an der Wolgamündung der Sarpa, 28 Kilometer von Zarizyn entfernt und 400 Kilometer südlich von Saratow, gegründet wurde.[52]

Sarepta unterschied sich von anderen deutschen Kolonien durch ihre Entstehungsmotive, Finanzierung und Verwaltung. Die Kolonie entstand auf Initiative einer religiös-ökonomischen Vereinigung, die sich als Missionskolonie der Herrnhuter Brüdergemeinde bezeichnete. Vor der Gründung fanden Verhandlungen mit der Direktion der Gemeinschaft in Sankt Petersburg statt, woraufhin ein Vertrag mit der russischen Regierung unterzeichnet wurde. Dieser gewährte den Brüdern der Gemeinschaft zahlreiche Privilegien. Die wesentlichen Vertragsinhalte wurden in Zarin Katharinas spezieller „*Schenkungsurkunde an die Kolonie Sarepta*" vom 27. März 1767 festgehalten.

Die Brüder der Evangelischen Gemeinschaft, auch „*Herrnhuter*" oder mährische Brüder genannt, waren über 30 Jahre von Steuerzahlungen befreit und erhielten Rechte zur Selbstverwaltung, eigener Justiz, freien Religionsausübung, zollfreien Brennereien und Brauereien für Eigenbedarf sowie zum Bau von Städten, Dörfern und Siedlungen auf ihrem zugewiesenen Land. Sie konnten Kirchen, Schulen, öffentliche Einrichtungen, Mühlen, Fabriken und Manufakturen errichten, Landwirtschaft betreiben, Handel treiben, Handwerk oder Gewerbe ausüben und hatten Jagd- und Fischfangrechte. Die eigentlichen Brüder und ihre Nachkommen waren vom Kriegsdienst und zivilen Diensten befreit und hatten keine Verpflichtung zur Bereitstellung von Wohnungen, Wagen und anderen Quartieren für Soldaten. Mitglieder der Brüderschaft konnten ungehindert aus Russland ausreisen und ihr Vermögen mitnehmen, unter der Bedingung, dass sie einen Teil davon als Abgaben entrichteten. Für die Brüderschaft in Sarepta galten jedoch andere Bedingungen bei Landzuteilung und Steuerzahlungen als für andere Kolonisten in Russland. Sarepta erhielt 5.870 Desjatinen Land und einen von Zarizyn entfernt und 400 Kilometer südlich von Saratow, gegründet wurde.51 Teilzahlungskredit von 48.748 Rubel. Die Kolonie als Ganzes wurde als Empfänger von Land und Geld betrachtet, nicht die einzelnen Kolonisten. Ein einheitlicher Zeitpunkt ab dem 1. Januar 1767 wurde festgelegt, ab dem die 30 steuerfreien

Jahre galten, unabhängig von individuellen Einreisedaten. Die Möglichkeit einer ungehinderten Ausreise aus Russland für die Kolonisten aus Sarepta wurde von den Anführern der Kolonie oder der im Ausland ansässigen Direktion der religiösen Bruderschaft genehmigt.

Wenden wir uns nun nach der Kolonie Sarepta wieder den Kolonien Saratows zu. Ihnen wurden in den Anfangsjahren ihrer Entstehung keine Sonderkonditionen bei den finanziellen und organisatorischen Hilfsleistungen eingeräumt. Das wenig geordnete häusliche Dasein, der Hunger, die heißen Sommer und die äußerst rauen und kalten Winter waren für die Kolonisten aus Europa ungewohnt, weshalb sie häufig erkrankten und zu Tode kamen. Das für die Region charakteristische Klima war zudem ungünstig für den Ackerbau. Der bekannte deutsche Naturforscher Peter Simon Pallas, der die Regionen Sibirien und Asien erforscht hatte, untersuchte auch die klimatischen Bedingungen der Wolgaregion und stellte die damit verbundenen Schwierigkeiten der ersten Jahre im Leben der Kolonisten heraus. Diese wurden in seinem Buch „*Reise durch verschiedene Provinzen des Russischen Reichs*" veröffentlicht. In seinem Bericht stellte er fest, dass die klimatischen Bedingungen der unteren Wolgaregion ungeeignet für den Ackerbau sind. Die heißen Sommer, rauen Winter und der permanente heftige Wind waren für die nährstoffarmen, trockenen Salzböden verantwortlich, insbesondere für die Auen am linken Wolgaufer. [53] In der Flussniederung waren die Böden übermäßig feucht und mit Sümpfen übersät. Die für den Ackerbau geeigneten Ländereien auf der rechten oder westlichen Wolgaseite lagen am erhöhten, bergigen Flussufer und hatten daher nicht genügend Feuchtigkeit zur Verfügung.

Peter Simon Pallas berichtet in seinem Werk, dass die Böden in der Region nährstoffarm und von salzresistenten Grasarten geprägt waren. Auf den endlosen Weiten der trockenen Wolgasteppe kam es in der sommerlichen Hitze häufig zu Bränden. Die Region war auch arm an Baumaterialien, und Bauholz musste aus den oberen Wolgaregionen herangeschafft werden. Die Wasserversorgung der Siedlungen, besonders fernab des Wolgaufers, war ein großes Problem. In den Kolonien oberhalb von Saratow an der Ostseite des Flusses gab es überhaupt kein Trinkwasser. Die Kolonisten waren gezwungen, Wasser aus Teichen zu trinken, was zu vielen Fällen von Dysenterie führte. Die Haupttransportwege waren die Wolga, die Salzstraße und die Postverbindungen, auf denen Reisende ständig der Gefahr ausgesetzt waren, von Räuberbanden überfallen zu werden. Trotz der ungünstigen klimatischen Bedingungen und Bodenverhältnisse begannen die Kolonisten bereits in den ersten Jahren mit dem Anbau landwirtschaftlicher Kulturen. Das wichtigste Erzeugnis wurde Tabak, den sie an die ansässigen Völker, vor allem aber an die Tataren und Kalmyken.

Wetterbedingungen ab und litt unter häufigen Überschwemmungen der Felder durch das Hochwasser der Wolga im Frühjahr sowie unter den trockenen, heißen Sommern. Daher war die Weizenernte in den ersten Jahren so schlecht, dass das Getreide nicht für die eigene Versorgung ausreichte. Es wurde von Fällen berichtet, in denen das ausgesäte Getreide wegen der Dürre überhaupt nicht aufging und erst im darauffolgenden Jahr auskeimte. Eine zweite Getreidekultur, die ägyptische oder schalenlose Gerste, gedieh unter trockenen Bedingungen recht ordentlich. Die Kolonisten wurden vor dem Hunger durch den Kartoffelanbau gerettet, der zu einer ausreichenden Ernte führte, und durch die Möglichkeit zum Fischfang an der Wolga und ihren zahlreichen Zuflüssen.

In der Tierhaltung waren die Bedingungen etwas besser. Die Kolonisten hielten Zug-, Milch- und Fleischtiere, von deren Fleisch sie sich ernährten. Aus der Milch stellten sie Schweizer und holländischen Käse her, den sie an die Einwohner Saratows verkauften. Dies war zu jener Zeit ein neues und ungewohntes Produkt. Die niedrigen Ernteerträge erforderten die Erforschung und praktische Anwendung neuer landwirtschaftlicher Technologien unter ungewohnten Bedingungen, insbesondere für diejenigen, die zuvor keine Bauern waren und in einem anderen Fachgebiet ausgebildet wurden.

Daneben litten die Kolonisten unter zahlreichen Banden, die hauptsächlich aus entlaufenen leibeigenen Bauern bestanden. Diese raubten und erschlugen die Kolonisten oft auf ihrem Weg nach Saratow. Das Vieh und die Pferde wurden aus den Kolonien vertrieben und waren danach äußerst selten wiederzufinden. Die Kolonisten versuchten, das von einem ständigen Kampf um das physische Überleben und einem ungeordneten Dasein geprägte Leben zu ändern. Bereits in den ersten Jahren ihres Aufenthalts an der Wolga schickten sie zahlreiche Beschwerdebriefe nach Sankt Petersburg. In diesen warfen sie den Regierungsbeamten und der Vormundschaftskanzlei vor, die einzelnen Punkte des kaiserlichen Manifests nicht einzuhalten. Es wurde bemängelt, dass keine rechtzeitigen und ausreichenden

Maßnahmen hinsichtlich der Aufnahme und Ansiedlung der Kolonisten ergriffen wurden. Die Beamten wurden der Willkür beschuldigt, und es wurde der mangelnde Schutz vor Plünderungen und Angriffen von Banditen kritisiert.

Grigorij Orlow, der Präsident der Kanzlei, versuchte, sich gegen diese Anschuldigungen zu verteidigen und die Verantwortung für die unbefriedigende Lage in den ersten Jahren der Kolonisation von sich zu weisen. Im April und Dezember 1765 sandte er zwei Briefe an die Kolonien, in denen er eine strenge Warnung aussprach und den Kolonisten mangelnden Einsatz vorwarf. Im selben Jahr schickte er seinen Bruder Wladimir im Rahmen einer Inspektion in die Saratower Kolonien. Das Ergebnis war, dass nur minimale Fortschritte erkennbar waren und in der Entwicklung von Handwerk und Ackerbau keinerlei Erfolge verzeichnet wurden. Die Gebrüder Orlow gaben den Kolonisten die Schuld an dieser Situation und stellten sie als willenlos, stur, faul, verschwenderisch und trinkfest dar. Es ist anzunehmen, dass eine solche Einschätzung der Kolonisten nur auf eine relativ kleine Anzahl von ihnen zutraf. Wie bereits erwähnt, gehörten zu ihnen Menschen verschiedener Berufsgruppen, Abenteurer, Unglücksraben, überschuldete Handwerker und solche, die einfach ein leichtes Leben ohne Hunger suchten. Der überwiegende Teil von ihnen strebte jedoch danach, auf ihrem eigenen Land durch eigene Arbeit eine neue Zukunft aufzubauen, was ihnen schlussendlich nach vielen Jahren gelang.

Die Gerüchte über die beklagenswerte Situation der deutschen Kolonisten an der Wolga verbreiteten sich auch in Europa und hatten einen negativen Einfluss auf die Aktivitäten der russischen Werber, die zu dieser Zeit aktiv daran arbeiteten, neue Siedler anzuwerben. Um das Image des russischen Kolonisationsprojekts zu verbessern, wurde auf Einladung von Katharina II. der bekannte deutsche Naturforscher Johann Reinhold Forster beauftragt, die Lage in den Kolonien und ihrer Umgebung zu untersuchen. Forster verbrachte zusammen mit seinem zehnjährigen Sohn Georg einige Zeit in Saratow, untersuchte von Mai bis September 1765 den Stand der Dinge bei den Kolonisten und sammelte Informationen über die Region sowie antiquarische Gegenstände aus dem Leben der Ureinwohner. Die Ergebnisse seiner Untersuchungen fasste Forster in einem speziellen Bericht zusammen, den er an Grigorij Orlow schickte. Der Bericht erkannte viele Beschwerden der Kolonisten als gerechtfertigt an und äußerte sich kritisch über die Tätigkeit der Regierungsinstitutionen in Bezug auf die Vorbereitung und Verwaltung der deutschen Kolonien an der Wolga. Besonders scharf kritisiert wurden Stroew, der Kommandant von Saratow, und seine Beamten, die der Veruntreuung beschuldigt wurden.

Der von Forster vorbereitete Bericht gefiel den Machthabern nicht. Anstelle der erwarteten wohlwollenden Einschätzung erhielten sie ein entgegengesetztes Ergebnis. Forster wurde gezwungen, Russland zu verlassen, ohne die versprochene Summe für seine Arbeit erhalten zu haben. Erst 1766 und 1767, als er sich bereits in England aufhielt, konnte er seine kritischen Materialien in einer Ausgabe der königlichen Akademie der Wissenschaften veröffentlichen. Allerdings änderte sich danach wenig an der schwierigen Lage der deutschen Kolonisten an der Wolga.

5.2 Zeit des Pugatschew-Aufstandes und der Normannenüberfälle

Während des Pugatschew-Aufstandes in den Jahren 1773 und 1774 wälzte sich eine Lawine aus Raubzügen, Plünderungen, Schrecken und lebensbedrohlichen Situationen über die gesamte Bevölkerung der entlang der Wolga gelegenen Kolonien. In dieser Zeit durchkämmte Pugatschew mit seinen Streitkräften die Kolonien entlang der Bergküste der Wolga, während seine marodierenden Anhänger in kleinen Gruppen die Siedlungen auf der Wiesenseite durchstreiften.

Gottlieb Beratz nimmt in seinem Buch eine detaillierte Analyse der Sichtweisen, Quellen und erhaltenen Erinnerungen an diese Schreckenszeit in der Geschichte der deutschen Kolonien vor. Er beschreibt ausführlich Fälle von Plünderungen, Mord, Bränden, der Beschlagnahmung von Vermögen, Pferden, Wagen und der Zwangsverschleppung von Frauen und jungen Männern, die sich den Streitkräften Pugatschews anschließen mussten. Dazu gehörte auch eine unbedeutende Anzahl von Kolonisten, die sich Pugatschew freiwillig anschlossen, da sie mit ihrer schwierigen und ausweglosen Situation unzufrieden waren und darauf hofften, auf diese Weise den Kolonien zu entkommen und in die Heimat zurückzukehren. Besonders schweren Schaden fügten die Banden Pugatschews der Kolonie Sarepta zu, deren Bewohner sich und ihr Vieh rechtzeitig durch die Flucht in die Steppe in Sicherheit bringen konnten. Kurze Zeit später wurde Pugatschew mit seinen Streitkräften unweit von diesen Orten und 40 Werst von der Kolonie Sarepta entfernt geschlagen, gefangen genommen, nach Moskau gebracht und am 10. Januar 1775 hingerichtet. [54]

Mit der Einladung ausländischer Kolonisten verfolgte die russische Regierung nicht nur ökonomische Ziele, sondern strebte auch einen zuverlässigen Schutz ihrer südlichen Reichsgrenzen vor ständigen Überfällen durch Nomadenbanden muslimischer Kirgisen und buddhistischer Kalmyken an. Diese nutzten die den Kolonisten zugeteilten Steppen seit jeher als Viehweiden und waren für mehrfache Überfälle auf die deutschen Kolonien verantwortlich, nachdem man ihnen diese Möglichkeit genommen hatte. Diese Überfälle hatten sowohl für das Schicksal vieler Kolonisten als auch für die wirtschaftliche Entwicklung der ausgeraubten und verbrannten Kolonien verheerende Folgen. In diesem Zeitraum führten die Nomadenbanden Überfälle auf 17 Kolonien durch, die auf der Wiesenseite am rechtsseitigen Wolgaufer lagen. Als Folge wurden die Kolonien Chassenlois, Cäsarsfeld, Keller und Leitzinger so stark zerstört, dass sie nicht wiederaufgebaut wurden. Durch diese Überfälle kamen bis Ende 1775 mehrere Hundert Einwohner der Kolonien ums Leben. Laut einer in Beratz' Buch[55] angeführten Einschätzung wurden bis zu 1.200 Mädchen, Frauen und Männer im arbeitsfähigen Alter zu Sklaven gemacht und auf den Sklavenmärkten in Buchara und Chiva verkauft. Die Regierung sah sich gezwungen, zur Verteidigung der von Überfällen bedrohten Kolonien auf der Wiesenseite Soldaten zu entsenden, für deren Unterhalt die Kolonisten aufkommen mussten. Damit nahmen die Überfälle ein Ende, nachdem eine der Nomadenbanden im März 1775 in einer der Kolonien auf die entschlossene Gegenwehr der Husaren gestoßen war. Einzelnen

Kolonisten, die versklavt worden waren, gelang mit der Zeit die Rückkehr in ihre Kolonien. Dabei ist bekannt, dass die russische Regierung einen Teil von ihnen aus der Sklaverei freikaufte. Für diese Ziele wendete sie von 1777 bis 1784 jährlich 2.000 Rubel auf.[55]

Heutzutage existiert bereits eine umfangreiche Auswahl an Literatur, die die verschiedenen Aspekte der Geschichte deutscher Kolonisten an der Wolga erörtert. Die Ereignisse der jüngeren Vergangenheit sind besser erforscht, insbesondere die Anfangsjahre der Wolgakolonisten. Daher ist die Geschichte dieser Frühzeit hauptsächlich auf die Feststellung allgemeiner Probleme in den ersten Jahren beschränkt. Dazu gehören Hunger, Armut, ertragsschwache Jahre, der Pugatschew-Aufstand und Raubüberfälle durch kirgisische und kalmykische Nomaden. Dieser Umstand resultiert aus der äußerst begrenzten Anzahl erhaltener historischer Dokumente über die frühen Jahre der Entstehung und Entwicklung der Wolgakolonien.

In diesem Zusammenhang erweisen sich die unten angeführten Archivmaterialien, welche in der kleinen, doch von meiner Sicht äußerst wichtigen und interessanten Abhandlung *"Das Gebiet Saratow im 18. Jahrhundert in Dokumenten"*[56] von Z. A. Gusakova und A. S. Majorova, erweisen sich als besonders wertvoll. Die Originaltexte einzelner Sitzungsprotokolle des Saratower Vormundschaftskontors werden abgekürzt unten aufgeführt. Diese bald 260 Jahre alten Protokolle wurden in einer Sprache verfasst, die dem heutigen Leser, auch in der deutschen Übersetzung, gelegentlich etwas altertümlich erscheinen mag. Ein Auszug aus dem Protokoll vom 3. November 1774 lautet: *„ (...) nach der Zerstörung durch den Übeltäter Pugatschew in den Kolonien, die sich auf der Wiesenseite niedergelassen hatten, kam es mehrmals zu weiteren Zerstörungen durch aufkreuzende Kirgisen und Kosaken. Dabei wurden zahlreiche Kolonisten erschlagen und gefangen genommen, vor allem aber wurden viele beraubt, und in vielen Fällen wurde das Vieh vertrieben. "* Die Entscheidung erging wie folgt: Beim Gouverneur von Astrachan sollte um die Entsendung von Truppen gebeten werden, die für die Suche nach den verschleppten Menschen und den vertriebenen Tieren verantwortlich waren. Zudem sollte um eine Mannschaft zum Schutz der Kolonien vor Überfällen gebeten werden.

Im Protokoll vom 4. November 1774 wird angeführt, dass:

„ ... laut der Bezirkschronik des Feldwebels Monschin 15 Vorsteher berichten, sie hätten in den sieben Jahren, in denen sie ihre Ländereien bearbeiteten, weder genug Brot noch ausreichend Saatgut für die Aussaat gehabt. Aufgrund der barbarischen Angriffe der Kirgisen baten sie darum, an einen anderen Ort umziehen zu dürfen. Es wurde jedoch befohlen, am bisherigen Ort zu verweilen, in der Hoffnung, dass bereits eine Militärtruppe zur Verteidigung gegen die Angriffe der Kirgisen entsandt worden sei... "

Im Protokoll vom 16. November 1774 heißt es, *„ ...dass Monschin, der Leutnant Beauregards, berichtete, viele Kolonisten in seinem Bezirk seien um ihr Vieh gebracht* *worden. Daher könnten sie ihren eigenen Haushalt nicht führen, da sie ohne Pferde keine Holzvorräte für den Winter anlegen könnten. Er bat um Geld für den Kauf von zehn Ackerbau geeigneten Pferden, wofür 100 Rubel ausbezahlt wurden…"*

Im Protokoll vom 23. November 1774 wird vermerkt, dass „ *(…) die Kolonisten entlang des Flusses Karaman aufgrund der Zerstörung durch die Kirgisen in einer prekären Lage sind. Viele von ihnen verfügen weder über Hemden noch über andere Kleidung und sind daher bei der winterlichen Kälte nicht in der Lage, sich Holz zu beschaffen. Aus diesem Grund ersuchen sie um Hilfe, um ihre Körper und Füße vor der Kälte zu schützen, und bitten außerdem um Heulieferungen für einzelne Haushalte…"*

Im Protokoll vom 21. Dezember 1774 wird berichtet, dass „ *… in der Kolonie Makarowka zwei Kolonisten verhungert sind und viele aufgrund von Hunger völlig ausgezehrt sind. Der Vorsitzende Hickes berichtet dies, woraufhin ein Befehl ergeht: Hickes wird mitgeteilt, dass seine Bitte ungerechtfertigt ist, da er zur genannten Zeit bereits Mehl vom Staat zur Verpflegung erhalten habe. Zudem wird er aufgefordert, sich zu verpflichten, in Zukunft von derartigen falschen Anzeigen abzusehen, da andernfalls Strafen drohen…"*

Im Protokoll vom 23. Dezember 1774 wird mitgeteilt, dass „ *… Julien Otten, der Vorsitzende der Kolonie Raasoschej, berichtet, dass die Pferde der pugatschewschen*

Scharen nicht nur das gesamte Heu, sondern auch das Saat-
gut und den Hafer aufgefressen haben. Aufgrund von Fut-
termangel leidet das Vieh, und Otten bittet um Hilfe. Er
warnt, dass, falls keine Hilfe in naher Zukunft erfolgt, sie
gezwungen sein werden, das Vieh zu töten, um ein elendes
Verhungern zu verhindern…"

Es lässt sich erahnen, dass selbst ein kleiner Teil der aufgeführten Archivdokumente einen sicheren Beweis für die
äußerst schwierige Anfangszeit im Leben der deutschen Kolonisten darstellt, die von Unglück, Armut, Hunger und Gefahr geprägt war. Das Enthüllen dieser historischen Schleier
ermöglicht es dem Leser, ein realistisches Bild der schwierigen und tragischen Anfangsjahre im Leben der deutschen
Kolonisten an der Wolga zu erhalten. Dies steht im Kontrast
zu den Beschreibungen von Historikern, die diese Ereignisse nicht selbst beobachten konnten, und den Meinungen
von Experten, die nicht selten politisch motiviert sind. Es
repräsentiert die unumstößliche Wahrheit jener Zeit, in der
die deutschen Übersiedler vor 260 Jahren viele Jahrzehnte
verbracht haben. Mit großem und unermüdlichem Einsatz
versuchten sie, ihre schwierige und unglückliche Situation
zu verbessern, die durch die ineffiziente Verwaltung und die
Willkür der Beamten zusätzlich erschwert wurde.

5.3 Fluchtversuche aus Russland

Erschöpft von aussichtsloser Armut, ständigen Gefahren
sowie möglichen Plünderungen und Überfällen, strebten

einige Kolonisten danach, andere Regionen Russlands zu besiedeln. Sie entsandten sogar eigene Delegierte, um im Kaukasus Informationen zu sammeln. Viele Ankömmlinge waren jedoch enttäuscht und bereit zur Umkehr, als sie die harte und gefährliche Realität ihres zukünftigen Lebens erkannten, das in keiner Weise den Versprechungen der Werber entsprach. Dennoch war es für sie aus verschiedenen Gründen unmöglich, ihre Pläne umzusetzen. Die wichtigsten Hindernisse waren:

• Die enorme Entfernung zwischen ihren Siedlungen an den russischen Außengrenzen und ihrer früheren Heimat.

• Die Notwendigkeit, den langen und damals gefährlichen Rückweg eigenständig und auf eigene Kosten zu bewältigen, wobei die erforderlichen Mittel bis auf wenige Ausnahmen fehlten. Die Organisation der Rückreise an die Wolga wurde von den russischen Machthabern kontrolliert und geleitet.

• Die Unmöglichkeit, die Bedingungen der geschlossenen Verträge und eingegangenen Verpflichtungen zu erfüllen, was die Rückzahlung von unterwegs erhaltenen Krediten und materiellen Zuwendungen einschloss.

Gemäß dem Manifest von Katharina II. aus dem Jahr 1763 hatten die Kolonisten in Russland das Recht, das Land zu verlassen und in ihre Heimat zurückzukehren, jedoch erst nach Begleichung aller für sie aufgewendeten Mittel sowie Rückzahlung von aufgenommenen Krediten und Schulden. Diese Bedingung erwies sich als praktisch unmöglich, sofort nach der Ankunft oder zumindest in den ersten Jahren des Aufenthalts in den Wolgakolonien erfüllt zu werden. Die geringe Anzahl der Kolonisten, die über solche finanziellen Mittel verfügten, mangelte entweder an Motivation zur sofortigen Rückzahlung oder fiel Räuberbanden zum Opfer, die nicht nur ihren Besitz, sondern auch ihr Leben auf dem Rückweg raubten. Beratz berichtet von zwei Fällen solcher Flucht. Im ersten Fall wurden einige holländische Familien, die noch Geld hatten, von russischen Begleitern betrogen, beraubt und ermordet. Im zweiten Fall hatten 40 Kolonistenfamilien die Absicht, nach Deutschland zurückzukehren, wurden jedoch unterwegs von Kosaken gefangengenommen und zurück in die Kolonien gebracht.[57]

Ein ähnliches Schicksal erwartete oft auch Kolonisten, die einzeln heimlich die Wolgakolonien verlassen wollten. Erhaltene Archivdokumente dieser Zeit zeigen regelmäßige Fluchtversuche. Die Mehrheit dieser Dokumente zur Entstehungsgeschichte der deutschen Kolonien an der Wolga wurde im Saratower Vormundschaftskontor für Ausländer aufbewahrt und während der pugatschewschen Aufstände im August 1774 zerstört. Ein bedeutender Teil der Archivunterlagen des Saratower Kontors, der fast 100 Jahre des Lebens der Wolgakolonisten widerspiegelte, wurde später (auch in der Sowjetzeit) zerstört oder ging verloren. Die Arbeit der Mitarbeiter des Staatsarchivs der Region Saratow ist in diesem Zusammenhang besonders wertvoll. Sie erstellten ein annotiertes Verzeichnis der erhaltenen Akten des Saratower Kontors für ausländische Ansiedler, das kurze Anmerkungen, die Bezeichnung, das Datum und den Umfang der Akten verlorener Dokumente enthält und somit wertvolle Informationen über das Alltagsleben der

Kolonisten liefert. Unter den Tausenden von Dokumenten finden sich auch registrierte Akten, die sich mit der legalen Ausreise von Kolonisten aus Russland in den Jahren 1811 (*"Über die Ausreise der Kolonisten aus Russland"*) und 1828 (*"Über die Abreise der Kolonisten in Gebiete jenseits der Grenze"*) befassen.

Im Verzeichnis der verloren gegangenen Akten des Saratower Kontors stößt man auf Nachweise heimlicher Fluchtversuche deutscher Kolonisten aus den Saratower Kolonien. Die Fakten dazu sind in den unten aufgeführten Akten der Jahre 1797-1833 dokumentiert und berichten über den entflohenen Kolonisten Peter Heinrich, Stolz, Heinrich Leiser, Luca Mackmann, August Inken, Heidem, Christian Karl, Peter Lackmann, Mosebach, Briese, Dreitz, Gottfried Holmer, Heinrich Sachs. Auffällig ist, dass nach 1807, mit Ausnahme der letzten Fahndungsakte aus dem Jahr 1833, keine Fluchtversuche von Kolonisten im Verzeichnis der verloren gegangenen Akten (der letzte stammt aus dem Jahr 1868) erwähnt werden. Dies könnte möglicherweise mit dem Verlust eines bestimmten Teils der Dokumente zusammenhängen, die sich insbesondere auf die Anfangszeit der Kolonien beziehen. Es könnte aber auch auf die abnehmende Fluchtmotivation neuer Kolonisten Generationen und die kontinuierliche Verbesserung ihrer Lebensumstände zurückzuführen sein. Diese Sichtweise wird durch die ab den 20er Jahren vermehrt auftauchenden Akten über die Baugenehmigung neuer Häuser, Mühlen, Webereien und Gerbereien unterstützt.

Heutzutage ist es unmöglich, Einblicke in das weitere Schicksal der entflohenen Kolonisten zu gewinnen. Sie wurden entweder gefangen genommen und streng bestraft oder tauchten unter und lebten in anderen Regionen des russischen Riesenreiches. Vielleicht gelang es auch dem einen oder anderen, in die frühere Heimat zurückzukehren. Der wohl einzige in der Literatur beschriebene Fall einer geglückten Rückkehr nach Deutschland ist der von Züge, einem aus Saratow geflohenen Kolonisten. In seinem bereits mehrfach zitierten Buch schildert er ausführlich, wie er nach mehreren erfolglosen Versuchen, zu Geld zu kommen, die Entscheidung zur Flucht trifft und schließlich nach zehnjähriger Abwesenheit seine Mutter in die Arme schließen kann.

Anders sah es bei den Bewohnern der Kolonie Sarepta aus, die 400 Kilometer südlich von Saratow ebenfalls an der Wolga lag. Für die Brüder der Evangelischen Gemeinschaft galten im Unterschied zu anderen russischen Kolonisten andere Bedingungen für die Rückzahlung von Krediten und geliehenen Mitteln. Diese wurden nicht an einzelne Kolonisten, sondern an die gesamte Kolonie in Person ihrer Vorsteher ausbezahlt. Dadurch konnten die Kolonisten Sareptas auf Anweisung oder mit Erlaubnis der Vorsteher der Kolonien oder der Leitung der Religionsgemeinschaft, die sich jenseits der russischen Staatsgrenzen befand, frei aus Russland ausreisen. Klaus' Buch *"Unsere Kolonien"* berichtet, dass im Laufe der ersten Hundert Jahre des Bestehens der Kolonie Sarepta 677 Menschen freiwillig in Gebiete jenseits der Grenze ausreisten, was 54% aller zuvor eingereisten Kolonisten entspricht. Alle anderen Wolgakolonisten waren dazu gezwungen, an der Wolga zu bleiben und ihre Arbeit in der Hoffnung auf ein besseres Schicksal fortzusetzen. Und natürlich spürten Deutsche (wie auch meine Vorfahren), die als Kolonisten in Dänemark waren, den Vergleich zwischen den beiden Ländern, was die Rückwanderung betraf. Was in Dänemark leicht war, war in Russland fast unmöglich.

5.4 Eingeständnis von Problemen

Die zahlreichen Beschwerden der Kolonisten erregten schließlich die Aufmerksamkeit der russischen Regierung. Zwölf Jahre nach Beginn der Kolonisation versuchte diese zunächst, die ausstehenden Schulden einzutreiben. Nach einer Untersuchung der Situation in den Wolgakolonien stellte man "überraschend" fest, dass dies unmöglich war. Der Senat beschäftigte sich daraufhin mit der entstandenen Lage und legte Katharina II. einen detaillierten Bericht vor. Am 18. April 1775 unterzeichnete die Zarin den Regentenerlass *"Über die Beurteilung der bei Saratow angesiedelten Kolonisten und Kreditleistungen an diese"* unter Berücksichtigung der Vorschläge der Vormundschaftskanzlei für Ausländer.

In dem Erlass wurden die Kolonisten in zwei Gruppen eingeteilt. Zur ersten Gruppe gehörten jene, die *"sich durch ihr ehrbares Verhalten, ihre Einsatzbereitschaft im dörflichen Hausbau und ihren lobenswerten Einsatz im Ackerbau Unseres Höchsten Wohlwollens ihnen gegenüber als würdig erwiesen haben"*. Zur zweiten Gruppe zählten *"Andere, die es im Gegensatz dazu aus Faulheit, Saumseligkeit und infolge ihres lasterhaften Lebenswandels nicht nur nicht fertiggebracht haben, sich ein ordentliches Haus zu bauen, sondern trotz aller erhaltenen Hilfsleistungen und mehrmaliger Ermahnungen durch die Vormundschaftskanzlei für*

Ausländer und den Präsidenten selbst riesige Schulden an-
gehäuft haben und sich bis heute nicht versorgen können...".
Weiterhin hieß es, dass *"bei denen keine Hoffnung auf Bes-*
serung in Sicht ist...". [58]

Den ersten Kolonisten verkündete die Zarin *"Unser*
Höchstes Wohlwollen", den Übrigen teilte sie mit: *"Es wäre*
angebracht, sie ohne jedwede Versorgung sich selbst zu
überlassen, da sie ihren Verpflichtungen nicht nachgekom-
men sind. Dennoch haben Wir es infolge der Uns von Natur
aus gegebenen Barmherzigkeit nicht unterlassen, Anord-
nungen zu treffen, damit auch diese zum letzten Mal mit den
für den Ackerbau und die Versorgung bis zur nächsten Ern-
tezeit nötigen Mitteln versorgt werden. Sollten sie sich je-
doch auch in Zukunft als saumselig und faul erweisen, so
werden ihnen keine weiteren Kredite mehr zur Verfügung
gestellt."

Um die tatsächliche Situation in den Kolonien zu klären,
ordnete Katharina II. eine *"Bewertung hinsichtlich der Eig-*
nung oder Nichteignung für den Ackerbau" an. Das Saratower Vormundschaftskontor wurde beauftragt, zu jedem
Siedler

"schriftliche Genehmigungen der gesamten Gemein-
schaft und der Vorgesetzten" einzuholen. Geeignete Siedler
erhielten einen Kredit auf Basis des Berichts der Vormundschaftskanzlei für Ausländer, um die Alten und Verkrüppel-
ten der Gemeinschaft zu unterstützen. Siedler, denen die
Genehmigung verweigert wurde und die als ungeeignet galten, durften nach der Bezahlung ihrer Schulden ungehindert
aus Russland ausreisen. Sie hatten die Möglichkeit, in Industrieunternehmen oder Betrieben in den russischen

Städten zu arbeiten oder Kriegsdienst zu leisten und das verdiente Geld zur Schuldenrückzahlung zu verwenden.

Der Erlass der Zarin gewährte einen fünfjährigen Aufschub der fälligen Schulden, erhielt die Selbstverwaltung in den Kolonien und die Wählbarkeit der Dorfvorsteher aufrecht und verringerte den administrativen Druck sowie die exzessive Kontrolle über das Leben der Kolonisten. Dies trug zur Wiederherstellung des teilweise verlorenen Kolonistenstatus der Übersiedler bei und ging mit einer erhöhten Verantwortung der Führung und der Kolonisten für einen erfolgreichen Ackerbau und die Fähigkeit zur *"Versorgung"* ohne *"Hoffnung auf staatliche Hilfe"* einher.

Im Zuge der Kommissionsarbeit stellte die Regierung zusätzliche ökonomische Unterstützung für die Entwicklung der bestehenden Kolonien bereit, was jedoch zu einem Anstieg der Gesamtschulden jedes Kolonisten führte. Basierend auf einer sorgfältigen Überprüfung jedes Kolonisten Betriebs durch das Saratower Vormundschaftskontor wurde die Höhe eines Einmalkredits festgelegt. Dieser wurde zum letzten Mal und nur an die für die landwirtschaftliche Arbeit geeigneten Kolonisten ausgezahlt. Mit diesem Kredit wurden die benötigten Tiere, das Korn sowie landwirtschaftliche Geräte und Werkzeuge beschafft.

Trotz der zweifellosen Bedeutung der Beschlüsse, die durch den Erlass zur Verbesserung des wirtschaftlichen Lebens der deutschen Kolonisten gefasst wurden, bleibt festzuhalten, dass ihre Verarmung in vielerlei Hinsicht auf die

Nichteinhaltung der wichtigsten Bestimmung des Erlasses aus dem Jahr 1763 zurückzuführen war – das Recht der Übersiedler auf freie Wahl des Siedlungsortes und der Art ihrer Tätigkeit. Die erzwungene Entscheidung vieler Übersiedler, gegen ihren Willen und entgegen ihren Kenntnissen und ihrer Arbeitserfahrung Ackerbauern in den Wolgakolonien zu werden, führte dazu, dass nicht allen gelang, erfolgreiche Kolonisten zu werden. Nachdem den Machthabern bewusst geworden war, dass eine solche Situation selbst *"anständige"* Kolonisten daran hinderte, erfolgreich landwirtschaftliche Güter zu produzieren, entschied man sich dafür, den Übersiedlern, die nicht von Anfang an Ackerbauern sein wollten, die Wahl ihres Siedlungsortes und ihrer Arbeit nach eigenem Ermessen zu überlassen. Allerdings bedurfte es zahlreicher unnötiger Prüfungen, Unglücksfälle und Fälle erfolglosen Wirtschaftens, die mit einem wesentlichen Anstieg der Schulden einhergingen, bevor diese Entscheidung endlich umgesetzt wurde.

Zwölf lange Jahre mussten vergehen, in denen das Leben der Kolonisten ungeordnet und aussichtslos verlief. Krankheiten, Dürre, ertragsschwache Jahre, Zerstörungen und Plünderungen während des Pugatschew-Aufstandes sowie Überfälle durch kirgisische und kalmykische Banden trugen dazu bei. Erst dann erkannten die Machthaber, dass entschiedene Veränderungen in der Organisation des wirtschaftlichen und sozialen Lebens der Kolonien notwendig waren. Andernfalls wäre die Rückzahlung der für die Kolonisation aufgewendeten Mittel, Darlehen und erwarteten Abgaben und Landpflichten in Vergessenheit geraten.

Im Jahr 1778 wurden die *"privaten Siedlungen"* und ihre Direktionen aufgelöst und erhielten den Status von Kronskolonien oder staatlichen Kolonien, nach zahlreichen Beschwerden und Streitfällen. Gegen Ende der 70er Jahre des 18. Jahrhunderts entstanden noch einige Kolonien in den Gouvernements Sankt Petersburg, eine im Gouvernement Woronesch und sechs im Gouvernement Tschernigow. Die Nachfolger Katharinas II., ihr Sohn Pawel I. (1796–1801) und insbesondere ihr Enkel Alexander I. (1801–1825), setzten ihre Kolonisationspolitik fort. Alexander I. entwickelte nach zahlreichen Beschwerden der Kolonisten ein gesundes Misstrauen gegenüber den Berichten der Kolonialbeamten, in denen die Schuld für sämtliche vorhandenen Probleme und die Armut der Kolonisten oft diesen selbst angelastet wurde. 1801 entsandte er den Geheimrat K. I. Gablitz mit der Aufgabe, eine Prüfung in den Saratower Kolonien durchzuführen.

Nach drei Jahren detaillierter Auseinandersetzung mit den Lebensbedingungen in den Kolonien, ihrer Wirtschaftstätigkeit und dem bestehenden System der Selbstverwaltung legte Gablitz seinen Rechenschaftsbericht vor. Dieser zeigte objektiv die wesentlichen Ursachen für die Armut der deutschen Kolonien auf. Die grundlegenden Schlussfolgerungen und Empfehlungen dieses Berichts wurden von V. B. Kior in wissenschaftlichen Abhandlungen der Russischen Staatlich-Humanitären Universität[59] veröffentlicht und sollen an dieser Stelle wortwörtlich zitiert werden.

Die wesentlichen Punkte des Berichts lauteten: *„Die Übersiedler wurden von Anfang an auf ungeeigneten*

Ländereien angesiedelt; die Übersiedler sind außer dem Ackerbau und der Viehzucht zu keinerlei Erwerbstätigkeit veranlagt; die örtlichen Vorgesetzten haben die Arbeit der Kolonisten nicht systematisch kontrolliert und sie nicht zur aktiven Arbeit animiert." Auf Grundlage des Rechenschaftsberichts des Geheimrats K. I. Gablitz und eines Berichts des Innenministeriums erging der Erlass an den Regierenden Senat vom 19. Dezember 1802 *„Über die Regeln der Zuteilung von Ländereien an die Wolgakolonisten".* In diesem wurden die Aufgaben des Innenministeriums und der örtlichen Staatsbehörden im Hinblick auf die Änderungen in der Landnutzung und im wirtschaftlichen Leben der Kolonisten dargelegt. Ihr Inhalt ging im Wesentlichen auf die folgenden Punkte zurück:

- Alle Ländereien, die die Kolonisten vor Durchführung der Landvermessung von der Staatskammer erhalten haben, werden von der Fronabgabe befreit. Sollte einem der Kolonisten mehr als 20 Deßjatinen Land pro Person zugeteilt worden sein, so soll dieses Land nicht vom Grundstück des Kolonisten getrennt werden;

- Einstellung der Praxis, nach der die örtliche Administration auf je drei Deßjatinen Salzboden eine Deßjatine Land zugeteilt hat, welches für den Ackerbau geeignet ist. In Zukunft soll den Kolonisten ausschließlich Land zugeteilt werden, welches für den Ackerbau geeignet ist, während der dazwischen befindliche Salzboden den Kolonisten ohne Zahlung einer Grundsteuer zu überlassen ist;

- Die Wälder, die den Kolonisten auf Grundlage des Manifests vom 22. Juli 1783 übergeben wurden, hat sich die örtliche Administration angeeignet. Diese Wälder gehen in den ausschließlichen Besitz der Kolonisten über;
- Für Nachlässigkeiten in der Berufsausübung, Betrug und *„Falschübersetzungen von Papieren in die russische Sprache haben sich Grimm, der Übersetzer des Kontors, und der Sekretär Baschenow vor Gericht zu verantworten"*, die übrigen Angestellten, die trotz mangelnder Beweislage weiterhin unter dem Verdacht stehen, für verschiedene Vergehen verantwortlich zu sein, werden von ihren Aufgaben *„entbunden."*

Wie aus den im Rechenschaftsbericht von K. I. Gablitz gemachten Angaben und dem Wortlaut des Erlasses hervorgeht, lagen viele deutsche Kolonien an der Wolga auf ungeeigneten Ländereien. Zudem war es gängige Praxis, absichtlich drei Teile Salzboden auf einen Teil geeignetes Land zuzuteilen. Das Selbstverwaltungssystem der Kolonien war ineffizient, die Administration eignete sich die Wälder der Kolonisten an, einzelne Mitglieder waren korrupt und wurden in diesem Zusammenhang vor Gericht gestellt oder entlassen. All diese von den örtlichen Machthabern zugelassenen Verstöße, rechtswidrigen Handlungen und die ineffiziente Verwaltung der Kolonien waren in vielerlei Hinsicht für die Schwierigkeiten und die Dauer des Entstehungszeitraums der Wolgakolonien verantwortlich.

Kapitel 6

Kolonisierung Russlands in der Zeit von Alexander I

6.1 Besonderheiten der Kolonisation

Durch zahlreiche siegreiche Russisch-Türkische Kriege gelang es Russland, endgültig an den Ufern des Schwarzen Meeres Fuß zu fassen. Die Türkei verlor die Krim durch den Friedensvertrag von Kütschük Kainardschi und musste Gebiete wie Große und Kleine Kabarda, Azow, Kertsch, Yenikale, Kinburn sowie die angrenzende Steppe zwischen dem Dnjepr und dem südlichen Bug an Russland abtreten. Nach der Niederlage des Osmanischen Reiches im Krieg von 1787 bis 1791 und dem Friedensvertrag von Jassy fielen auch die Krim und Otschakiw endgültig an Russland, wodurch die Grenzen mit der Türkei an den Dnester verschoben wurden. Im Frieden von Bukarest 1812 trat die Türkei Bessarabien an Russland ab, wodurch die Grenzen an den Pruth und die Donau verschoben wurden.[60]

Riesige, öde und unbewohnte Territorien fielen schließlich an Russland. Diese mussten erschlossen, besiedelt und dem russischen Reich endgültig angegliedert werden. Die in Russland bestehende Leibeigenschaft erschwerte die Umsetzung dieser Pläne durch die Umsiedlung russischer Bauern auf dieses Ödland. Daher sah die Regierung von Katharina II. es als notwendig an, das Problem der Kolonisation des eroberten Ödlandes durch Anwerbung ausländischer Siedler zu lösen. Die Nachfolger Katharinas II., die Zaren

Pawel I. und Alexander I., setzten das von ihr begonnene Kolonisationsprojekt fort. Sie luden ausländische Staatsangehörige zur Besiedlung und Erschließung der neu-russischen Ländereien ein, darunter Griechen, Rumänen, Bulgaren aus dem Osmanischen Reich, vor allem jedoch Deutsche, hauptsächlich Protestanten (Lutheraner), sowie Katholiken und Vertreter anderer religiöser Minderheiten aus Ostpreußen und Danzig. Besonders herausragend unter den Letztgenannten war die große Gruppe der Mennoniten, die von besonderen Privilegien seitens der russischen Machthaber profitierten. Sie zeigten sich von ihrer besten Seite und errichteten Modellsiedlungen sowie eine hocheffiziente landwirtschaftliche Produktion auf den zugeteilten Ländereien.

Im Kapitel "Ökonomische Ursachen der Massenemigration" wurden die wesentlichen Ursachen, Siedlungsbedingungen und das Verfahren bei der Zuteilung von Ländereien an die Mennoniten in den Jahren 1788 und 1789 in den Gebieten Chortizy und in den Jahren 1803 und 1804 am linken Flussufer der Molotschnaja bereits angeführt und beschrieben. Dadurch kann die Darstellung der allgemeinen Besonderheiten einer neuen Etappe der Kolonisation fortgesetzt werden, ohne dass diese religiöse Gruppe getrennt von der allgemeinen Masse der Kolonisten betrachtet werden muss.

Während der Regierungszeit von Alexander I., den Katharina II. von Kindesbeinen an auf seine Berufung zum Monarchen vorbereitet hatte, kam es zu einer besonders aktiven Übersiedlung deutscher Kolonisten nach Neu-Russland. Sie war für seine ausgezeichnete Bildung verantwortlich und erzog ihn persönlich im Geiste der Aufklärung. Als er den russischen Thron bestieg, versprach Alexander I. in seinen ersten Verordnungen, das Volk zu leiten, die Politik seiner Großmutter Katharina die Große fortzusetzen, sich an die Gesetze zu halten und seinem Herzen zu folgen. Er führte liberale Reformen zur Vervollkommnung der Exekutivorgane und des Bildungssystems durch, wobei die Universitäten in Charkov und Kazan gegründet wurden. Der von ihm am 4. März 1803 unterzeichnete Erlass *"Über die freien Ackerbauern"* legte die Vorgehensweise bei der Befreiung der leibeigenen Bauern und die Zuteilung von Ländereien an diese fest. Er verkündete eine Amnestie für diejenigen, die sein Vater verfolgt hatte, und führte die *"Schenkungsurkunden"* an Städte und Adel sowie die freie Ein- und Ausreise aus dem Russischen Imperium wieder ein.

Zudem setzte er die Kolonisationspolitik Katharinas fort, nahm jedoch wichtige Änderungen vor, basierend auf den Erfahrungen der Anfangsetappen der Kolonisation an der Wolga. Diese Änderungen wurden im Erlass vom 20. Februar 1804 dargelegt und bestanden im Wesentlichen in höheren Anforderungen an diejenigen, die nach Russland übersiedeln wollten. Von nun an mussten die nach Russland übersiedelnden Kolonisten freie Staatsbürger, Bauern oder Handwerker sein, die frei von Schulden waren und die nötige Ausreiseerlaubnis aus ihrem Land erhalten hatten. Erfahrene Übersiedler mit Familie und Kindern, die bei guter Gesundheit waren und über ausreichendes Vermögen verfügten, wurden bevorzugt. Um dies nachzuweisen, mussten sie an der Grenze des russischen Reiches ein Vermögen oder Kapital in Höhe von 300 Gulden vorweisen. Der Erlass legte auch höhere Anforderungen an die rechtzeitige Vorbereitung auf die Aufnahme, Ansiedlung und frühzeitige Abzweigung von Ländereien vor Ort für die Übersiedler fest.

Der Übersiedlungsprozess wurde stärker reglementiert, und die Anzahl der im Laufe eines Jahres nach Russland einreisenden Familien wurde auf 200 beschränkt.

6.2 Kolonien im Gouvernement Sankt Petersburg

Trotz des Hauptziels des Erlasses von 1804, die erforderlichen Bedingungen und Regelungen für die Besiedlung der Ländereien im Schwarzmeergebiet zu schaffen, ergriff Alexander I. Maßnahmen, um bestehende Kolonien im Gouvernement Sankt Petersburg zu entwickeln und neue zu gründen. Diese sollten im Laufe der Zeit die Lebensmittelversorgung von Kronstadt sicherstellen. Die Geschichte und die damaligen Probleme bei der Gründung deutscher Kolonien in der Nähe von Sankt Petersburg werden im Buch von E. Bachmutskaja anhand von Archivmaterialien übersichtlich dargestellt, und ihr Informationsmaterial fand Anwendung bei der Auseinandersetzung mit den im vorliegenden Kapitel behandelten Fragen.

Die russische Regierung hatte bei der Schaffung von Kolonistensiedlungen im Gouvernement Sankt Petersburg mit erheblichen Schwierigkeiten zu kämpfen, obwohl Alexander I. 20.000 Deßjatinen Eigenland zwischen Oranienbaum und Krasnaja Gorka zur Verfügung gestellt hatte. Zunächst waren die meisten deutschen Kolonisten zu der Zeit auf Ländereien in Südrussland fokussiert und zögerten, sich in die Nähe von Sankt Petersburg umzusiedeln. Zweitens erhielten die schwer zu findenden Übersiedler aus

Deutschland, die zunächst in Polen lebten, nach dessen Teilung zu Preußen gehörten und bereit waren, sich in die Nähe von Sankt Petersburg umzusiedeln, keine Ausreisegenehmigung von den polnischen Machthabern. Über mehrere Monate hinweg versuchten die Übersiedler eigenmächtig und auf eigene Kosten nach Radsiwilow an die russische Grenze zu gelangen, wo sie Verpflegungsgeld für die Weiterreise erhielten (damals als Nahrungsgeld bezeichnet) und sich zu Transporteinheiten zusammenschlossen. Nach monatelanger Reise kamen sie schließlich an ihren Bestimmungsorten an.

Bereits während der Reise traten die ersten Probleme zwischen den Übersiedlern und den sie begleitenden Offizieren aufgrund unzureichenden Verpflegungsgeldes und dessen Veruntreuung auf. Bis Mitte Oktober 1809 kamen insgesamt 91 Familien oder 375 Personen in Sankt Petersburg an und wurden in den bestehenden deutschen Kolonien untergebracht. Gemäß den Transportverzeichnissen des Russischen Staatlichen Historischen Archivs waren die Übersiedler größtenteils Protestanten, nur eine kleine Gruppe von ihnen war katholisch. Sie stammten aus Baden, dem Niederelsass, Preußen, Württemberg und verschiedenen anderen deutschen Ländern und waren zu 85% Ackerbauern. Daher kann man anhand der gemachten Angaben davon ausgehen, dass diese Übersiedler den Anforderungen des Erlasses von Alexander I. entsprachen, wenn man Rückschlüsse auf ihre tatsächliche Berufszugehörigkeit zieht. Die Vermögensverhältnisse der angekommenen Übersiedler waren unterschiedlich. Einige gaben an, nur über ein Bett zu verfügen, während die Mehrheit (ungefähr 56%) auch Wäsche, Damenkleider und sonstige Kleidung besaß. Über ein Dutzend Familien hatte zudem Wertgegenstände wie Gewehre, Pistolen und Silberuhren dabei. 16% der Familien besaßen Bargeld, wobei nur vier von ihnen Beträge von 100 Talern oder mehr hatten. Einige Familien hatten auch Bedienstete und Arbeitskräfte dabei. Die russischen Beamten erklärten, dass der Großteil der Kolonistenfamilien kaum über finanzielle Mittel verfügte, da die Übersiedler ihr gesamtes Vermögen in Preußen zurücklassen mussten. In diesem Punkt stimmt E. Bachmutskaja zu, dass die Vermögensverhältnisse *"keine Möglichkeit bieten, Rückschlüsse auf eine wesentliche Verbesserung der qualitativen Zusammensetzung der Emigranten zu ziehen"*.[61]

Bei der Umsetzung des im Erlass genannten Punktes über das rechtzeitige und optimierte Verfahren bei der Aufnahme und Ansiedlung der Kolonisten, um die im Vergleich zu Neurussland schlechteren klimatischen Bedingungen und Bodenverhältnisse zu kompensieren, traten erhebliche Probleme auf. In der Praxis stellte sich heraus, dass die zunächst ausgewählten Ländereien teilweise bereits an staatliche Bauern vergeben worden waren, während die übrigen Ländereien für die Besiedlung völlig ungeeignet waren, da sie von Mooren und Sümpfen durchzogen waren. Nach zahlreichen, letztlich erfolglosen Versuchen, das Problem mit der Landzuteilung zu lösen, entschied man im August 1809, drei Kolonien (eine große, eine mittlere und eine kleine) an der Abbruchkante von Izvarsk zu gründen, die sich in kaum erschlossenem Gelände im südwestlichen Teil des Bezirks Zarskoe Selo befanden. Gleichzeitig mit den zur Gründung dieser Kolonien durchgeführten Arbeitsmaßnahmen war auch der Bau von Brücken und benötigten Straßen vorgesehen. Für vier weitere Kolonien (Strelka, Peterhof,

Oranienbaum und Kronstadt) wurden an den Küstenstreifen des Finnischen Meerbusens ausgewählt, um die Häuserfassaden zu verschönern und den Anblick der Küste zu bereichern. Der Hausbau in den Kolonien wurde von ansässigen Kaufleuten und Bauern als Auftragnehmer durchgeführt, während Versuche, die Kolonisten selbst an den Baumaßnahmen zu beteiligen, erfolglos blieben. Allerdings waren die Kolonisten an der Entwaldung des Territoriums und am Straßenbau beteiligt, wofür sie eine zusätzliche Zahlung von zehn Rubel pro Monat erhielten.

Die Bauarbeiten, einschließlich Wohnhäuser, Betriebsgebäude, Schulen und Gebetshäuser, konnten erst im Winter 1811 abgeschlossen werden. Jeder Familie wurden zwei Kühe, ein Pferd, ein Wagen und landwirtschaftliche Gerätschaften zugeteilt, und die Kolonisten begannen bereits im Frühjahr 1810 mit der landwirtschaftlichen Tätigkeit auf ihren zugeteilten Ländereien. Familien, die in den Kolonien entlang des Finnischen Meerbusens angesiedelt wurden, erhielten 35 Deßjatinen Land, während das zugeteilte Land in den Izvarsker Kolonien eine Fläche von 50 Deßjatinen hatte – davon entfielen 20 Deßjatinen auf Ackerland und Gärten, 20 auf Wiesenflächen und zehn auf Wälder.

Allerdings traten bald ernsthafte Meinungsverschiedenheiten und Konflikte zwischen den Kolonisten und den örtlichen sowie zentralen Machthabern auf. Im Mai 1810 beschwerten sich die Kolonisten von *"Strelna"* über die mangelhafte Qualität und Ungeeignetheit des ihnen zugeteilten Landes für den Ackerbau. Der Konflikt wurde durch das Versprechen gelöst, den Kolonisten besser geeignete Ländereien zuzuweisen. Im Februar 1811 forderten die Kolonisten von Izvarsk eine Erhöhung des Verpflegungsgeldes,

Geldzuweisungen für Tierfutter, ein zweites Pferd, Rodung des Bodens, Straßenbau, neue Pflüge als Ersatz für alte, die durch Wurzeln zerstört wurden, sowie Schlitten und verschiedene Arbeitsgeräte. Die Inspektoren und Machthaber von Sankt Petersburg hielten diese Forderungen für unbegründet, was dazu führte, dass die Bewohner der mittleren und unteren Kolonie ein Bittschreiben an Alexander I. und die Zarin Maria Fedorowna sandten.

An dieser Stelle folgt ein dem oben bereits erwähnten Buch von E. Bachmutskaja entnommener Ausschnitt des Originalschreibens, welches die Kolonisten am 22. März 1811 Inspektor Bunin übergaben: *„Wir waren stets bereit zu arbeiten und keine Mühen zu scheuen, hätten wir doch zumindest die geringste Hoffnung gehabt, dass man an den hiesigen Orten zu Brot kommen kann. Da es hier jedoch offensichtlich weder Ackerland noch Heuschlag gibt und wir selbst in der fünften Generation keine Hoffnung haben, solches zu finden und als Ackerbauern angemessen von der Früchte unserer Arbeit leben zu können, da es hier nur Sümpfe und Sandböden gibt, haben wir die Ehre zu verkünden, dass wir hier unter keinen Umständen zu leben imstande sind.“* [62]

Die Machthaber beschlossen, die Unzufriedenheit der Kolonisten durch erzwungene Maßnahmen zu unterdrücken, die Initiatoren zu einwöchiger Zwangsarbeit zu verurteilen und die Leibgarde-Kosaken des staatlichen Regiments in den Kolonien zu stationieren. Daraufhin kam es zu Unruhen, und in der Kolonie „Groß-Izvarsk" brannten bei einem Feuer zehn Wohnhäuser, die Schmiede, das Gebetshaus und andere Gebäude ab. Alexander I. erneuerte seinen Befehl zur Verurteilung der Rädelsführer zur Zwangsarbeit und ordnete eine Vergrößerung der Kosakenmannschaft in den Kolonien sowie eine sorgfältige Untersuchung der Ursachen für die Unruhen an. Doch sämtliche Versuche, die Übersiedler in den Kolonien Nieder- und Mittel-Izvarsk zur Arbeit in der Landwirtschaft zu zwingen, blieben erfolglos. Zwei wichtige Rädelsführer, die sich auch nach der Zwangsarbeit kategorisch weigerten zu arbeiten, wurden mit ihren Familien des Landes verwiesen. Die übrigen Aufwiegler wurden schließlich mit Einverständnis Alexanders I. mit der Rute bestraft, wobei auf das erstmalige Fehlverhalten 25 und im Wiederholungsfall 50 Schläge folgten. Dennoch waren die Machthaber letzten Endes gezwungen, die Ergebnislosigkeit der Zwangsmaßnahmen einzusehen und die Ungeeignetheit der Ländereien in den Izvarsker Kolonien für den Ackerbau anzuerkennen. Daraufhin erging der Regentenerlass Alexanders I. vom 12. September 1811 über die Umsiedlung der Kolonisten. Man entschied sich, 45 Kolonisten Familien ins Gebiet

Noworossijsk zu schicken, 20 Familien nach Strelna umzusiedeln und elf Familien neue Ländereien bei der Station Kipen im Bezirk Oranienbaum zuzuteilen. Insgesamt wurden von 1809 bis 1811 im Gouvernement Sankt Petersburg fünf neue deutsche Kolonien gegründet (Strelna, Kipen, Oranienbaum, Peterhof und Kronstadt), und ihre Zahl stieg bis zum Anfang des 20. Jahrhunderts auf 40 aufgrund der Gründung von Tochterkolonien, in die die schnell wachsende Bevölkerung umgesiedelt wurde.

6.3 Schwarzmeerdeutsche Kolonien

Unter den ersten ausländischen Übersiedlern, die später als Schwarzmeerdeutsche bekannt wurden, befanden sich Kolonisten aus Württemberg, Baden, dem Elsass, Lothringen, der Pfalz und anderen Regionen Südostdeutschlands. Ihr Weg führte sie zunächst auf Schiffen über die Donau und dann auf dem Landweg per Wagen bis nach Odessa. Ebenso erreichten die von dem französischen Offizier Ziegler angeworbenen Kolonisten Südrussland auf dem gleichen Weg in zehn Transportkolonnen, bestehend aus 325 Männern, 245 Frauen und 571 Kindern, in Dubossary. Gegen Ende des Jahres kamen weitere neun Transportkolonnen hinzu. Im Oktober desselben Jahres erwarb Alexander I. Land für die Gründung deutscher Kolonien in der Nähe von Odessa. Die ersten deutschen Kolonien, Groß-Liebental und Klein-Liebental, entstanden im Frühjahr 1804 auf den ausgewählten Ländereien. Später wurden in der Nähe weitere Kolonien wie Neuburg, Peterstal, Joseftal, Alexanderhilf, Franzfeld, Mariental und Lustdorf gegründet. Fünf Jahre später entstanden die Kolonien Landau, Speer und Rohrbach in Gebieten nahe des Flusses Beresan. Im Jahr 1810 wurden die Kolonien Worms, Sulz, Karlsruhe, Rastadt und München gegründet. Von Februar 1804 bis November 1809 72.000 Deßjatinen (78.500 Hektar) Land für die Gründung deutscher Kolonien zugeteilt. Der anhaltende Zustrom von Übersiedlern nach Südrussland erforderte die Suche nach weiteren Landstrichen für die Gründung neuer Kolonien. Im Jahr 1809 wurden die Kolonien Kandel, Seltz und Straßburg in der Gegend des Kutschurganer Haffs gegründet. Die

Revision von 1811 zeigte, dass die Kolonisten in vier Kolonistengebieten 157.609 Deßjatinen Land bearbeiteten. Bis 1858 wuchs die Fläche der von den Kolonisten im Gouvernement Cherson bearbeiteten Ländereien auf 185.963 Deßjatinen an, dazu kamen weitere 26.530 Deßjatinen privat erworbenes Land.[63] Insgesamt wurden in dieser Region seit 1803 204 Mutterkolonien gegründet, aus denen infolge des schnellen Bevölkerungsanstiegs mehr als 1.800 Tochterkolonien hervorgingen.[64]

Die Schwarzmeerdeutschen Siedlungen unterschieden sich von denen an der Wolga insofern, als dass die Kolonien nicht kompakt beieinander lagen, sondern sich in die Länge zogen und sich von Wolhynien bis in den Süd- und Nordkaukasus erstreckten. Die ersten Jahre waren auch für die Kolonisten in Südrussland nicht einfach, und sie mussten zahlreiche Prüfungen überstehen, bevor sie einen relativen Wohlstand erreichten. Die ersten Jahrzehnte waren von vielen Krankheiten geprägt, bedingt durch die fehlende medizinische Versorgung seitens der Machthaber, was zu einer hohen Sterblichkeitsrate unter den Kolonisten führte. Viehdiebstahl, Naturkatastrophen, Tiersterben, Epidemien (Pest und Cholera) in den Jahren 1829 und 1860, die Dürre von 1833 und ertragsschwache Jahre erschwerten das Leben der Kolonisten erheblich. Sie verloren Angehörige, mussten Krankheiten, Hunger und Elend ertragen und wurden immer wieder gezwungen, aufzustehen und von vorne anzufangen. Es dauerte viele Jahre, bis sich die Kolonisten an die natürlichen Bedingungen des Schwarzmeergebiets anpassen konnten und ein effizientes Ackerbausystem entwickelten. Die russischen Machthaber wiesen den Kolonisten in Südrussland Land mit einer Fläche von 65 Deßjatinen zu, doppelt so viel wie in den Saratower Kolonien. Das Anerbensystem wurde beibehalten, und es war möglich, zusätzlichen Grundbesitz frei auf dem Markt zu erwerben. Im Wolgagebiet setzte sich hingegen das Gemeinschaftssystem durch.

Die Nutzung einer nicht zerstückelten Landfläche durch einen einzigen Nachfahren wurde als Grundvoraussetzung für ökonomischen Erfolg betrachtet. Eine solche Grundbesitzpolitik zahlte sich im Verlauf der weiteren Entwicklung der Kolonien voll und ganz aus. Im Gegensatz zu den Kolonien im Wolgagebiet, wo die Regierung den jeweiligen Grundbesitz dreifach vergrößern musste, um eine Verarmung der Übersiedler zu verhindern, erwarben die Kolonisten Südrusslands selbst zusätzlich 4,2 Millionen Hektar Land, neben den 700.000 Hektar, die ihnen von der Regierung zugeteilt worden waren.[65]

6.4 Bessarabiendeutschen Kolonien

Die letzte Gruppe deutscher Kolonisten, die offiziell von der russischen Regierung eingeladen wurden, waren die Bessarabiendeutschen. Diese bildeten eine ethnisch deutsche Gruppe im südlichen Teil der ehemaligen Region Bessarabien, die infolge des Friedensvertrages von Bukarest vom Osmanischen Reich an Russland überging. Die ausgedehnte, öde Region erstreckte sich zwischen den Flüssen Dnester, Pruth und Donau an der Nordwestküste des Schwarzen Meeres und sollte erschlossen und mit neuen Siedlern besiedelt werden. Dies war von großer Bedeutung für die Bindung des eroberten Gebiets an Russland. Insbesondere mussten die Ländereien im südlichen Bessarabien schnell erschlossen und besiedelt werden, da die

zuvor dort lebenden Nogaier in die Türkei abgewandert waren. In diesem Kontext sah die russische Regierung erneut das Anwerben ausländischer Übersiedler zur Kolonisation Bessarabiens als unerlässlich an. Unter diesen waren Bulgaren, Serben, Gehäusen und Vertreter anderer Völker, die die Türkei verlassen hatten, sowie deutsche Übersiedler aus Polen, Preußen und Deutschland. Der Beginn der massenhaften Übersiedlung deutscher Kolonisten nach Bessarabien wurde durch das spezielle Manifest von Alexander I. vom 29. November Kolonisten verkündet wurden, die aus dem Großherzogtum Warschau eingeladen wurden. 1813 besiegelt, in dem die Rechte und Privilegien der Gemäß dem neuen Manifest galten für die nach Bessarabien kommenden Übersiedler folgende Vorteile:

- Befreiung von sämtlichen Steuern und staatlichen Abgaben für einen Zeitraum von zehn Jahren;
- bedürftigen Übersiedlern stand eine Unterstützung von bis zu 270 Rubel zu;
- jeder Familie wurden 60 Deßjatinen (65 Hektar) Land zugeteilt;
- freie Glaubensausübung;
- Übersiedler und ihre Nachkommen mussten keinen Kriegsdienst leisten;
- Recht auf Bildung in der Muttersprache;
- Selbstverwaltungsrecht.

Den ersten 31 deutschen Übersiedlerfamilien wurde 1814 gestattet, aus dem Großherzogtum Warschau in den Budschak umzuziehen. Dort wurden ihnen 115.500 Desjatinen Land im Bezirk Akkerman in den Tälern der Flüsse Kagalnik, Tschaga und Sarata zugewiesen. In diesem Bezirk gründeten die Kolonisten im Zeitraum von 1814 bis 1817 insgesamt 13 Kolonien. Von den 8.284 in Bessarabien eingetroffenen "Warschauer Übersiedlern" stammten 33,8% aus Polen, 31,7% aus Württemberg, 29,1% aus Preußen, 1,5% aus Frankreich, 0,95% aus Bayern, 0,8% aus Böhmen, 0,6% aus Ungarn und 0,3% aus Österreich.[66] Ungeachtet der von den russischen Machthabern eingeräumten Privilegien war die Anfangszeit der Entstehung deutscher Kolonien in Bessarabien äußerst hart. Nur ein kleiner Teil der in Bessarabien angekommenen Übersiedler fand in den vorab errichteten Häusern Platz; größtenteils lebten sie in den ersten Jahren in primitiven, eigenhändig ausgehobenen Erdhütten oder in Lehmhütten aus Tonerde. Es gehörte zur harten Alltagsarbeit der Übersiedler, die öden, mit Unkraut, Büschen und hohem Gras überwucherten Ländereien zu erschließen und in kultivierte Felder zu verwandeln. Auf diesen wurden verschiedene landwirtschaftliche Kulturen ausgesät, die oft von den zahlreichen Viehherden der mongolischen Pächter zertrampelt wurden. Das ungewohnte Klima, zahlreiche Erkrankungen und die hohe Sterblichkeit machten die ersten Jahre ihres Lebens besonders schwierig.

Schon die Aufzählung der Naturkatastrophen und Unglücksfälle, die sich in der Region ereigneten, vermittelt einen Eindruck von den Mühen und Beschwerden, die über die Kolonisten in dieser Zeit hereinbrachen. In den Jahren 1828, 1829, 1847, 1859 und 1860 führten Epidemien zu massivem Viehsterben. 1829 gab es mehrere Überschwemmungen und eine Pestepidemie, 1831, 1853 und 1855 Choleraepidemien. Die Jahre 1822 bis 1824, 1830 und 1832 bis 1834 brachten kaum Erträge, 1828 herrschte klirrende Kälte, und von 1840 bis 1847 kam es zu einer Plage von Käfern, Heuschrecken und Mäusen. Zusätzlich führte der Durchzug eines Teils der russischen Armee während des Krieges gegen die Türken 1827 und 1828 durch die Kolonien zu weiteren Erschwernissen und Belastungen. Die Übersiedlung deutscher Kolonisten nach Bessarabien erstreckte sich bis 1842. Bis zu diesem Zeitpunkt entstanden 24 Mutterkolonien im Rahmen der staatlichen Kolonisationspolitik. Die etwa 125 Siedlungen, die nach 1842 entstanden, wurden als Tochterkolonien bezeichnet und waren bereits das Ergebnis privater Initiativen der wachsenden Bevölkerung der Bessarabiendeutschen. Die Einwohnerzahl betrug 1826 etwa 9.000, 1862 waren es 24.160, 1897 stieg sie auf 60.000, 1930 auf 81.000 und 1940 auf 93.000 Menschen.[67]

6.5 Wolhynien und kaukasusdeutsche Kolonien

Die Wolhyniendeutschen Kolonien stellen eine besondere Gruppe deutscher Kolonisten dar, die sich ins Gouvernement Wolhynien begaben. Dieses entstand 1797 als Teil des Russischen Imperiums nach den zweiten und dritten polnischen Teilungen. Die Besonderheit der deutschen Kolonisation Wolhyniens bestand darin, dass sie zwar von der russischen Regierung gefördert, aber nicht offiziell initiiert wurde. Die Übersiedler hatten keinen offiziellen Kolonistenstatus; ihr Interesse galt den dünn besiedelten, riesigen unerschlossenen Ländereien, die sie von einheimischen Grundbesitzern pachteten. Die Nutzungskonditionen und Pachten waren günstiger als in Polen, und die relative Nähe zu Deutschland und anderen europäischen Staaten erleichterte die Emigration. Die Wolhyniendeutschen Kolonien entstanden im Zeitraum des frühen 19. Jahrhunderts bis in die 70er Jahre des 19. Jahrhunderts, mit etwa 139 Kolonien und 28.560 Einwohnern im Jahr 1871. Innerhalb eines Jahrhunderts entwickelte sich diese Gruppe der Russlanddeutschen, und die Bevölkerungszahl stieg rapide an: 1867 waren es 24.704 Menschen, 1887 bereits 93.964 und 1915 sogar 200.583 Menschen.[68] Die Übersiedlung deutscher Kolonisten in den Kaukasus begann zu Beginn des 19. Jahrhunderts, wobei zunächst Kolonistensiedlungen im Südkaukasus entstanden.

Ab 1817 trafen 1.500 schwäbische Familien mit insgesamt 9.000 Personen ein. Der Weg der Kolonisten führte aus Ulm oder einer anderen Anlegestelle über die Donau nach Odessa. Nach einer siebenwöchigen Quarantäne erhielten sie das Reisegeld von den Beamten, beschafften Pferde und Wagen und setzten ihre Reise über Land in Richtung Kaukasus fort. Viele von ihnen hatten das Ziel, den Berg Ararat in Aserbaidschan oder Armenien zu erreichen, wo sie den Beginn der tausendjährigen Herrschaft Christi erwarteten. Jedoch blieb ihnen der Zutritt zunächst versperrt. Nach einer beschwerlichen und langen Reise von Odessa über Cherson, Mariupol, Rostow und schließlich über die Kaukasusberge erreichten die Siedler schließlich Tiflis. Dort gründeten sie ihre ersten Kolonien namens Alexanderdorf, Annenfeld,

Petersdorf, Katharinenfeld, Elisabethtal, Marienfeld und Helenendorf in einer von hohem Gras überwucherten Steppe. Die Siedlungen befanden sich in bergigem und wildem Gelände, das von Bären, Wölfen, Wildschweinen und anderen Wildtieren bewohnt war. Die ersten 196 Übersiedlerfamilien aus Württemberg durchlitten alle Widrigkeiten der Anfangsphase. Die russischen Machthaber versuchten, die Neuankömmlinge zu unterstützen. Täglich erhielten sie 10 Kopeken pro Person, wurden mit Lebensmitteln versorgt, so gut es ging, und bekamen tatarische Sommerzelte, bis sie ihre eigenen provisorischen Häuser errichtet hatten. Das Leben in den Laubhütten und Zelten, Mangelernährung, nicht gereinigtes Trinkwasser und der anstrengende Arbeitsalltag führten jedoch rasch zu Krankheiten und dem Tod vieler Übersiedler.

Die ersten Jahre der deutschen Übersiedler im Kaukasus werden am Beispiel der Gründung einer Kolonie beschrieben. Die Chronik dieser Kolonie wurde von Ernst Almendinger, einem ehemaligen Bewohner, verfasst. In seinem Buch *"Katharinenfeld - Ein deutsches Dorf im Kaukasus. 1818 – 1941"* präsentiert er Briefe, Erinnerungen und Archivdokumente, die die gesamte Geschichte der Kolonie authentisch darstellen. Persönliches Interesse besteht auch, da Gerhard Almendinger, Sohn des Gottlobs, dort geboren wurde. Gerhard war ein Nachkomme einer in Katharinenfeld bekannten Winzerfamilie und der Vater der Frau des Autors. Während des Zweiten Weltkriegs wurde er nach Kasachstan verbannt.

Ein Brief eines der ersten Rückkehrer nach Württemberg berichtet, dass die Kolonisten, die im von kahlen Felsen bedeckten Gebiet vor dem Winter ankamen, weder Dach über dem Kopf noch Brot, Ställe oder Futter für ihre Pferde hatten. Nach der Zuteilung von Grundstücken gruben sie Vertiefungen und errichteten Lehmhütten für den Winter. Mit Zustimmung der Machthaber schufen sie eine gemeinsame Erdhütte, die als Schule und Gebetshaus diente. Die Pferde wurden im Freien gehalten, und im Frühjahr wurden Saat, Gärten und Weinberge angelegt. Doch mit dem Sommer traten zahlreiche Krankheiten auf, wodurch viele Kolonisten starben.

In einem Jahr starben 256 Menschen aus 135 Kolonistenfamilien. Die Überlebenden erhielten die Erlaubnis, an einen neuen Ort umzusiedeln, wo später die Kolonie Katharinenfeld entstand. Alles musste von vorne beginnen, die Kranken lagen auf Wagen unter freiem Himmel, bis eine große Laubhütte aus Stäben mit Grashalmen als Wänden errichtet wurde. Dort musste der nächste Winter verbracht werden. Das Verpflegungsgeld reichte nicht aus, und viele mussten im Winter betteln gehen. Im Frühjahr erhielten die Kolonisten Geld für den Bau neuer Erdhütten, Saatgut und den Kauf von Ochsen. Sie konnten neue Ländereien erschließen und erzielten reiche Ernten, wurden jedoch auch am neuen Ort im Sommer von zahlreichen Krankheiten heimgesucht. Der Text behandelt die schwierigen Bedingungen und Herausforderungen, denen die deutschen Kolonien im Kaukasus während ihrer Gründungsjahre ausgesetzt waren. Heimgesucht von widrigen Umständen, über die nächsten zwölf Jahre hinweg reduzierte sich die Zahl der ursprünglich 115 Kolonistenfamilien auf lediglich 95. In einigen dieser Familien überlebten nur ein oder zwei Waisenkinder, während viele Familien gänzlich ausstarben.

Die Jahre der Entstehung der deutschen Kolonien im Kaukasus erwiesen sich als besonders hart. Sie blieben nicht von zahlreichen Diebstählen, Vertreibungen von Pferden und Viehbeständen verschont. Besonders schwerwiegend waren Angriffe kurdischer, persischer, türkischer und tatarischer Banden, die Tod und Versklavung brachten. Ein verheerender Angriff ereignete sich am 27. August 1826 in der Kolonie Katharinenfeld, als eine Horde von mehr als 1.000 Reitern ins Dorf einfiel. Etwa 250 der 400 Einwohner bemerkten die herannahenden Reiter, gerieten in Panik und versteckten sich im Dickicht der Flüsse und den Höhlen der nahegelegenen Berge. Es kam zu einer schrecklichen Tragödie, bei der Säbel aufblitzten, die Banditen Schüsse abgaben und das Geschrei der Sterbenden und Verletzten zu hören war. Der Sohn des Lehrers, der die Glocke des Gebetshauses läutete, wurde mit der Lanze eines kurdischen Banditen an die Wand genagelt. Erwachsene Bewohner, die sich nicht verstecken konnten, wurden gefesselt, vor die Pferdebande getrieben, und Kinder wurden über die Pferde geworfen oder mit ihren Müttern auf den Pferden transportiert. Während des Angriffs wurden zahlreiche Häuser teilweise zerstört und ausgeraubt, 31 Kolonisten wurden getötet, viele erlitten Schusswunden und andere Verletzungen, und 45 Bewohner der Kolonie wurden versklavt und später auf Sklavenmärkten verkauft.[69] Nach 1840 begann die Kolonisation der Ländereien im Nordkaukasus, wohin Kolonisten aus den überbevölkerten deutschen Kolonien an der Wolga, im Schwarzmeergebiet und später auch Mennoniten aus Kolonien an der Molotschnaja übersiedelten.

Zusammenfassend lässt sich feststellen, dass die Gründung deutscher Kolonien in der zweiten Periode der Massenemigration keineswegs immer der weitverbreiteten Vorstellung einer besser organisierten Übersiedlung auf vorbereitete und geordnete Ländereien entsprach. Die wesentlichen Punkte des Erlasses von Alexander I. zur Kolonisation vom 20. Februar 1804 wurden nicht einmal auf Ländereien, die in unmittelbarer Nähe der Hauptstadt des Russischen Imperiums lagen und an deren Planung der Zar selbst beteiligt war, vollständig umgesetzt. Beim Anwerben deutscher Kolonisten in dieser Region traten Schwierigkeiten auf, da diejenigen, die zur Übersiedlung bereit waren, nicht den Anforderungen des Vermögenszensus entsprachen und bei der Ankunft der Kolonisten in Sankt Petersburg weder Wohnhäuser noch sonstige Betriebsgebäude fertiggestellt waren. Anstatt sofort in die versprochenen Häuser einziehen zu können, mussten die Kolonisten unter Androhung von Strafen verschiedene Baumaßnahmen durchführen, Brücken errichten und Straßen bauen.

Die Zuteilung von Ländereien erfolgte ohne Vorabuntersuchung ihrer Fruchtbarkeit und Eignung für die landwirtschaftliche Produktion. Die Machthaber beschuldigten die Kolonisten, nicht an Landarbeit interessiert und nicht dafür geeignet zu sein, während die Kolonisten ihrerseits die örtlichen Machthaber für ihr Elend verantwortlich machten und versuchten, der Zar zu erreichen, da sie glaubten, ihre schwierige Lage sei diesem nicht bekannt. Die Machthaber waren unfähig, die Probleme konstruktiv zu lösen, und wandten Zwangsmethoden an, um ein offenes Aufbegehren der Kolonisten zu unterdrücken.

Entgegen den Prinzipien des Manifests Katharinas und den Anordnungen Alexanders wurde die Selbstverwaltung eingeschränkt, körperliche Bestrafung zugelassen und die Möglichkeit einer Rekrutierung von Kolonisten für den Kriegsdienst, falls sie den Machthabern nicht gehorchten, diskutiert. Viele Probleme der ersten Etappe der Kolonisation und Entstehung deutscher Kolonien an der Wolga wurden auch unter Alexander I. nicht behoben. Die im Erlass von 1804 verkündeten Veränderungen der Kolonisationspolitik wurden vor allem durch das Verschulden der russischen Machthaber, die für den Kolonisationsprozess verantwortlich waren, nicht umgesetzt. Die Probleme bei der Gründung deutscher Kolonien in der Nähe von Sankt Petersburg traten auch bei der Gründung von Kolonien in der Gegend von Odessa und im Kaukasus auf. 46 Jahre nach der Gründung der Saratower Kolonien an der Wolga hatten die Kolonisten erneut mit Problemen zu kämpfen, da weder Wohnraum, Ländereien noch medizinische Versorgung vorbereitet waren und zahlreiche organisatorische Fragen der Anfangszeit ungelöst blieben.

Zum Abschluss dieses Abschnitts soll an dieser Stelle auf die Frage der Dimension der Emigration nach Russland eingegangen werden. Dabei muss eingeräumt werden, dass es heute praktisch unmöglich ist festzustellen, wie viele deutsche Kolonisten in den Jahren der Massenemigration nach Russland übergesiedelt sind. Während die Zahl der Wolgakolonisten mit etwa 27.000 angegeben werden kann (eine solche Zahl wird in den Publikationen der meisten Autoren genannt), liegen keine genauen Angaben zur Anzahl der ins Schwarzmeergebiet ausgereisten Kolonisten vor. Dies trotz der Tatsache, dass diese Übersiedlung vier Jahrzehnte später stattfand. Dies ist darauf zurückzuführen, dass sie sich nicht im Rahmen eines großen Projekts vollzog, bei dem die Übersiedler in relativ kurzer Zeit an einem kompakt gelegenen Siedlungsgebiet ankamen, wie es bei der Übersiedlung der Kolonisten in die Wolgaregion der Fall war. Die Kolonisation der Ländereien an der Schwarzmeerküste erstreckte sich über mehrere Jahrzehnte und weitete sich auf die unterschiedlichsten Regionen Neurusslands aus.

In den meisten historischen Quellen wird eine Zahl von etwa 100.000 deutschen Übersiedlern genannt, die im Zuge sämtlicher Kolonisationsprojekte nach Russland übersiedelten. Wenn wir also von dieser Gesamtzahl von etwa 100.000 eingetroffenen Übersiedlern ausgehen und davon, dass zwischen 1763 und 1768 etwa 30.000 Menschen ankamen, von denen 27.000 in den Kolonien an der Wolga angesiedelt wurden, ergibt sich die logische Schlussfolgerung, dass im Zuge der Kolonisation der Schwarzmeergebiete Neurusslands etwa weitere 70.000 Menschen nach Russland übersiedelten. Eine solche Anzahl von Übersiedlern ins Schwarzmeergebiet wird in den Publikationen einer Reihe von Autoren genannt, deren Einschätzung auch von mir geteilt wird.[70,71] Daneben existiert auch eine andere Sichtweise auf diese Frage, der zufolge von 1802 bis 1859 beinahe 110.000 Deutsche allein in die Gebiete an der Schwarzmeerküste übersiedelten.[72] In diesem Fall kommen wir auf eine Gesamtzahl von etwa 140.000 deutschen Übersiedlern, die in verschiedenen Perioden der Massenemigration nach Russland ankamen. Schließlich existiert auch noch die von E.V. Bachmutskaja angeführte entgegengesetzte Einschätzung, der zufolge zur Regierungszeit Katharinas II., Alexanders I. und zu späteren Zeiten mehr als 70.000 Übersiedler aus Württemberg, Hessen, dem Rheinland, dem Elsass, aus Baden und aus Preußen in Russland ankamen.[73]

Kapitel 7

Vom wirtschaftlichen Erfolg zu den wachsenden Problemen

7.1 Die blühenden Jahre der deutschen Kolonien in Russland

Seit der Gründung der ersten Kolonien durch deutsche Übersiedler an der Wolga waren drei Jahrzehnte vergangen, die durch harte Arbeit und einen ständigen Überlebenskampf gekennzeichnet waren. Das Leid und die Verluste aufgrund zahlreicher Plünderungen, mutwilliger Zerstörung, Totschlag und Versklavung durch Angriffe kalmykischer und kirgisischer Horden sowie der pugatschewschen Scharen gehörten der Vergangenheit an. Die Wiederherstellung durch den Regentenerlass von Zar Pawel I. vom 30. Juni 1797 und die Aktivitäten des Saratower Kontors trugen wesentlich zur Verbesserung der wirtschaftlichen Situation der Kolonisten bei. Trotzdem litten sie weiterhin unter Bürokratie, Amtsmissbrauch und Veruntreuung staatlicher Gelder durch Beamte, wobei viele dieser Beamten verurteilt oder von ihrer Arbeit freigestellt wurden.

Das Leben der Kolonisten verlief zunehmend geordnet. Sie gewöhnten sich an das rauere Klima, Hunger und Krankheiten gehörten der Vergangenheit an, und verheerende Plünderungen und Angriffe nahmen ab. In günstigen Jahren brachten die von ihnen erschlossenen öden Steppen reiche Weizenernten hervor, die erfolgreich in anderen

Regionen Russlands oder im Ausland verkauft wurden. Durch Handwerksbetriebe begann eine industrielle Verarbeitung landwirtschaftlicher Rohstoffe und die Herstellung von Stoffwaren. Dabei spielten die Handwerker von Sarepta eine besondere Rolle. Die 1718 gegründete Brennerei produzierte Korn, verschiedene Kräuterschnäpse und Fruchtliköre. Der Sarepter Stoff *"Saprinka"* war in Russland weit verbreitet, aus Leinen- und Seidenfäden gewebt, die aus auf Plantagen angebautem Flachs und Maulbeerbäumen mit Seidenspinnern stammten. Die 1801 eröffnete Senf- und Ölfabrik stellte aus einer neuen, in Sarepta gezüchteten Sorte Senf her, der weit über die Grenzen der Gouvernements Astrachan und Saratow hinaus bekannt war. In Sarepta entstanden eine Weberei, eine Tabakfabrik, Mühlen, eine Kerzenfabrik, eine Seifensiederei und eine Brennerei. Die Produkte ermöglichten den Kolonisten einen erfolgreichen Handel in Städten und Siedlungen im Wolgagebiet und anderen Einzelregionen Russlands.

Nachdem die große kalmykische Horde sich nach Asien zurückgezogen hatte und Sarepta dadurch den Hauptabnehmer seiner Erzeugnisse verloren hatte, versuchte es, seine Waren im Norden abzusetzen, wo es auf die erbitterte Konkurrenz der Wolgakolonien Saratows traf. Sarepta hatte im Grunde genommen seine Gegner selbst ausgebildet und erzogen – diese kehrten in ihre Kolonien zurück und stellten dieselben gewerblichen und handwerklichen Erzeugnisse her. Die positive Rolle, die Sarepta in der Ausbildung der ersten Meister und Facharbeiter verschiedener gewerblicher und handwerklicher Bereiche sowie in der Vorbereitung von Lehrern für die übrigen deutschen Kolonien spielte, ist kaum zu überschätzen. Die Erzeugnisse dieser Kolonien, die zudem mit englischem Maschinengarn hergestellt wurden, begannen die Produkte Sareptas zunehmend vom Markt zu verdrängen. Die Meister aus Sarepta waren durch die religiöse Ordnung ihrer Gemeinschaft eingeschränkt, arbeiteten ausschließlich alleine und optimierten ihre Produktion nicht. Letztendlich wurde die Tuch- und Strumpfproduktion in Sarepta um das Jahr 1820 vollständig eingestellt, und die Herstellung von Saprinka ging zurück. Allein die industrielle Senfproduktion blieb zu jener Zeit auf dem neuesten technologischen Stand und war auch hinsichtlich ihres Umfangs von wesentlicher Bedeutung. Zur gleichen Zeit wuchsen in den an der Wolga gelegenen Kolonien bei den dort geltenden freien Bedingungen für das private Unternehmertum und der freien Konkurrenzsituation verschiedene Industriezweige rasch an. Dazu gehörte auch die Produktion von Saprinka-Stoffen, Strümpfen und weiteren Produkten. Besonders erfolgreich verliefen der Anbau von Tabakblättern in den Kolonien und die Tabakherstellung in der ersten Tabakfabrik Russlands, wodurch die Kolonien schnell zum Marktführer für Tabak wurden. Die Kolonisten bauten auf ihren Feldern Weizen, Roggen, Hafer, Mais, Hirse, Kartoffeln, Flachs und Hanf an. Bereits gegen Mitte des 19. Jahrhunderts wurden die deutschen Kolonien zu den größten Weizenproduzenten mit einer sich aktiv entwickelnden Mehlindustrie. Die Gesamtkapazität der mehr als 600 Wind-, Wasser- und Dampfmühlen, die in den Kolonien genutzt wurden, betrug etwa 240.000 Tonnen Mehl pro Jahr. Die Wolgakolonisten spielten eine führende Rolle in der Brotversorgung der russischen Armee während des Krimkrieges von 1853 bis 1856. Als in den 70er Jahren des 19. Jahrhunderts die ersten Eisenbahnverbindungen mit anderen russischen Regionen entstanden, belieferten die deutschen

Kolonisten den Markt mit 20 Millionen Pud (entspricht ca. 327.600 Tonnen) Getreide, mit einem jährlichen Handelsvolumen von 50-60 Millionen Rubel.[74] Die riesigen Dampfmühlen, die vor dem Ersten Weltkrieg in ganz Russland bekannt waren, verarbeiteten jährlich 8,5 Millionen Zentner Weizen. Ein beträchtlicher Teil des produzierten Mehls sowie acht Millionen Zentner Kleie wurden auf dem Wasserweg transportiert und auf Märkten weltweit verkauft. In den Kolonien an der Wolga erlebte die Produktion von Gusseisen, Mähmaschinen, Pferdedreschmaschinen, Kornschwingen und anderen Industriezweigen einen besonders schnellen Aufschwung. Um 1871 begann hier die Herstellung von Stärke und Melasse, während 140 Gerbereien und sechs Fettschmelzwerke in Betrieb waren. Die Spinnerei und Weberei sowie die industrielle Produktion von Senf aus Sarepta, der in vielen russischen Regionen Berühmtheit erlangte, erlebten weiterhin eine aktive Entwicklung. Auch die Gusseisenproduktion und der Maschinenbau entwickelten sich erfolgreich.

Die Kolonisten in Südrussland hatten zwar in der Anfangszeit auch mit Prüfungen und Not zu kämpfen, jedoch erlangten sie schneller Vermögen und Wohlstand im Vergleich zu den Siedlern an der Wolga. Dies war offenbar auf mehrere wesentlichen Ursachen zurückzuführen:

- Die spätere Übersiedlung nach Russland;
- Die meisten Übersiedler waren erfahrene und gut versorgte Ackerbauern;
- Die natürlichen Voraussetzungen und Bodenverhältnisse waren insgesamt besser als im Wolgagebiet;

- Das den Kolonisten in Südrussland zugeteilte Land war doppelt so groß wie das der Übersiedler an der Wolga;
- Das Anerbensystem für die Kolonisten in Südrussland erwies sich als effizienter im Vergleich zum Modell der Realerbteilung an der Wolga.

Besonders bei den Mennoniten in den Kolonien am Ostufer des Flusses Molotschnaja stellte sich der Erfolg schnell ein. Sie brachten Kapital, deutsche Herstellungsgeräte sowie Wissen und Erfahrung in der landwirtschaftlichen Organisation mit. Die von ihnen gegründete Landwirtschaftsunion trug zum raschen ökonomischen Erfolg bei, indem sie eine Vierfelderfruchtfolge einführte und die Merinoschafherden vergrößerte. Die Mennoniten waren auch Vorreiter bei der Nutzung effizienterer landwirtschaftlicher Maschinen.

Der Anbau und erfolgreiche Verkauf von Getreide auf russischen und europäischen Märkten bildeten die wichtigste, aber nicht einzige Einnahmequelle der deutschen Kolonisten. In den Kolonien florierten auch die Weinkelterei sowie die Obst- und Gemüseproduktion. Dank zahlreicher Bienenvölker und diverser Obstsorten aus den Gärten konnten verschiedene Honigsorten gewonnen werden. Die Viehzucht spielte eine herausragende Rolle in der Entwicklung der Kolonien, wobei besonderes Augenmerk auf die Züchtung von Kühen, Pferden und Schafen gelegt wurde.

Die Mennoniten in den Kolonien Südrusslands waren in der Lage, die mitgebrachte ostfriesische Kuhrasse zu züchten, und durch Kreuzung mit der deutschen roten Steppenkuh erlangten sie die zu jener Zeit beste Kuhrasse in Europa. Das Vormundschaftskontor förderte die Merinoschafzucht zur Herstellung von dünner Wolle, was zu einem raschen Anstieg der Schafherden dieser besseren Rasse in den Kolonien nach 1820 führte. Im Jahr 1856 wurden in den deutschen Kolonien Südrusslands 98.000 Pferde, 63.000 Rinderbullen, 46.000 Kühe und etwa eine Million Schafe gehalten.[75]

Die Schafzucht in den deutschen Kolonien dauerte bis in die 60er Jahre des 19. Jahrhunderts an. Danach begannen die Kolonisten, ihre Schafherden zu verkleinern und auf ihren ehemaligen Weiden Weizen auszusäen. Dies geschah aufgrund der zunehmenden Verdrängung russischer Erzeugnisse durch die günstigere australische Wolle auf dem Markt und der erheblichen Steigerung der Brotpreise. Laut Alexander Pribs[76] wurde der Weizenanbau gegen Ende des 19. Jahrhunderts zum wichtigsten Handelsprodukt der deutschen Kolonien. Bis zu 50% der gesamten Nutzfläche wurden für den Weizenanbau genutzt, und sein Ertrag war zwei- bis dreimal höher als in anderen russischen Betrieben. Obwohl die Bevölkerung der deutschen Kolonien lediglich 3% der russischen Gesamtbevölkerung ausmachte, produzierten sie 60% der für den Export bestimmten russischen landwirtschaftlichen Erzeugnisse und belieferten das Ausland. Gemäß Alfred Eisfeld[77] machte der 1822 in den deutschen Kolonien hergestellte Weizen sogar 96% des gesamten zu dieser Situation bei. Die Verarbeitung der russischen Exports aus. Die zollfreie Warenausfuhr von 1847 bis 1859 und die Nähe zur Hafenstadt Odessa trugen wesentlich landwirtschaftlichen Erzeugnisse in den Kolonien gewann schnell an

Bedeutung. Käsereien, Buttermaschinen, Brennereien, Brauereien, Fabriken für Ziegelsteine und Dachziegel entstanden, ebenso Wind- und Wassermühlen, später Dampfmühlen. Auch Gestüte, Tuchfabriken, Wurstfabriken und Konditoreien wurden eröffnet. Die industrielle Produktion in Südrussland erlebte ebenfalls einen steilen Aufschwung. Deutsche gründeten in Odessa mit ausländischen Investitionen Gusseisen- und Kupferfabriken, Eisenschmieden, Wagenwerke, Buchbindereien, Möbelfabriken, Musikinstrumentenhersteller, Juweliere, Farben- und Lackfabriken, Dachblech- und Asphaltfabriken, Seifensiedereien, Kerzenfabriken, Reedereien und Druckereien. Die Fabrik für landwirtschaftliche Maschinen und Gerätschaften, 1854 von Johann Henn gegründet, wurde zur größten in der Region. Henn erfand den *"Kolonistenpflug"*, der später als "neurussischer Pflug" bekannt wurde. Die Fabrik erweiterte ständig ihr Sortiment und stellte jährlich etwa 80.000 Pflüge und 43.500 andere Landmaschinen her. Bis 1911 arbeiteten mehr als 1.200 Menschen in der Fabrik.[78]

Ein weiteres bekanntes Unternehmen in Odessa war das von der Familie Sebastian Fenderich gegründete Bellino-Fenderich. 1810 als kleines Geschäft begonnen, entwickelte es sich 1850 zu einem Handel mit landwirtschaftlichen Maschinen und einer Werkstatt für Reparaturen. Später wurde die Werkstatt zu einer Mechanik- und Gusseisenfabrik umgewandelt, die Löschpumpen, Dampfmaschinen, Dampfkessel, Eisenbahnwaggons und Pferdewagen produzierte. Ende der 80er Jahre des 19. Jahrhunderts wurden in der Fabrik zahlreiche Dampfmaschinen, Kessel und Mechanismen repariert, 250 verschiedene Schiffe gebaut und 45 Dampfschiffe hergestellt. Die Fabrik wurde als beste

Mechanikfabrik in Odessa angesehen und galt zu Beginn des 20. Jahrhunderts als die größte Fabrik in Südrussland, beschäftigte im Herbst 1916 zwischen 9.000 und 11.000 Arbeiter.[79]

Die Analyse der statistischen Materialien aus den *"Erinnerungschroniken des Gouvernements Jekaterinoslawsk in der Zeit von 1860 bis 1917"* ermöglicht eine Einschätzung des Umfangs und der Dimensionen der industriellen Produktion der deutschen Kolonien in Südrussland. Im Jahr 1900 gab es dort 128 industrielle Einrichtungen mit verschiedensten Spezialisierungen, die alle Aspekte der wirtschaftlichen Entwicklung in der Region abdeckten. Dazu gehörten unter anderem zwei Kattundruckfabriken, ein Holzverarbeitungswerk, drei Sägewerke, drei Gusseisen- und Mechanikfabriken, 15 Maschinenfabriken für den Ackerbau, zwei Fahrzeugfabriken sowie eine Fabrik für im Feuer gehärtete Ziegelsteine und Keramikprodukte. Es gab auch acht Ziegelsteinfabriken, eine Seifensiederei, 69 verschiedene Mühlen, zwei Hirse- und Graupenmühlen und 18 Ölschlägereien für Sonnenblumen-, Raps-, Leinen- und Rüböl. Diese Unternehmen variierten hinsichtlich ihrer Produktionskapazität und der Anzahl der Beschäftigten. Die größten Unternehmen waren das Handelshaus Depp und Walmann mit einem Umsatz von 220.000 Rubel und 170 Angestellten, die Kopp-Fabrik mit einem Produktionsvolumen von 150.000 Rubel und 150 Angestellten sowie die Fabrik Claaßen und Neifeld mit einem Produktionsvolumen von etwa 135.000 Rubel und 102 Angestellten, die sich auf die Herstellung von Landwirtschaftstechnik spezialisierte.[80]

Ein weiterer interessanter Aspekt ist die Wirtschaftstätigkeit der deutschen Kolonisten im Südkaukasus, insbesondere in Aserbaidschan. Aserbaidschan galt zu dieser Zeit als koloniale Randzone im zaristischen Russland. Dabei kommen einzigartige Materialien zur Anwendung, die in Turan Achundowas Buch „Die deutschen Kolonisten Aserbaidschans im 19. und zu Beginn des 20. Jahrhunderts"[81] präsentiert werden. Mit dem Ziel, die landwirtschaftliche Produktionskapazität zu steigern, erlaubten die russischen Machthaber den deutschen Kolonisten, sich im Kaukasus niederzulassen. Unter anderem wurden erhebliche staatliche Mittel in die Entwicklung der Seidenkultur, den Tabakanbau sowie den Anbau von Bergreis und frühreifem tibetischem Reis investiert. Die Kolonisten wurden in der Seidenkultur ausgebildet, Maulbeerbäume wurden gepflanzt, und Felder für Experimente im Tabakanbau und in anderen technischen Kulturen wurden angelegt. In den ersten Jahren bauten die Kolonisten hauptsächlich Getreidekulturen und Kartoffeln an, die zuvor in der Region nicht bekannt waren. Ab 1820 legten sie die ersten Weingärten an, die bis Mitte der 80er-Jahre des 19. Jahrhunderts eine Fläche von 357 Desjatinen einnahmen, was ein Fünftel der Gesamtfläche der Weingärten des gesamten Gouvernements Jelizawetpolsk ausmachte.

Der Wohlstand der Kolonisten stieg schnell an, nachdem sie sich in den ersten Jahren an die regionalen Bedingungen angepasst und verschiedene Entbehrungen überwunden hatten. Ihre erfolgreiche Entwicklung war unter anderem auf Fleiß, Sparsamkeit und Beharrlichkeit zurückzuführen, sowie auf die Unterstützung und den Schutz durch die russischen Machthaber.

Diese gewährten fruchtbare Ländereien, erlaubten den Kauf dieser *als Privateigentum und stellen bereit günstige*

Finanzierungsmöglichkeiten. Vor dem Ersten Weltkrieg gab es allein in der deutschen Kolonie Helenendorf 21 Unternehmen, die mit der Verarbeitung von Weinmaterialien zu tun hatten. Dazu gehörten 15 Wein- und Wodkafabriken, zwei Cognacbrennereien, eine Brauerei, zwei Limonadenfabriken und eine Fabrik zur Herstellung von Weinsalz. Die größte Fabrik, nicht nur in Helenendorf, sondern im gesamten Gouvernement Jelizawetinsk, war das Unternehmen der Gebrüder Vohrer, gegründet von Vohrer Senior im Jahr 1860. Der Jahresumsatz der Gebrüder Vohrer stieg schnell an, erreichte um 1895 etwa 300.000 Rubel und 1911 bereits 1.662.000 Rubel, was einem Sechstel des Umsatzes aller großen Industriebetriebe des Gouvernements entsprach. Vor dem Ersten Weltkrieg betrug der Jahresumsatz des Unternehmens etwa drei Millionen Rubel.

Neben Weintrauben wurden von den deutschen Kolonisten und den Winzern aus angrenzenden Gouvernements auch in großem Umfang fertige Weine eingekauft. So stellte die Firma der Gebrüder Vohrer von 1907 bis 1909 240.000 Eimer Wein aus den eigenen Weingärten her. Sie erwarben außerdem 129.000 Eimer Wein in benachbarten Bezirken und Gouvernements. Im Jahr 1912 erhöhte sich die Eigenproduktion auf 300.000 Eimer Wein, während 150.000 Eimer zugekauft wurden. Neben Wein wurden im Unternehmen im Jahr 1910 auch 30.000 Eimer Bier nach bayerischer Methode hergestellt, wobei das Bier vollständig pasteurisiert wurde. Die Brauerei verfügte über eine Mälzerei, ein Trockenkammer (Darre) und einen Gärraum mit einem Eishaus für die Bierlagerung. Die Hefe wurde aus Riga, Rostow und Tiflis importiert, der Hopfen aus Wolhynien. Bei der Bierherstellung kamen Bergquellwasser und importierte sowie aus eigener Aussaat stammende Sommergerste zum Einsatz. Hinsichtlich ihrer Produktionskapazität belegte die Brauerei der Gebrüder Vohrer in Aserbaidschan den zweiten Platz nach der Brauerei von Baku in Zigh.

Ab Beginn des 19. Jahrhunderts nahm die Cognacbrennerei ihre Arbeit auf und produzierte 1910 nach einem Umbau 20.000 Eimer erstklassigen Cognac. Einen beträchtlichen Gewinn brachte dem Unternehmen der Gebrüder Vohrer auch die Fabrik für künstliches Mineralwasser. Diese befand sich in der Kolonie und stellte jährlich etwa 60.000 Flaschen des Getränks her.

Nach April 1913 nannte sich die Firma *„Handelshaus der Gebrüder Vohrer"*. Deren Tätigkeit wurde zunehmend vielfältiger. Die Handels- und Transportinfrastruktur entwickelte sich aktiv weiter. Ein Bahnsteig für bis zu zwölf Waggons wurde gebaut, zudem entstanden Firmenniederlassungen in zehn russischen Städten und Lager in Tomsk, Tiflis, Batumi, Kars, Ganja, Aschgabats und Krasnozawodsk. Es wurde Wein nach St. Petersburg, Warschau, Odessa, Riga, Wladiwostok und auch nach Deutschland und in die Niederlande geliefert. Die hohe Qualität der hergestellten Cognac- und Weinsorten belegen Goldmedaillen auf zahlreichen Weltausstellungen in Paris, Mailand, Bordeaux, Rom und anderen Städten.

Im Jahr 1916 wurden sämtliche Handels- und Industrieunternehmen, Immobilien und Vermögenswerte der Gebrüder Vohrer zu einer Aktiengesellschaft mit einem Stammkapital von vier Millionen Rubel vereinigt. Die Hauptniederlassung der neu eingetragenen Gesellschaft befand sich in Ganja, ihr Gründer war der bedeutende Unternehmer

Kolobow aus Baku. In der Kolonie Helenendorf entstand eine weitere, sich erfolgreich entwickelnde große Handels- und Industriegesellschaft der Gebrüder Hummel. Diese produzierte ebenfalls Wein aus eigenen und zugekauften Weintrauben und besaß eigene Weinkeller, eine Cognacfabrik, Filialen für den Verkauf der eigenen Waren in anderen Städten sowie ein Hotel im Kurort Acikent. Im Jahr 1900 wurden die verschiedenen Tätigkeitsbereiche und Unternehmen zum „Handelshaus der Gebrüder Hummel" vereinigt, welches 1912 in verschiedenen russischen Regionen 205.000 Eimer Wein verkaufte und den Umsatz des Unternehmens 1913 auf 1,2 Millionen Rubel steigerte. 1916 kam es zu einer weiteren geschäftlichen Umstrukturierung der Gebrüder Hummel, bei der die Geschäftstätigkeit im Bereich Handel und Industrie mit den zum Familienbesitz gehörenden Landgütern vereinigt und die Aktiengesellschaft „Zakawkazkoe Winodelie" mit Hauptniederlassung in Ganja gegründet wurde. Unternehmensgründer war diesmal der bedeutende Ölmagnat Rylskij. Unter Berücksichtigung der Tatsache, dass die Handelshäuser der Gebrüder Vohrer und Hummel im selben Jahr ihre erfolgreiche Geschäftstätigkeit einstellten und Aktionärsgesellschaften mit russischen Geschäftsführern aus ihnen hervorgingen, *stellt Turan Achondowa nicht unbegründet fest, dass dadurch die Verbindung der Unternehmen mit deutschem Kapital im Kriegszustand verschleiert werden sollte. Dem ist hinzuzufügen, dass es sich dabei um industrielles Kapital russischer Staatsangehöriger mit deutschen Wurzeln handelte, die Nachkommen deutscher Kolonisten waren, die mehrere Hundert Jahre zuvor nach Russland eingeladen worden waren.* Diese sahen sich durch ungerechtfertigte und wahllose Vorwürfe, sämtlicher Todsünden schuldig gemacht zu haben, dazu gezwungen, nach Wegen zur Rettung ihrer Unternehmen zu suchen, die durch den langjährigen und harten Einsatz zahlreicher Generationen entstanden waren.

Auf dieses traurige Thema soll später eingegangen werden; zunächst folgt die Fortsetzung der Geschichte über die einfache Weinkelterei der deutschen Kolonien im Kaukasus, welche die von ihnen angebauten Weintrauben an die Firmen der Gebrüder Vohrer und Hummel verkauften. Diese agierten als Zwischenhändler, die ihren Geschäftspartnern selbstverständlich niedrige Einkaufspreise aufzwangen. Den kleinen Winzern war klar, dass sie alleine kaum etwas gegen dieses Preisdiktat ausrichten konnten. Daher gründeten sie Aktionärsgenossenschaften zum gemeinsamen Anbau und Vertrieb von Weinbauprodukten. So entstanden in der Kolonie Helenendorf 1903 die Genossenschaft *"Pomosch (Hilfe)"* und 1908 die Genossenschaft *"Konkordia"*. In der Kolonie Georgsfeld wurden 1906 die Genossenschaft *"Nadeschda (Hoffnung)"* und 1907 die Genossenschaft *"Soglasie (Einverständnis)"* gegründet. 1908 schlossen sich in der Kolonie Grünfeld 40% der Einwohner zusammen und gründeten die Produktions- und Absatzgenossenschaft *"Merkurij"*. Die von den Kolonisten gegründeten Genossenschaften verfügten neben gemeinschaftlichen Weingärten auch über Fabriken zur Verarbeitung der Erzeugnisse, Lagerungsmöglichkeiten und Verarbeitungs- und Verkaufsstellen. Durch die Zusammenarbeit und die Vereinigung der Kapazitäten einzelner Winzer konnten diese die nötige Technik und Ausstattung anschaffen, benötigte Kredite aufnehmen und zuteilen und sich aktiver und erfolgreicher um den Vertrieb kümmern.

Die Weinkelterei war zwar die hauptsächliche Tätigkeit, der die deutschen Kolonisten in Aserbaidschan in den Bereichen Handel und Industrie nachgingen, sie war jedoch nicht die einzige. In den Kolonien existierten zudem verschiedene Arten der Heimindustrie. Besondere Erwähnung verdient die gut organisierte Produktion von vierrädrigen und an beiden Achsen gefederten Pferdekutschen (auch Pferdedroschken genannt) und großen Lastwagen für die Landwirte und das russische Militär, die in der Kolonie Helenendorf hinsichtlich ihrer Rentabilität an zweiter Stelle nach dem Weinbau kam.

In der Mitte der 80er Jahre des 19. Jahrhunderts wurden in der Kolonie jährlich etwa 300 Pferdekutschen hergestellt, die zum Preis von 300-500 Rubel je Kutsche auch während des Russisch-Türkischen Krieges von 1877 bis 1878 an die russische Armee geliefert wurden. Zu Beginn des 19. Jahrhunderts bedienten bereits 37 Meisterbetriebe in Kooperation mit 14 Wagenschmieden die Nachfrage der deutschen Kolonien und der örtlichen Bevölkerung nach ihren Waren und belieferten zudem den gesamten Kaukasus und seine Nachbarregionen damit. Die Pferdekutschen der Kolonisten zeichneten sich durch ihre Einfachheit und Praktikabilität aus und profitierten von einer wachsenden Nachfrage bei der ansässigen Bevölkerung, wodurch der zuvor verbreitete Leiterwagen namens *"Arba"* zunehmend vom Markt gedrängt wurde.

Eine wichtige Handwerksbranche in den deutschen Kolonien war auch die Fassbinderei. Allein in Helenendorf gab es fünf Fassbinderwerkstätten, in denen Eichenholzfässer mit einem Fassungsvermögen von 20 bis 150 Eimern hergestellt wurden. Die Bevölkerung in den Kolonien wurde von den Dienstleistungen der Schmiede, Möbelbauer, Baumeister und sonstigen Meister in vollem Umfang versorgt. Auch die Mehlproduktion entwickelte sich in Helenendorf wie auch bei den Kolonisten in anderen russischen Regionen positiv.

Aktiv und erfolgreich entwickelten sich neben dem zum wichtigsten Erwerbszweig der Kolonisten gewordenen Anbau von Weintrauben und der Weinkelterei vor allem der Ackerbau und die Milchviehzucht in der Kolonie. Um den Beginn des 19. Jahrhunderts wurde den Kolonisten klar, dass sie sich vereinigen und dass ihre einzelnen Weinbaubetriebe zusammenarbeiten mussten. So kam es in Katharinenfeld 1808 zur Entstehung der Weinbaugenossenschaft „Union", welche sich rasant entwickelte und bald zum größten und wirtschaftlich erfolgreichsten Unternehmen Georgiens wurde. Vor der Massenkollektivierung in den 30er Jahren des 20. Jahrhunderts wurden in der Kolonie 1.500 Hektar Weingärten bearbeitet, wobei jeder Weingarten eine Ernte von 20.000-25.000 Litern brachte und die gesamte Weinproduktion zwischen 30 und 40 Millionen Liter Wein betrug.[82]

Auch die deutschen Kolonien in der Nähe von Sankt Petersburg entwickelten sich erfolgreich. Die Hauptaufgabe der Übersiedler bestand hier von Anfang an in der Versorgung der Hauptstadt mit Lebensmitteln. Dieser Aufgabe waren bereits die ersten 60 Übersiedlerfamilien nachgegangen, die 1765 auf Anweisung Katharinas II. in der Umgebung von Sankt Petersburg angesiedelt worden waren.

In seinem 1839 herausgebrachten Buch „*Beschreibung von Sankt Petersburg und der Bezirksstädte des*

Gouvernements Sankt Petersburg " schreibt der Autor Iwan Puschkarew: *,, 1765 befahl Katharina II. dem Beamten U-dalow, der Vorsteher von Zarskoe Selo war, bei Privatpersonen freie Ländereien in der Nähe von Sankt Petersburg zu suchen und zu kaufen, um auf diesen Kolonisten aus Oranienbaum anzusiedeln. Von 60 Kolonistenfamilien, die sich damals auf der Wyborger Seite niedergelassen haben, wird die Hauptstadt mit Gartengemüse versorgt. Darin liegt ihre Haupterwerbstätigkeit ".*[83]

Dies blieb auch die Haupterwerbstätigkeit für fünf weitere Alexanders I. in der Nähe der Hauptstadt gegründet wurden. Gegen Mitte des 19. Jahrhunderts erreichte die Einwohnerzahl in den elf deutschen Kolonien, die später von 1809 bis 1811 auf Anweisung Kolonien Sankt Petersburgs 2.714 Menschen, was lediglich 0,6% der 432.988 Einwohner des Gouvernements ausmachte.[84] Deren Fleiß, zu dem der Einsatz hochproduktiver Sorten und für die damalige Zeit fortschrittlicher Anbautechnologien hinzukam, ermöglichte es, auf den armen und sumpfigen Ländereien gute Kartoffel- und Gemüseernten zu erzielen und zu deren wichtigstem Lieferanten für die Hauptstadt und ihre nahegelegenen Vorstädte zu werden. Auch das Leben der deutschen Kolonisten im Gouvernement Woronesch, den Tochterkolonien am Don und an vielen anderen Orten, an denen ihre Anzahl geringer als in ihren Hauptsiedlungsgebieten in Russland war, wendete sich zum Guten.

Will man die Situation der deutschen Kolonisten in der Mitte des 19. Jahrhunderts in verschiedenen Regionen Russlands einschätzen, so lässt sich Folgendes feststellen:

- Nach einem halben Jahrhundert intensiver und aufopferungsvoller Arbeit in der neuen Heimat war es ihnen durch ihren Fleiß, ihre Kenntnisse und Erfahrungen, ihr Streben nach erstklassigen Erzeugnissen, ihre Risikobereitschaft, Ordentlichkeit und Gesetzestreue, ihre Sparsamkeit und ihren nüchternen Lebensstil gelungen, ein äußerst hohes Niveau sozialer und ökonomischer Entwicklung zu erreichen.

- Die Kolonien der Wolgaregion wurden zu den größten Herstellern von Weizen, Tabakwaren, Senf, Fleisch, Milch und anderen landwirtschaftlichen Erzeugnissen und zu den wichtigsten Zentren der Mehl- und Stoffindustrie.

- Die Kolonisten Südrusslands entwickelten zunächst die traditionelle Viehzucht der Steppe und daraufhin die Feinwollschafzucht weiter und waren schließlich im Getreideanbau führend. Zudem waren sie die bedeutendsten Hersteller von Landwirtschaftstechnik, Schiffen, Pumpen, Schwimmgeräten und anderen Industriegütern in der Region und im Land.

- Die Kolonien Sankt Petersburgs, in denen fortschrittliche landwirtschaftliche Technologien im Kartoffelanbau zum Einsatz kamen, wurden zu führenden Kartoffelerzeugern und belieferten damit die Hauptstadt.

• Die Kolonien im Hinterland des Kaukasus wurden zu den größten Zentren des Weinbaus und der Weinkelterei, züchteten die besten Sorten und stellten durch die Anwendung ihrer fortschrittlichen Kenntnisse und Erfahrungen in der Weinerzeugung qualitativ hochwertige Weine, Cognacs und andere Getränke her, die mehrfach auf russischen und internationalen Ausstellungen ausgezeichnet wurden.

7.2 Das Problem des Landmangels

Das Wirtschaftswachstum, das am Ende des 18. Jahrhunderts begann und sich im gesamten 19. Jahrhundert fortsetzte, sowie die verbesserte Vermögenslage der Kolonisten führten im Laufe der Zeit zu einem erheblichen Anstieg der Bevölkerung in den deutschen Kolonien Russlands. Dadurch entstand ein akuter Mangel an Land. *Die Kolonisten sahen sich erneut mit einem Problem konfrontiert, das viele Jahre zuvor die Hauptursache für die massenhafte Auswanderung ihrer Vorfahren nach Russland gewesen war.* Nachdem die Kolonisten die schwierige Anfangsphase überwunden hatten, setzte ab dem letzten Viertel des 18. Jahrhunderts ein deutliches und stabiles Bevölkerungswachstum in den deutschen Kolonien an der Wolga ein, dass das gesamte 19. Jahrhundert über anhielt.

Im Verlauf der ersten 104 Siedlungen deutscher Kolonisten an der Wolga kam es während der 100-jährigen Geschichte zu einer Vervierfachung der Anzahl der Familien, während die Einwohnerzahl sich versechsfachte. Ein derartiges signifikantes Bevölkerungswachstum in den deutschen Kolonien hatte zwangsläufig Auswirkungen auf die verfügbaren Nutzflächen der Kolonisten. Tabelle 2, basierend auf Daten aus den Werken von Alexander Klaus,[85] Gerhard Bonwetsch[84] und Igor Plewe,[85] zeigt die Dynamik der verfügbaren Nutzflächen der Kolonisten in der Wolgaregion.

Aus der Tabelle geht hervor, dass selbst die Zuteilung neuer Ländereien durch die Regierung in den Jahren 1811 und 1835 das Problem der verfügbaren Flächen für die wachsende Bevölkerung in den deutschen Kolonien an der Wolga nicht lösen konnte.

Tabelle 2: Bevölkerungsentwicklung und verfügbare Nutzflächen der Kolonisten an der Wolga*

Jahr	Familien	Einwoh-ner	Gesamt-fläche	Fläche in (Des-jati-nen) pro laut Revi-sion er-fasster Person
1765	8.000 (1)			36,2-36,3
1768		23.216 (2)	223.561 (2)	(pro Fami-lie) (2)
1769				
1771		23.100 (3)	368.084 (2)	
1775	5.502 (1)			
1784				20 (pro Fami-lie) (1)

1788	5.355 (3)	30.962 (3)		
1798	6.156 (3)	39.193 (3)		15,5 (1)
1811			448.217 (1)	
1816	8.330 (3)	60.746 (3)		10,4 (1)
1835			825.571 (1)	5,6 (1)
1850	17.118 (3)	164.457 (3)		3,8 (1)

*Die Angaben stammen aus den Büchern von: 1. Gerhard Bonwetsch (1), Igor Plewe (2), Alexander Klaus (3).

Gegen Mitte des 19. Jahrhunderts betrug die Fläche pro männliche Einwohner laut der zehnten Revision von 1857 lediglich 3,8 Desjatinen. Das Problem der verfügbaren Ländereien in allen anderen deutschen Kolonien, die zu verschiedenen Zeiten in verschiedenen Regionen des russischen Imperiums gegründet wurden, stellte sich ebenfalls als äußerst dramatisch dar. Die Fläche der pro Einwohner verfügbaren Ländereien in den Kolonien variierte je nach Region Russlands laut der zehnten Revision von 1857.

In den Kolonien der Gouvernements Poltawa, Sankt Petersburg, Livland und Woronesch betrug sie 2,5, drei oder etwas mehr Desjatinen, während es in den übrigen Gouvernements sechs bis elf Desjatinen waren. Die Unterschiede bei den verfügbaren Ländereien der Kolonisten resultierten hauptsächlich aus der Fläche der zugeteilten Ländereien und dem Zeitpunkt der Koloniengründung. Dies erklärt auch die große Nutzfläche von 42,4 Desjatinen pro Kopf im mennonitischen Bezirk des Gouvernements Samara. Die Mennoniten erhielten je Familie 65 Desjatinen Land, und die Kolonien wurden zwischen 1858 und 1866 gegründet, also nach der zehnten Revision. In jedem Fall waren die Nutzflächen sowohl in den Kolonien der Gouvernements Saratow und Samara als auch in allen anderen Kolonien so klein, dass eine Beschäftigung der wachsenden Bevölkerung in der landwirtschaftlichen Produktion und eine Sicherstellung der weiteren Entwicklung der Kolonien als unmöglich erschien.

Es ist wichtig zu betonen, dass die Regierung den Wolgakolonien zweimal zusätzliche Nutzflächen zuwies. Das erste Mal erfolgte dies gemäß dem Erlass von Pawel I. *„Über die Zuteilung nicht ausreichender Nutzflächen an die in Saratow angesiedelten Kolonisten"* vom 4. Dezember 1797. Dieser Erlass ordnete an, dass bei künftigen Vermessungen im Gouvernement Saratow jedem bei einer Revision erfassten Einwohner 20 Desjatinen Land aus 63.954 Desjatinen zusätzlichen „(...) staatlichen brachliegenden Ländereien ..." zuzuweisen seien.[88]

Die Lösung dieses durch den Landmangel verursachten Problems erwies sich jedoch in der Praxis als äußerst komplex. In den folgenden Jahren versuchte Alexander I., das

Problem durch Erlasse vom 4. September 1802 („Über die Zufriedenstellung der Kolonisten des Gouvernements Saratow mit Ländereien") und vom 12. Dezember 1802 („Über die Regeln der Landzuteilung an die im Gouvernement Saratow angesiedelten Kolonisten") anzugehen. Weitere 33 Jahre später beschäftigte sich auch Nikolaj I. damit und bestätigte am 21. Mai 1835 die Verordnung des Ministerkomitees „Über die Zuteilung von Ländereien aus der für die Elton-Salzstraße vorgesehenen Fläche an die Kolonisten Saratows". Der Inhalt dieses Dokuments zeigte, dass das Problem der Zuteilung zusätzlicher geeigneter Ländereien an die Kolonien zu dieser Zeit noch nicht gelöst war und sich durch die rapide steigende Einwohnerzahl der Kolonisten Saratows weiter verschärfte. In Einzelfällen sahen sich die Kolonisten gezwungen, eigenmächtig neue Ländereien zu erschließen. Einige Kolonistenfamilien suchten in der offiziell verbotenen Übersiedlung in den Kaukasus einen Ausweg aus der entstandenen Situation und gründeten dort zwischen 1838 und 1871 etwa 1300 neue Kolonien.[89]

Fünf Jahre später bestätigte Nikolaj I. am 13. März 1840 die neue Verordnung des Ministerkomitees *„Über die Zuteilung von Ländereien an die Kolonisten des Gouvernements Saratows auf Basis ihrer Einwohnerzahl laut der achten Revision".* Zu dieser Zeit wurde die Leitung der ausländischen Kolonien vom Außenministerium an das neu geschaffene Ministerium für Staatsvermögen übergeben. Der neue Minister P. D. Kiselew ging verantwortungsvoll an die Erfüllung seiner neuen Aufgaben heran, besuchte die Kolonien persönlich und legte Nikolaj I. eine realistischere Verordnung zur Bestätigung vor, nachdem er sich von der Dimension des Problems überzeugt hatte. Diese Verordnung sah vor, dass jedem bei einer Revision erfassten Kolonisten 15 Desjatinen Land zugeteilt werden sollten, wobei die letzte (achte) Revision von 1834 als Grundlage dienen sollte. Es dauerte weitere vier Jahre, die durch verschiedene bürokratische Vereinbarungen geprägt waren, bis den Wolgakolonisten Ende 1844 zusätzliche 125.076 Desjatinen Land auf der Wiesenseite und 245.320 Desjatinen Land am Gebirgsufer der Wolga zugeteilt wurden.[90]

Die große Entfernung der neu zugeteilten Ländereien von den bestehenden Kolonien erforderte die Gründung neuer Siedlungen, die als Tochterkolonien bezeichnet wurden. Innerhalb des nächsten Vierteljahrhunderts entstanden auf den von der Regierung zugeteilten Ländereien 61 neue Kolonien, wovon 50 am linken und elf am rechten Flussufer lagen. Allerdings konnte auch diese Landzuweisung die Dringlichkeit des Problems der verfügbaren Nutzflächen in den Wolgakolonien nur vorübergehend lindern.

In anderen Regionen Russlands waren die Zuteilungen zusätzlicher staatlicher Ländereien an ausländische Kolonien deutlich stärker eingeschränkt. Dies resultierte aus den begrenzten und kostspieligen verfügbaren Ländereien in Südrussland sowie einem anderen Erbschaftssystem. In Südrussland wurde seit der Gründung der mennonitischen Kolonien in Chortitz das Anerbensystem angewendet, das bereits im Agrar- oder Kolonialgesetz von 1764 verankert war. Gemäß diesem Gesetz war der jüngste Sohn der alleinige Erbe des Landes und des darauf basierenden Betriebs. Die Rechte und Verpflichtungen des verstorbenen Vaters gingen auf ihn über, während die älteren Söhne des Kolonisten kein eigenes Land erhielten. Stattdessen mussten sie sich als Handwerker, Händler oder in anderen nicht landwirtschaftlichen Tätigkeiten betätigen. Nicht alle Kinder der Kolonisten konnten oder wollten außerhalb der Landwirtschaft arbeiten. Dies führte dazu, dass sich in den Kolonien eine beträchtliche Anzahl arbeitsloser junger Menschen ansammelte, und Begriffe wie *„vollwertiger"* und *„landloser"* Kolonist entstanden.

Mit dem Bevölkerungswachstum in Südrussland und dem gleichzeitigen Anstieg der Bodenpreise wurden sämtliche Möglichkeiten, die Kolonien durch staatliche Ländereien zu erweitern, rasch erschöpft. Um die wachsenden Spannungen zwischen „vollwertigen" und „landlosen" Kolonisten zu mildern, schlug die Regierung vor, dass sie Land aus eigenen Mitteln erwerben sollten. Im Jahr 1869 wurde angeordnet, gemeindeeigene Ländereien in den Kolonien unter den „Landlosen" aufzuteilen, was von den „vollwertigen" Eigentümern jedoch protestiert wurde. Es stellte sich heraus, dass diese Ländereien bei weitem nicht ausreichten, um der riesigen Anzahl landloser Kolonisten vollwertige Landstücke zuzuweisen. Letztendlich wurde es üblich, die gemeinschaftlichen Ländereien zu verpachten, während die Kolonien begannen, mit den dadurch erzielten Einnahmen Land für die landlosen Kolonisten zu erwerben. Um die benötigten finanziellen Mittel zu beschaffen, bildeten die landlosen Kolonisten häufig Genossenschaften, nahmen Kredite auf und kauften oder pachteten Land von russischen Gutsbesitzern, anderen Kolonisten und weiteren Landeigentümern. Um das Jahr 1890 gründeten die landlosen Kolonisten Bessarabiens insgesamt 35 Kolonien auf gepachtetem und 15 neue Kolonien auf gekauftem Land.[91]

In der Wolgaregion entwickelte sich ein etwas anderes Bild. Auch dort wurde zunächst das Anerbensystem eingeführt, konnte sich jedoch aus verschiedenen Gründen nicht in den deutschen Kolonien durchsetzen. Dies war auf schlechtere klimatische Bedingungen, geringe Bevölkerungsdichte, geringen fehlende Voraussetzungen für eine Intensivwirtschaft durch Einzelpersonen zurückzuführen. Die handwerkliche Produktion der Kinder der Kolonisten entwickelte sich entgegen den Erwartungen nicht zu einer ausreichenden Einnahmequelle, die den Lebensunterhalt ihrer Familien sichern konnte. Obwohl ihre Waren von höchster Qualität waren, konnten sie der Konkurrenz seitens der ansässigen Handwerker nicht standhalten. Zusätzlich erhielt das Anerbensystem keine Unterstützung von der örtlichen Verwaltung. Letztendlich wurde in den deutschen Kolonien an der Wolga eine Umverteilungsgemeinde nach dem Vorbild des russischen „Mir"-Systems eingeführt, mit gegenseitigen Bürgschaften und einer regelmäßigen Neuverteilung der Nutzflächen unter den Entwicklungsstand der Region, ärmere Böden und insgesamt erfassten (männlichen) Personen bei jeder Revision. Die Landstücke, die in Qualität und Größe identisch waren, wurden per Losverfahren zugeteilt, ebenso wurden Wälder und Wiesen einmal jährlich je nach Anzahl der Familien geteilt.

Nach dem System der Landumverteilung, das in den deutschen Wolgakolonien bis 1906 bestand hatte, erhielten auch die älteren Söhne der Kolonisten Landzuweisungen. Diese wurden jedoch mit jeder Neuverteilung allmählich kleiner, was insbesondere bei den Ergebnissen der nächsten Revision auffiel. Letztlich führte dies dazu, dass es zumindest in den Wolgakolonien trotz des rasanten Bevölkerungswachstums keine landlosen Kolonisten gab. Stattdessen schrumpften ihre Landstücke schrittweise bis zu einem

Punkt, an dem eine vollwertige und effiziente Landwirtschaft nicht mehr möglich war. Zudem erwies sich die regelmäßige Neuverteilung der Landstücke per Losverfahren als ungeeignetes Mittel, die Kolonisten zur Verbesserung, Düngung und Melioration ihrer Grundstücke zu motivieren. Die stetige Verkleinerung ermöglichte es den Kolonisten nicht, Kapital für eine intensive Produktion anzusparen und die für die Entwicklung ihrer Betriebe notwendigen Mittel zu generieren.

Aus diesem Grund betrachten die meisten Autoren die Einführung des Systems der Landumverteilung in den Kolonien der Wolgaregion kritisch. Es existiert jedoch auch die Sichtweise, die von Plewe zum Ausdruck gebracht wird. Er argumentiert, dass gerade der Wechsel zum Umverteilungssystem auf Anweisung Ogarews den deutschen Kolonisten den Zugang zu bedeutenden, zusätzlich zugewiesenen und kostenlosen staatlichen Ländereien eröffnete. Der wachsende Wohlstand der deutschen Kolonisten ermöglichte es ihnen zunehmend, das Problem der Landknappheit in den Kolonien durch eigene oder geliehene finanzielle Mittel zu lösen. Diese Mittel wurden für den Kauf oder die Pacht von Landflächen in verschiedenen Regionen Russlands verwendet. Insbesondere in der zweiten Hälfte des 19. Jahrhunderts stieg die genutzte Landfläche rapide an. Die verschiedenen Erbfolgesysteme, die sich in den Kolonien der Wolgaregion und in Neurussland entwickelt hatten, trugen entscheidend zur unterschiedlichen Geschwindigkeit und Dimension des Wachstums der von den Kolonisten genutzten Flächen bei. Bis zum Jahr 1914 hatte sich die Fläche der genutzten Ländereien in den Kolonien der Wolgaregion von 460.000 Hektar auf 2,5 Millionen Hektar vergrößert, während sie in den

Kolonien Südrusslands im gleichen Zeitraum von 650.000 Hektar auf 5,27 Millionen Hektar anwuchs, wobei 4,62 Millionen Hektar mit eigenen Mitteln erworben wurden. Insgesamt betrug die Fläche des von deutschen Kolonien genutzten Landes in diesen beiden Regionen 1914 etwa 7,5 Millionen Hektar. Hinzu kamen weitere 3,5 Millionen Hektar Ländereien, die den Kolonisten in Sankt Petersburg, Wolhynien und Sibirien gehörten.[92]

Die Entstehung von deutschen „*Tochterkolonien*" auf gepachteten oder erworbenen Ländereien russischer Gutsherren breitete sich nach und nach auf der Krim, am Don, im Nordkaukasus sowie später auch in Sibirien und Mittelasien aus. Obwohl die Übersiedlung in den Kaukasus streng verboten war, siedelten die ersten Wolgakolonisten bereits zu Beginn des Jahres 1830 eigenmächtig ins Gouvernement Stawropol im Kaukasus über. Nach den 50er Jahren des 19. Jahrhunderts kam es zu einer zweiten Welle von Wolgakolonisten, die eigenmächtig in den Kaukasus übersiedelten. Diese Praxis nahm nach der offiziellen Übersiedlungserlaubnis am 25. April 1865 weiter zu. Zwischen 1838 und 1871 siedelten etwa 1.300 Wolgakolonisten in den Kaukasus über und gründeten dort ihre eigenen Tochterkolonien.

Insgesamt siedelten in der zweiten Hälfte des 19. Jahrhunderts über 20.000 deutsche Kolonisten aus verschiedenen russischen Mutterkolonien auf den Ländereien Kubans über. Sie erwarben oder pachteten Land von den russischen Gutsherren. Nach der Abschaffung der zuvor geltenden Regel, nach der Land im Nordwestkaukasus mit Ausnahme privater und im Gebirge gelegener Territorien ausschließlich der Kosaken gehören konnte, beschleunigte sich dieser Prozess signifikant. Abbildung 5 zeigt die wesentlichen

Gebiete der Mutter- und Tochter-kolonien in Russland zu Beginn des 20. Jahrhunderts.

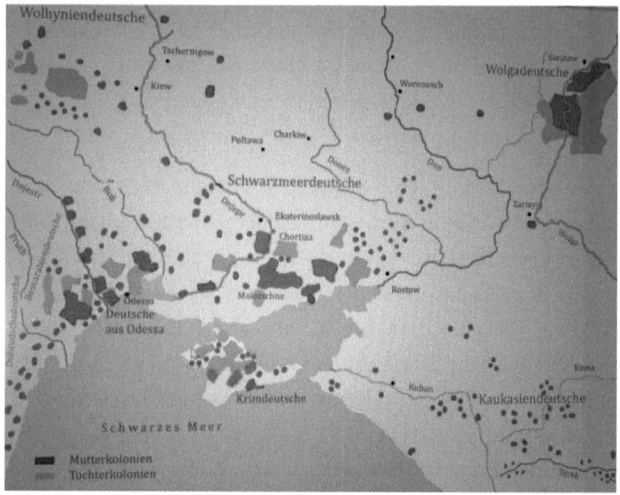

Abb.5: Die wesentlichen Gebiete der Mutter- und Tochterkolonien in Russland zu Beginn des 20. Jahrhunderts. (Die Karte wurde vom Autor gezeichnet. Als Quelle dienten Karten der deutschen Siedlungen in Russland vor 1917, diese stammen von der Seite http://wolgadeutsche.net/krieger/beitrag/Deutsch_Ostsiedl_2.JPG)

7.3 Übersiedlung nach Sibirien und Mittelasien

Die Übersiedlung deutscher Kolonisten aus ihren Siedlungen an der Wolga, im Süden und im europäischen Teil Russlands, im Nordkaukasus und auf der Krim nach Sibirien erfolgte im Rahmen der umfassenden, millionenfachen Kolonisation der östlichen Randgebiete des Russischen Imperiums durch die Bauern. Sie wurde durch Gesetzgebung reguliert, die für die gesamte russische Bauernschaft galt. Nach dem Erlass von Alexander II zur Aufhebung des Kolonistenstatus der deutschen Übersiedler in Russland dürften sie streng genommen nicht mehr als Kolonisten wie auch ihre Siedlungen als Kolonien bezeichnet werden. Peter Wiebe, der die Geschichte der Deutschen in Sibirien erforschte, betont jedoch zu Recht, dass diese Begriffe so fest verankert waren, dass sie bis zur Massenkollektivierung in der Zeit vor der Revolution und in den ersten Jahren der Sowjetherrschaft im Alltag und in offiziellen Dokumenten weiterhin verwendet wurden.[93] Aus diesem Grund werden sie auch im vorliegenden Buch weiterhin genutzt.

Stolypin, vermutlich der letzte bedeutende Staatsbeamte des zaristischen Russlands, führte eine Agrarreform durch. Diese bestand im Wesentlichen in der notwendigen Zerstörung des Systems der Bodennutzung durch die gesamte Gemeinde und in der massiven Übersiedlung der Bauern nach Sibirien. Dabei nutzte er das gesetzlich verankerte Erbe und die grundlegenden Prinzipien zur Lösung des Agrarproblems, die sein Vorgänger, der Reformer Witte, erarbeitet hatte.

Die bedeutendste Leistung der Stolypin-Reform war die Schaffung politischer und ökonomischer Bedingungen für die freie umfangreiche Übersiedlung der Bauern in die östlichen Landesteile. Hierbei wurden staatliche Unterstützung, Kredite für den Hausbau, die Anschaffung von Landwirtschaftstechnik und sowie Vergünstigungen für den Transport der eigenen Besitztümer bereitgestellt. Für die

Beförderung von Hausrat und Betriebsvermögen mit der sibirischen Eisenbahn wurden spezielle vereinfachte Waggons für die Unterbringung von Vögeln und Nutzvieh gebaut. Die zugewiesenen Landstücke waren größtenteils Kabinettsland. Gemäß dem Erlass von Nikolaj II. vom 16. September 1906 wurden sämtliche freien Ländereien, die zuvor im Besitz des Zaren waren, der Obhut der Übersiedlungsadministration übergeben. Diese stellte sie landlosen Bauern aus dem europäischen Teil Russlands zur Verfügung. Stolypins Politik basierte auf der von ihm geschaffenen rechtlichen Grundlage und beinhaltete Steuervorteile, zinslose Darlehen, niedrige Preise für Eisenbahnfahrscheine, Verpflegung und medizinische Versorgung während der Reise. Dadurch konnten von 1906 bis 1914 3,77 Millionen Menschen nach Sibirien übersiedeln, doppelt so viele wie in den 20 Jahren zuvor.[94]

Nicht allen Bauern, die nach Sibirien kamen, gelang es, sich dort niederzulassen und ein neues Leben zu beginnen. Viele von ihnen kehrten aus verschiedenen Gründen in den europäischen Teil Russlands zurück. Der Anteil der Bauern, die sich in der neuen Umgebung nicht einleben konnten und vollkommen ruiniert die Rückreise antreten mussten, betrug etwa 12% der Gesamtzahl aller Übersiedler16, manchen Schätzungen zufolge auch wesentlich mehr – ungefähr 20% in den ersten Jahren und von 1910 bis 1916 bis zu 30%.[95]

Die Agrarreform, die Petr Stolypin nicht zu Ende führen konnte, da er vom Zarenhof fallengelassen und Ende August 1911 in Kiew ermordet wurde, wird unterschiedlich beurteilt. Seine Worte *"Geben Sie dem Staat 20 Jahre innerer und äußerer Ruhe, und Sie werden das heutige Russland nicht mehr wiedererkennen"* [94] spiegeln die damalige

Situation präzise wider. Es ist bedauerlich, dass weder ihm noch Russland als Ganzem diese Zeit gewährt wurde. Viele Autoren argumentieren, dass die Umsetzung der Reformen nicht gelungen sei, die Gemeinden nicht vollständig aufgelöst wurden, die sozialen Spannungen zunahmen und das Problem der ländlichen Überbevölkerung nicht gelöst wurde. Dennoch steht fest, dass die Agrarreform Stolypins die Entwicklung der gesamten Region Sibirien in Russland und das rasante Wachstum seiner Landwirtschaft begründete. Die für die Aussaat genutzten Flächen in der Region wuchsen von 1905 bis 1912 um 33%, der Viehbestand um 23%, und die Getreideproduktion auf den neu erschlossenen Ländereien betrug vor dem Ersten Weltkrieg etwa 100 Millionen Pud pro Jahr. Die Brot- und Butterlieferungen aus der Region nahmen um ein Vielfaches zu.[96] Die Butter wurde ins Ausland und vor allem nach England exportiert und stammte hauptsächlich aus dem Altajgebiet, ihr Handelsvolumen wuchs bis zum Jahr 1913 auf 70 Millionen Rubel an. Die jährliche Brotproduktion in Gesamtrussland stieg infolge der Bodenreform und Übersiedlungspolitik Stolypins auf vier Milliarden Pud an.[97]

Vor dem Hintergrund der hier angeführten Daten wird die Bedeutung der Agrarreform Stolypins für die Entwicklung der Landwirtschaft und zahlreicher Industriebranchen in einer großen und bis dahin unerschlossenen Region mehr als deutlich. Wie bereits erwähnt, kam es im Zuge der Kolonisation der östlichen Randgebiete Russlands durch Millionen von Bauern zu einer massiven Übersiedlung deutscher Kolonisten nach Sibirien. Die Aussicht auf ein kostenloses Landstück mit einer Fläche von 15 Desjatinen pro Mann und die Möglichkeit zum Kauf oder zur Pacht zusätzlicher Grundstücke bei vorhandenen finanziellen Mitteln waren dabei die Hauptmotive für die Übersiedlung. Infolgedessen entstanden die meisten deutschen Siedlungen auf staatlichen Ländereien und Kabinettsland. Es wurden auch Siedlungen auf gekauften oder von den sibirischen Staatstruppen sowie Privatpersonen gepachteten Ländereien gegründet.

Die Übersiedlung der Deutschen nach Sibirien erfolgte nach allgemeinen Übersiedlungsgesetzen, die offiziell ihre Möglichkeiten und Rechte nicht beschränkten. Allerdings war der Prozess in der Praxis besonders an den Siedlungsorten mit erheblichen Einschränkungen verbunden. Zahlreiche Äußerungen und Maßnahmen hochrangiger Beamter, die die Politik und Übersiedlungspraxis vor Ort bestimmten, sind heute bekannt.

Diese Maßnahmen beschränkten die Möglichkeiten der deutschen Kolonisten durch die Sperrung einiger Siedlungsregionen, wodurch sie nicht selten in Gebiete mit schlechten klimatischen Bedingungen und minderwertigen Böden gedrängt wurden. E. O. Schmidt, Generalgouverneur des Stepnoj Kraj und deutscher Abstammung, stach hierbei hervor und setzte sich gegen die freie Ansiedlung deutscher Kolonisten im Gebiet Akmolinsk zur Wehr. Eine weitere signifikante Äußerung stammt von Petr Stolypin in einem Brief an A. P. Kriwoschejn, den Hauptkommandeur für Flurbereinigung und Ackerbau, während ihrer gemeinsamen Inspektionsreise nach Sibirien im Jahr 1910. In diesem Schreiben äußert er die Meinung, dass die Ansiedlung der Deutschen auf staatlichen Ländereien nicht den staatlichen Interessen und den Interessen der russischen Bürger entspreche. „(...) *zum Schutze der Interessen der russischen Bauernschaft und aus Gründen von staatlicher Bedeutung (sind) Maßnahmen gegen die Besiedlung der Steppengebiete durch deutsche Kolonisten als Elemente, welche nicht den Aufgaben der russischen Kolonisation entsprechen, zu ergreifen.* " [98] Die deutschen Übersiedler errichteten hingegen in der Kulundinsker Steppe ein Denkmal zu Ehren des Besuchs von P. A. Stolypin und A. V. Kriwoschejn am 29. August 1910. Die Inschrift lautete: *„Diese wurden hier von Tausenden Übersiedlern voller Gastfreundschaft empfangen."* [99]

Insgesamt ist auch die inkonsequente Politik der Machthaber gegenüber der Kolonisation Sibiriens durch deutsche Übersiedler zu betonen. Einerseits beschränkte sie ihre Möglichkeiten, auf bessere Ländereien zu übersiedeln, und andererseits erkannte sie ihre Fähigkeit an, dank ihrer Hartnäckigkeit, ihres Fleißes, ihrer Organisiertheit, ihres kulturellen Vorsprungs und der Unterstützung seitens der Mutterkolonien die schwer zugänglichen und wenig fruchtbaren Ländereien Sibiriens zu erschließen. Die Verlagerung der deutschen Kolonisten nach Osten stellte zunächst kein einfaches Unterfangen dar. L. V. Malinowskij betont, dass die armen deutschen Leute außerdem davon überzeugt werden mussten, dass sie im Westen keinerlei Perspektive mehr hatten und für sie lediglich der Weg nach Sibirien übrigblieb. Dort bestand die Möglichkeit, Land kostenlos zugeteilt zu bekommen oder solches zu niedrigen Preisen zu erwerben. Dieses Konzept stieß zunächst auf starken Widerstand der landlosen Bauern aus der Wolgaregion und der Südukraine. Gleichwohl setzte die Bewegung deutscher Übersiedler nach Ostrussland mit der Zeit ein. L. V. Malinowskij beschrieb auch als einer der Ersten die Zusammensetzung der deutschen Übersiedler nach Sibirien.[100]

Diese Zusammensetzung wird in den meisten Veröffentlichungen zu diesem Thema wiederholt, wobei nicht immer auf den Autor hingewiesen wird. Malinowskij betont, dass sich unter den deutschen Übersiedlern nach Sibirien Menschen ganz unterschiedlicher Kategorien befanden, darunter:

- landlose Kleinbauern aus den Kolonien Südrusslands;
- verarmte Mitglieder der Gemeindekolonien in der Wolgaregion;
- Söhne reicher Kolonisten, die sich als „freie Käufer" in den Osten aufmachten;
- landwirtschaftliche und selbst industrielle Unternehmer.

Die Reise der deutschen Übersiedler auf die Ländereien Sibiriens und Kasachstans war alles andere als einfach und dauerte manchmal mehrere Jahre. Während dieser Zeit verdienten sie sich ihren Lebensunterhalt in den Städten oder bewirtschafteten das auf dem Weg gepachtete Land. Bis zum Jahr 1914 waren insgesamt 84.550 deutsche Übersiedler in den wichtigsten Regionen des asiatischen Teils Russlands angekommen. Von ihnen siedelten sich 43.000 im Bezirk Altaj des Gebiets Tomsk an, 15.000 im Bezirk Omsk des Gebiets Akmolinsk, etwa 18.050 in den Bezirken Pawlodar und Kokschetau des Gebiets Semipalatinsk, etwa 5.000 im Gouvernement Tobolsk und 3.500 in der Region Turkestan.[101]

Wie aus den angeführten Daten hervorgeht, entstand im Bezirk Altaj des Gebiets Tomsk das größte deutsche Siedlungsgebiet in Sibirien. Die deutschen Siedler im Bezirk Altaj ließen sich vor allem in der Kulundinsker Steppe im nordwestlichen Teil des Bezirks und im südwestlichen Teil des Bezirks Zmeinogorsk in der Steppe von Bel-Agatsch nieder. Dabei wählten mehr als 80% der deutschen Übersiedler die Kulundinsker Steppe, insbesondere in deren Nord- und Südteil, um sich niederzulassen. Um das Jahr 1917 lebten in diesem Teil des Gouvernements Tomsk 32 deutsche Familien mit deutscher und österreichischer Staatsangehörigkeit sowie ungefähr 36.000 Deutsche mit russischer Staatsangehörigkeit. Sie bewohnten 113 Siedlungen, bewirtschafteten zugeteilte Ländereien mit einer Fläche von mehr als 221.212 Desjatinen und pachteten 15.000 Desjatinen Kabinettsland und private Ländereien. Weitere 4.000 Desjatinen Land waren im Privatbesitz von 37 mennonitischen Familien.[102]

Insgesamt war die Region Altaj des Gebiets Tomsk der Ort, an dem sich die meisten deutschen Übersiedler aus der Wolgaregion, dem Schwarzmeergebiet und anderen Regionen Russlands ansiedelten. Bis 1917 hatten sie hier etwa 140 kompakte oder verstreut liegende Kolonien gegründet. Ein Teil der deutschen Übersiedler lebte auch gemeinsam mit der russischen und kasachischen Bevölkerung.[101]

Die nächsten Zentren der Besiedlung Sibiriens durch deutsche Übersiedler bildeten die Gemeinden der Bezirke Tarsk und Tjukalinsk im Gouvernement Tobolsk. Die Übersiedlung dorthin hatte bereits Ende des 19. Jahrhunderts begonnen und war von 1906 bis 1908 besonders aktiv. An diesen Orten sahen sich die deutschen Übersiedler, wie auch die russischen Bauern, mit Problemen und Schwierigkeiten bei der Erschließung von Landstrichen der Taiga konfrontiert, die in dichten und von Sümpfen durchzogenen Waldgebieten (den sogenannten *„Urmanen"*) lagen. Selbst um ein kleines Landstück vorzubereiten und das für die Ernährung einer Familie Allernötigste anzupflanzen, musste zunächst der Wald abgeholzt und entwurzelt werden. Die dringend benötigte Unterstützung seitens der Regierung wurde erst nach 1899 gewährt, zudem zwangen die äußerst schwierigen Arbeits- und Lebensbedingungen viele dazu, ihre Landstücke aufzugeben und zurückzukehren oder die Machthaber um die Übersiedlung auf andere Ländereien zu ersuchen. Bis 1915 wurden in den Bezirken Tarsk und Tjukalinsk insgesamt 20 deutsche Siedlungen gegründet, in denen etwa 5.000 Menschen lebten und über 32.000 Desjatinen Land verfügten.[103]

Die Mehrheit der deutschen Übersiedler ließ sich in Sibirien auf staatlichen und in seltenen Fällen auf gepachteten oder privat erworbenen Ländereien nieder, die in der Regel entlang der Transsibirischen Eisenbahn oder von der Wirtschaftsverwaltung der sibirischen Kosakenarmee gepachtet wurden. Häufig waren es die wohlhabenderen Mennoniten, die Land kauften und pachteten. Viele von ihnen verfügten über beträchtliche finanzielle Mittel oder erhielten regelmäßig Unterstützung aus ihren Mutterkolonien. Dank dieser finanziellen Ressourcen konnten sie große Landflächen, die in Sibirien nur einen Bruchteil der im europäischen Teil Russlands zu zahlenden Summen kosteten, als Privatbesitz erwerben.

Das von den verschiedenen ethnischen Gruppen deutscher Übersiedler in Sibirien angewandte System der

Bodenbewirtschaftung entsprach ihren Traditionen und bewahrte zumeist eine Form der Bodenbewirtschaftung, die sich in den Mutterkolonien im europäischen Teil Russlands etabliert hatte. So hielten die deutschen Übersiedler aus der Wolgaregion am ihnen eigenen Gemeindeumverteilungssystem bei der Bodenbewirtschaftung fest. Dieses wurde zum grundlegenden System in der Kulundinsker Steppe und in den Bezirken Barnaul und Zmeinogorsk im Gouvernement Tomsk. Andere ethnische Gruppen der deutschen Übersiedler nach Sibirien hielten sich im Unterschied zu den Wolgadeutschen an ein System der Bodenbewirtschaftung, das sich nach einzelnen Höfen richtete. Anhänger des sich nach Einzelhöfen richtenden Bodenbewirtschaftungssystems waren traditionell die Mennoniten. Unabhängig von der Anzahl der Männer strebten sie nach großen Landstücken mit einer Fläche von 50 Desjatinen pro Familie. Die Siedlungen der Wolhyniendeutschen, die aus der Nordostukraine nach Sibirien gekommen waren, stellten Gruppen einzelner Betriebe und Gehöfte dar.[104]

Am Ende des 19. und zu Beginn des 20. Jahrhunderts kam es auch in den folgenden Gebieten zu einer aktiven Kolonisation durch deutsche Übersiedler: im Gebiet Akmolinsk, zu dem damals die Bezirke Omsk, Petropawlowsk, Kokschetau, Atbasar und Akmolinsk gehörten, im Gebiet Semipalatinsk mit den Bezirken Pawlodar, Karkalinsk, Semipalatinsk, Ust-Kamenogorsk und Saissan sowie im Gebiet Semiretschensk. Diese Regionen gehörten zum Steppen-Generalgouvernement, auch als Stepnoj Kraj bekannt, mit administrativem Zentrum in Omsk, und bestanden von 1882 bis 1918. Auf dem Gebiet des heutigen Kasachstan entstanden mehrere Zonen mit deutschen Siedlungen. Die größte von ihnen war das Gebiet Akmolinsk, dessen deutsche Bevölkerung 1914 bei 36.039 Menschen lag. Von ihnen lebten 20.198 im Bezirk Omsk, 595 im Bezirk Petropawlowsk, 6.481 im Bezirk Kokschetau, 393 im Bezirk Atbasar und 8.372 im Bezirk Akmolinsk. Die Anzahl deutscher Übersiedler im Gebiet Turgaj betrug 11.691 Menschen. Davon ließen sich 10.831 im Bezirk Kustanaj, 573 im Bezirk Aktöbe und 287 im Bezirk Turgaj nieder. Im Gebiet Semipalatinsk lag die Anzahl deutscher Übersiedler bei etwa 7.000, und knapp über 10% von ihnen lebten in den Städten (649 in Pawlodar und 51 in Semipalatinsk).[105]

Turkestan war im Unterschied zu Sibirien und den Steppenregionen Kasachstans von vergleichsweise geringer Bedeutung für die russische Übersiedlungspolitik. Dies hatte mit den extremen klimatischen Besonderheiten der Region zu tun, eine landwirtschaftliche Produktion nur in einzelnen Gegenden ermöglichten, in denen der hochintensive Ackerbau an die Pflicht zur Schaffung von Bewässerungssystemen geknüpft war. In den restlichen Halbwüsten- und Wüstengebieten der Region wurde eine primitive und extensive Viehzucht betrieben. Zudem wurden durch die Gesetzesakte der zentralen Machthaber für die Übersiedlung nach Sibirien und Kasachstan keine Einschränkungen nach nationalen und religiösen Gesichtspunkten festgelegt. Die Übersiedlung in bestimmte Regionen Turkestans wie Syr-Darja, Fergana und Samarkand war jedoch ausschließlich russischen Staatsbürgern griechisch- die orthodoxen Glaubens gestattet. Dies beschränkte die

Möglichkeiten einer Ansiedlung deutscher Übersiedler in Turkestan auf willkürliche Entscheidungen der örtlichen

Machthaber und führte dazu, dass in den Gebieten Transkaspijsk und Syr-Darja deutsche Siedlungen entstanden. Erst nach dem 21. Juni 1914 war es auch ausländischen Übersiedlern gestattet, sich auf den Ländereien der Hungersteppe niederzulassen, auf denen Bewässerungssysteme auf Staatskosten geschaffen worden waren. Allerdings wurde den Deutschen mit Beginn des Ersten Weltkrieges gegen Deutschland eine solche Übersiedlung erneut untersagt.

Als erste deutsche Übersiedler trafen 1881 die Mennoniten auf Einladung des Generalgouverneurs Kaufmann in Taschkent ein. Der baldige Tod von Kaufmann führte zu einer äußerst schwierigen Situation für die 71 angekommenen Familien mit etwa 420 Übersiedlern. Diese waren durch die lange und beschwerliche Reise, bei der sie an Infektionskrankheiten litten und Todesfälle zu beklagen hatten, völlig erschöpft. Ein großer Teil von ihnen blieb schließlich in Russisch-Turkestan, wo sie 1882 in der Gegend Aul-Ata bei Taschkent vier Siedlungen gründeten. Der kleinere Teil, bestehend aus 30 besonders wohlhabenden Familien, bat im Khanat Buchara um Asyl, welches nach langen, erfolglosen Verhandlungen schließlich verweigert wurde. Danach wandten sich die Kolonisten mit ihrer Bitte um Asyl an Said-Mohammed Rachim, den Khan von Chiwa. Dieser erklärte sich nach kurzer Bedenkzeit mit der Ansiedlung der Mennoniten in seinem Khanat einverstanden. Völlig erschöpft erreichten die Mennoniten, die sich auf ungefähr 50 Pferdekutschen fortbewegten, schließlich das Umland von Chiwa, wo sie 1884 die Kolonie Ak-Metschet gründeten. Bis dahin mussten sie jedoch einige Zeit auf anderen Ländereien leben, auf denen ihre unbefestigte Siedlung Angriffen der jomudischen Turkmenen ausgesetzt war. Ein Teil der Kolonisten kam bei diesen Angriffen ums Leben, während die Verbliebenen erneut gezwungen waren, den Khan um Schutz zu bitten. Dieser siedelte sie daraufhin auf die Besitztümer seines Bruders um, auf denen schließlich die Kolonie Ak-Metschet entstand. Um das Jahr 1912 betrug die deutsche Bevölkerung im Gebiet Syr-Darja bereits 7.628 Menschen, von denen 5.700 im Bezirk Taschkent und 1.707 im Bezirk Auletinsk lebten. Die deutsche Bevölkerung in den Städten übertraf die auf dem Land und lag bei 4.308 Menschen.[106]

In anderen Regionen hatte die deutsche Bevölkerung keine besondere Bedeutung. Vor dem Ersten Weltkrieg lebten etwa 63.500 Deutsche innerhalb der Grenzen des heutigen Kasachstan, machten 0,8% seiner gesamten Einwohnerzahl aus und bildeten somit eine große ethnische Gruppe der Landesbevölkerung.[107]

Experteneinschätzungen zufolge hatten deutsche Übersiedler bis 1914 etwa 500 Siedlungen mit einer Bevölkerung von über 102.000 Menschen in Sibirien und Mittelasien gegründet. Sie bearbeiteten und besaßen Ländereien mit einer Fläche von etwa 700.000 Desjatinen. Weitere zwölf Jahre später betrug die deutsche Bevölkerung in diesen Regionen laut der Volkszählung von 1926 bereits 129.000 Menschen.30 Etwas andere Zahlen nennt Helmut Anger in seinem Buch *„Die Deutschen in Sibirien. Eine Reise durch die deutschen Dörfer Westsibiriens"*, das 1930 in Berlin erschien. Darin führt er Daten aus der Volkszählung vom 17. Dezember 1926 an, die von einem deutschen Staatsverlag in der Stadt Pokrowsk an der Wolga veröffentlicht wurden und denen zufolge in Sibirien und Mittelasien 503 deutsche Siedlungen mit einer Bevölkerung von 108.816 Menschen gezählt wurden.[108]

Die in Sibirien und Mittelasien entstandenen Tochterkolonien der deutschen Übersiedler behielten ihren monokonfessionellen Charakter zumeist bei. Wie in den Mutterkolonien in der Wolgaregion und in Südrussland, ermöglichte ein solches Siedlungsprinzip den deutschen Übersiedlern, in den neuen Siedlungen unter Beibehaltung ihrer Lebensgewohnheiten und innerhalb ihrer Religionsgemeinschaft zu leben. Die für die deutschen Übersiedler charakteristischen geschlossenen Siedlungen blieben genauso erhalten wie die ethnische und sprachliche Isolation von der ansässigen Bevölkerung aus der Umgebung, was zum Erhalt einzelner Elemente ihrer geistlichen Kultur, Religion und ihrer Bräuche und Riten beitrug. Die meisten monokonfessionellen Siedlungen in Kasachstan waren lutherisch, und ihre Anzahl übertraf die der mennonitischen und katholischen Siedlungen. Den deutschen Übersiedlern gelang es, die monokonfessionelle und monoethnische Struktur bis 1940 zu wahren, obwohl die geografische Lage der deutschen Siedlungsgebiete durch administrative Reformen infolge der Kollektivierung zu Sowjetzeiten erweitert wurde und sie zunehmend verstreut lagen, da die Deutschen in einem multinationalen Umfeld in Kolchosen und Sowchosen lebten.[108]

Die absolute Mehrheit der deutschen Übersiedler waren russische Staatsangehörige, und nur wenige von ihnen waren Ausländer, die nicht selten die russische Staatsangehörigkeit annahmen, um in Sibirien Ländereien zugesprochen zu bekommen. In kurzer Zeit entstanden in Sibirien und Mittelasien wirtschaftlich starke bäuerliche Betriebe deutscher Übersiedler, die eine wesentliche Rolle in der Entwicklung des Ackerbaus, der Viehzucht und in der Verarbeitung und im Vertrieb der landwirtschaftlichen Produkte in diesen Regionen spielten.

Ohne ein abschließendes Fazit ziehen zu wollen, bleibt festzuhalten, dass die gesamte Geschichte der erneuten Übersiedlung von Nachfahren der deutschen Übersiedler in die Gegenden Sibiriens, Kasachstans und Turkestans durch den von ihnen gezeigten Mut Erstaunen hervorrufen muss. Mit unnachgiebigem Willen und ohne Angst vor neuen Prüfungen und dem Zusammenleben mit unbekannten Völkern waren sie bereit, weit entfernte und öde Ländereien zu erschließen und ihre Siedlungen darauf zu gründen. Die Beharrlichkeit, mit der sie monatelang, ja manchmal jahrelang unterwegs waren, dabei Kinder, Angehörige und nahestehende Menschen verloren und dennoch ihre heißersehnten Ländereien erreichten, auf denen sie von der Gründung ihres eigenen Betriebs träumten, ruft Erstaunen und gleichzeitige Begeisterung hervor. Dabei ließen sie sich weder von der langen Reise, noch von Krankheiten und dem möglichen Tod, noch von der sie erwartenden ungewissen Zukunft und der Bürde der Erschließung neuer Ländereien ängstigen oder aufhalten. Insbesondere ihre Bereitschaft, in vollkommen unbekannten Gegenden Turkestans, Taschkents, Bucharas und Chiwas zu leben, in denen sich muslimische Völker mit ihrer eigenen Religion, ihren Traditionen, ihrer Lebensart und ihren sprachlichen Unterschieden niedergelassen hatten, ruft Erstaunen hervor.

Dem aufmerksamen Leser dürfte nicht entgangen sein, dass die deutschen Kolonisten in praktisch *jeder Siedlungsregion vielfach Opfer von Angriffen, Totschlag, Plünderungen und Versklavung wurden, wofür die Banden feindlicher Stämme vor Ort verantwortlich waren. In der Wolgaregion waren es kirgisische und baschkirische Nomaden,* die die deutschen Siedlungen im Laufe der ersten zehn Jahre bei zahlreichen Angriffen zerstörten, die Kolonisten töteten und teilweise verschleppten und sie anschließend auf den Sklavenmärkten Bucharas verkauften. Auch die deutschen Kolonien im Kaukasus waren Angriffen, Plünderungen, Totschlag und Versklavung durch kurdische, persische, *türkische und tatarische Pferdebanden ausgesetzt,* und ihre unbefestigte Siedlung in *Chiwa wurde von den jomudischen Turkmenen angegriffen.*

Allerdings hat die Geschichte gezeigt, dass die deutschen Übersiedler nach den ersten, durch schwere Prüfungen gekennzeichneten Jahren eine gemeinsame Sprache mit der örtlichen Bevölkerung fanden und dank ihres Fleißes, ihrer Beharrlichkeit, ihrer Kenntnisse und Erfahrungen, ihrer Ehrlichkeit und Ordentlichkeit einen wesentlichen Beitrag zur Entwicklung ihrer Siedlungsregionen leisteten. Dadurch blieben sie bei den ansässigen Völkern positiv in Erinnerung.

Kapitel 8

Zerstörung des deutschen Volkstums in Russland

8.1. Anti-deutsche Hysterie

Anti-deutsche Stimmungen begannen sich in der russischen Gesellschaft seit der Mitte des 19. Jahrhunderts zu formen, als unter Intellektuellen und Politikern eine Diskussion über den Status der deutschen Bevölkerung in den Ostseeprovinzen und die Effektivität der kolonialen Politik der zaristischen Regierung begann. Ab den 1870er Jahren nahm diese Diskussion immer aggressivere und ultranationalistische Formen von Anschuldigungen und Feindseligkeit gegenüber den russischen Deutschen an. Die Gründung des einheitlichen deutschen Staates und die Schaffung des Deutschen Kaiserreichs im Jahr 1871 verstärkten die Positionen des Panslawismus, der in das Bewusstsein der russischen Gesellschaft den Hass gegenüber allem Deutschen einpflanzte. Die wirtschaftlichen Erfolge der Kolonisten in Industrie und Landwirtschaft erregten Neid und Ärger, und in der wachsenden Bevölkerung und Anzahl der deutschen Kolonien sahen die Anhänger des Panslawismus eine bedrohliche Gefahr für die Zukunft Russlands. In ihren Reden und Veröffentlichungen zwangen russische Nationalisten der Gesellschaft die Vorstellung auf, dass deutsche Kolonisten die "fünfte Kolonne" des deutschen Reiches seien, die in der Lage sei, Russland ohne Waffen und Blutvergießen zu erobern, indem sie ihr Land und ihre industrielle Produktion ausweiten. Einer der Führer des Panslawismus, A. Velizyn, forderte in seinen Reden, *dass "sie dorthin gehen sollten, woher sie gekommen sind"*, und verlangte ein Verbot der Ausdehnung der Koloniallandnutzung und der Rechte der Deutschen zum Kauf neuer Landzuteilungen.[110]

Alexander III., der nach dem Attentat der Volksmörder im März 1881 auf Kaiser Alexander II. den russischen Thron bestieg, führte im Land eine Politik der Rücknahme der liberalen Reformen seines Vaters durch und vollzog in der Außenpolitik einen Wechsel von der traditionellen Zusammenarbeit mit Deutschland zu einer Allianz mit Frankreich. Alexander III., beeinflusst von den Slawophilen und ihre Überzeugungen teilend, integrierte die Ideologie des Nationalismus in die praktische Ebene der Staatspolitik. Am 26. März 1887 erließ er das Gesetz über Ausländer, das die Möglichkeiten des Erwerbs und der Pacht von Land in den westlichen Gebieten Russlands für Siedler ohne russische Staatsbürgerschaft einschränkte. Die Befürchtungen vor einer Ablehnung oder erheblichen Verschlechterung der Bedingungen von Landpachtverträgen waren im Jahr 1890 eine der Gründe für die massenhafte Auswanderung deutscher Kolonisten nach Südamerika. Im April 1892 wurde das zweite Gesetz über Ausländer verabschiedet, dass ihre Rechte beim Erwerb von Land weiter einschränkte. Nun konnten sie Land nur noch durch Erbschaft oder durch Annahme der russischen Staatsbürgerschaft und des orthodoxen Glaubens erhalten.

Es sollte darauf hingewiesen werden, dass die Anlässe für die Verabschiedung der Gesetze über Ausländer in gewissem Maße den ähnlichen Maßnahmen Preußens geschuldet waren, während in den Jahren 1885-1886 etwa 35.000 russische und österreichische Staatsbürger sowie etwa 10.000 Juden aus dem Königreich vertrieben wurden. Diese von Bismarck initiierte Politik wurde von der Opposition kritisiert und am 16. Januar 1886 durch den Beschluss des Reichstags verurteilt.[111]

Mit einem bedrohlichen Gongschlag, der das Ende des deutschen kolonialen Lebens einläutete, begann der Erste Weltkrieg, der mit aller Deutlichkeit zeigte, dass die Russlanddeutschen, wie die weitere Geschichte vor und nach dem Zweiten Weltkrieg bestätigen wird, *Geiseln und Handelsware in den politischen Beziehungen zwischen Russland und Deutschland waren*. Der am 28. Juni 1914 begonnene Erste Weltkrieg brachte nicht nur unermessliches Leid, Zerstörung und Tod in den Frontkämpfen, sondern rief auch in der Bevölkerung der kämpfenden Länder, neben dem Aufkommen gesunder patriotischer Gefühle, nationalistische und chauvinistische Stimmungen hervor. Der Umstand, dass Deutschland und Österreich-Ungarn die Hauptfeinde Russlands waren, verstärkte die antideutschen Stimmungen in der Gesellschaft, die zu einer antideutschen Hysterie wurden.

Dies trotz der Beteiligung der Deutschen an den Frontkämpfen, den Erklärungen vieler bekannter Vertreter der russischen Deutschen über ihre Treue zu Russland und zahlreichen Beispielen für die Sammlung und Bereitstellung von Mitteln für die Bedürfnisse der Armee und des Hinterlandes. Die antideutsche Hysterie und der ausgebrochene Kampf gegen die deutsche Dominanz führten sehr bald zum Verbot der deutschen Sprache, zur Umbenennung von Siedlungen, zu Beleidigungen, zur Jagd und zum allgegenwärtigen Entlarven von *"deutschen Spionen"*. Insbesondere verstärkten sich die antideutschen Stimmungen nach der Ernennung von Prinz Yusupov zum Oberbefehlshaber von Moskau und dem Moskauer Militärbezirk, der versuchte, sich durch die Vertreibung der *"deutschen Vorherrschaft"* als Verteidiger der Interessen des einfachen Volkes auszugeben. Das Ergebnis seiner Aktivitäten war die Unterstützung und Anstiftung randalierender Massen zu Raubüberfällen, Brandstiftungen von deutschen Firmen und Geschäften sowie zahlreichen Ausschreitungen. Bald wurden die russischen Deutschen für das *"Versagen an der Front"* und den Rückzug der russischen Truppen im Frühjahr 1915 verantwortlich gemacht.

Auf dem Höhepunkt angekommen, gipfelte die übermäßig aufgeblähte antideutsche Hysterie am 27. und 28. Mai in einem gewaltigen Pogrom in Moskau, an dem aufgebrachte und erbitterte Menschenmassen von mehr als 100.000 Menschen teilnahmen. Infolge der dreitägigen Unruhen wurden 5 Menschen deutschen Ursprungs getötet, darunter 4 Frauen. Insgesamt wurden 489 russische Untertanen geschädigt, darunter 60 Personen mit rein russischen Nachnamen und 113 deutsche und österreichische Untertanen. Es wurden 732 Objekte zerstört, darunter verschiedene Geschäfte, Lagerhäuser, Büros, private Wohnungen und Unternehmen, darunter solche, die Militäraufträge ausführten.[112] Aktionen gegen die deutsche Bevölkerung fanden auch in Astrachan, Jekaterinoslaw, Odessa, Nischni Nowgorod und anderen Städten Russlands statt. Oft kam es zu rechtswidrigen Handlungen gegen deutsche Kolonisten auf dem Land, bei denen es zu Plünderungen ihres

Eigentums, Brandstiftungen von Häusern und landwirtschaftlichen Gebäuden kam.

Eine massenhafte Beeinflussung der Bevölkerung erfolgte auch in den Medien. Zahlreiche Veröffentlichungen der entstandenen *"patriotischen"* Gesellschaften in St. Petersburg und Moskau veröffentlichten ständig verschiedene "analytische" Materialien, die Leser mit den Ausmaßen und Konsequenzen der "deutschen Dominanz" vertraut machten. Listen *"feindlicher"* deutscher Firmen wurden veröffentlicht, das Verbot ihrer Tätigkeit wurde begründet, und die Bevölkerung wurde subtil zu aggressiven Handlungen angestachelt. So veröffentlichte die Gesellschaft *"Für Russland"* in Moskau sogar einen speziellen Leitfaden mit dem Titel *"Deutsche und österreichische Unternehmen in Moskau im Jahr 1914"*, in dem die Heimadressen, Telefonnummern und Standorte der Vororteigentümer und Firmenleiter aufgeführt waren.[113]

Ähnliche Veröffentlichungen, wenn auch in kleinerem Maßstab, fanden auch in der peripheren Presse am Rande des Russischen Reiches statt. Es gab Fälle, in denen dasselbe Magazin, das gestern die Aktivitäten der deutschen Siedler sehr positiv bewertete, radikal seine Position änderte und begann, die *"deutsche Vorherrschaft"* zu verurteilen.

Hier sind Zusammenfassungen einiger Veröffentlichungen, die zu verschiedenen Zeiten in den *"Erinnerungsbüchern des Gouvernements Jekaterinoslaw"* erschienen sind.[114] Im *"Erinnerungsbuch"* für das Jahr 1889 wird eine Veröffentlichung des Statistischen Komitees von Jekaterinoslaw zitiert, die mit einer historischen Skizze über das

Gouvernement Jekaterinoslaw beginnt. Es hebt die sehr wichtige Rolle der Deutschen bei der ausländischen Kolonisation des Gouvernements hervor, beschreibt die Geschichte ihrer Besiedlung, der Landerschließung und der Gründung deutscher Kolonien wie Chortitza, Neiendorf, Kronstadt und anderer. In der Ausgabe des *"Erinnerungsbuchs"* und des Adresskalenders für das Jahr 1900 auf Seite 34 steht: *"Besonders verdienstvoll machte sich der Mennonit I.I. Kornis um die Entwicklung der Steppenholzwirtschaft. Im Jahr 1830 begann Kornis mit der Holzwirtschaft in der Steppe, und dank seiner Liebe zur Landwirtschaft, seiner Energie und Arbeitsfreude gediehen seine Pflanzungen erfolgreich. Der energische Kornis beschränkte sich nicht auf Worte - er versorgte Bedürftige mit Setzlingen, leitete ständig die Arbeiten seiner mennonitischen Nachbarn und dank seiner Bemühungen wurden in allen umliegenden mennonitischen Kolonien Wälder angelegt, und später auch schrittweise in anderen deutschen Kolonien." "Im Jahr 1840 war der Minister für Staatseigentum Kiselev, der die deutschen Kolonien inspizierte, von der frischen Erscheinung und dem luxuriösen Wachstum der künstlichen Wälder beeindruckt."*

Wie wir sehen, bewertet die Veröffentlichung objektiv die Rolle und Arbeit der deutschen Siedler in einer ihrer Aktivitätsrichtungen, nämlich der Forstwirtschaft, Bewaldung und Verbesserung der Landschaftsbedingungen in den Steppengebieten eines der russischen Gouvernements. Jetzt werfen wir einen Blick auf die Veröffentlichung desselben Jekaterinoslawer Adresskalenders für das Jahr 1915, in dem nach einer Liste von 65 verschiedenen Werken, Fabriken, Mühlen und anderen Unternehmen, die Besitzern mit deutschen Nachnamen gehören, der folgende Text, von uns gekürzt, zitiert wird: *"Die deutsche Handels- und Industriedominanz. Das deutsche Handels- und Industriezusammenspiel hat sich seit langem in Russland verfestigt und hat der einheimischen Industrie keine Entwicklungsmöglichkeit gelassen. Eine ganze Armee deutscher Vermittler hat die Industrie der uns verbündeten und befreundeten Länder vor dem russischen Verbraucher abgeschirmt. Solange die Anzeichen einer freundlichen Beziehung zu unseren jetzigen Feinden noch erhalten blieben, konnten wir dieses aussaugende System tolerieren. Aber der gegenwärtige große Krieg hat uns die Augen geöffnet. Mit Entsetzen haben wir gesehen, wie sie auf russisches Geld und Ressourcen gestützt den Wohlstand und die militärische Macht Deutschlands schufen."* Danach, nach einer Vielzahl von Anschuldigungen und Anklagen wegen Verrat und Spionage, werden Ziele formuliert und gerichtet auf die Befreiung von deutscher industrieller und handelspolitischer Dominanz, darunter solche, die in gewisser Weise mit der aktuellen Politik der Importsubstitution in Russland vergleichbar sind. Es wurde beispielsweise die Aufgabe gestellt, *"herauszufinden, welche Art von Materialien und Gütern aus Deutschland und Österreich geliefert wurden"* und die Frage zu erforschen, *"welche dieser Materialien in Russland hergestellt oder hergestellt werden können, wobei der genaue Standort solcher Unternehmen und Einrichtungen angegeben wird."*

Wenn man die Veröffentlichungen von 1889 und 1915 vergleicht, ist es leicht zu erkennen, wie sich die Haltung gegenüber den Deutschen drastisch verändert hat - von Anerkennung und positiver Bewertung ihres Beitrags zur

Entwicklung der Region bis hin zu allgemeinen Anschuldigungen des Verrats, Aufrufen und Plänen zur Bekämpfung der *"deutschen Vorherrschaft"*. Die negative Bewertung des deutschen Kapitals und der russischen Deutschen in der Wirtschaft des Landes war weitgehend mit der Verschlechterung der Beziehungen zwischen Russland und Deutschland während des Ersten Weltkriegs verbunden, aber sie entstand nicht zufällig. Die anti-deutsche Hysterie wurde von der russischen Regierung unterstützt und genutzt, um ihre wankenden Positionen zu stärken, und sie verwandelte den Kampf gegen die *"deutsche Vorherrschaft"* in die Hauptrichtung ihrer Innenpolitik während des Krieges. Auf diese Weise versuchte die russische Regierung, indem sie die Politik der Bekämpfung der deutschen Vorherrschaft in der Wirtschaft verfolgte:

- Die Verantwortung für die auf der Front verursachten Misserfolge abzuwerfen und die wachsende Spannung in der innerpolitischen Situation zu mildern;

- Die Mittel- und Kleinbourgeoisie auf die eigene Seite zu ziehen, um sie von der Konkurrenz mit ausländischem und deutschem Industriekapital zu befreien;

- Die Schärfe der Bodenfrage durch die Liquidation der Landnutzung deutscher Siedler zu verringern, wobei die Interessen der russischen Gutsbesitzer unberührt bleiben.

Im Rahmen der Politik *"Kampf gegen deutsche Vorherrschaft"* wurden auf staatlicher Ebene eine Reihe von Gesetzen und Regierungsakten erlassen, die die Deutschen in

Russland diskriminierten. So wurden vom 2. Februar bis zum 13. Dezember 1915 drei sogenannte *"Liquidationsgesetze"* verabschiedet: *1. "Über die Einstellung des Landbesitzes und der Landnutzung von österreichischen, ungarischen oder deutschen Emigranten in Grenzgebieten"; 2. "Über den Landbesitz und die Landnutzung bestimmter Kategorien von Personen, die dem russischen Untertanenstatus österreichischer, ungarischer oder deutscher Herkunft angehören"; 3. "Über einige Änderungen und Ergänzungen der Gesetze vom 2. Februar 1915 über den Landbesitz und die Landnutzung der Staatsangehörigen kriegführender Staaten gegen Russland sowie österreichischer, ungarischer oder deutscher Herkunft".*

Ursprünglich betrafen die Beschränkungen Personen, die Untertanen anderer Staaten waren, dann wurden auch deutsche Staatsbürger in Russland einbezogen, die ebenfalls ihres Landbesitzes und Nutzungsrechts im Grenzgebiet beraubt wurden. Dies wurde durch einen 150-Verst breiten Streifen entlang der Grenze zu Deutschland und Österreich-Ungarn sowie einen 100-Verst breiten Streifen entlang der Grenze zu Finnland, der Küste des Schwarzen, Asowschen, Kaspischen Meeres, einschließlich der Krim und Transkaukasien, festgelegt.

Bald traten zahlreiche offensichtlich negative wirtschaftliche Auswirkungen auf, die sich auf die soziale und politische Stabilität auswirkten. Die Auflösung und Liquidation effizienter Siedlungsbetriebe führte zu einem deutlichen Rückgang der Anbauflächen und Erträge landwirtschaftlicher Kulturen, was die Versorgung der Armee mit Lebensmitteln erheblich verschlechterte. Dies beunruhigte die lokalen Behörden in Neurussland ernsthaft und zwang sie, die

Wirkung der Liquidationsgesetze bis Ende 1916 auszusetzen. Trotz des Widerstands bekannter politischer und gesellschaftlicher Persönlichkeiten im Land gegen die Diskriminierung der russischen Deutschen und zum Schutz der legitimen Interessen Russlands setzten die königlichen Behörden ihre Maßnahmen fort und erließen 1916 weitere Akte gegen ihre deutschen Bürger, einschließlich der Verabschiedung der *"Verordnung des Sonderausschusses zur Bekämpfung deutscher Überlegenheit"* durch Nikolaus II.

Auf diese Weise wurde in Russland eine spezielle und einheitliche Machteinrichtung geschaffen, die beauftragt war, die Situation mit der "inneren deutschen Bedrohung" zu überwachen und die Aktivitäten aller staatlichen Organe und gesellschaftlichen Organisationen zur Bekämpfung des *"inneren Feindes"* zu leiten und zu koordinieren. Die vom Ausschuss erlassenen neuen Dekrete weiteten die Wirkung der *"Liquidations"*-Gesetzgebung auf Familien von Offizieren und Freiwilligen aus, die an der Front kämpften und mit Kampfauszeichnungen ausgezeichnet wurden, die zuvor von diskriminierenden Listen ausgenommen waren.

Ab dem 8. September 1916, begannen die Liquidationsgesetze in der Region Charkow und in bestimmten Bezirken der Gouvernements Tobolsk und Tomsk zu wirken, und ab dem 6. Februar 1917 wurden sie auf das gesamte Gebiet des Russischen Reiches ausgedehnt. Die nächste diskriminierende Maßnahme gegen die deutsche Bevölkerung Russlands war die von Nikolaus II. genehmigte *"Verordnung des Ministerrats über das Verbot des Unterrichts in deutscher Sprache"*, die für Siedlungsschulen und alle anderen, unabhängig von ihrem Standort, höheren und mittleren Bildungseinrichtungen galt.

Als krönender Abschluss einer langen Liste verschiedener praktischer Maßnahmen der königlichen Regierung gegen ihre Bürger deutscher Nationalität während des Ersten Weltkriegs nach den *"Liquidationsgesetzen"* war die Deportation der Deutschen.

Aus dem westlichen Frontgebiet und anderen Regionen Russlands wurden nicht nur Deutsche und Österreicher deportiert, sondern auch Polen, Ungarn, Türken, Krimtataren, Juden und andere, die von den zaristischen Behörden ebenfalls als "unzuverlässige" Personen betrachtet wurden. Die Deportation der deutschen Bevölkerung aus den Frontgebieten wurde vom militärischen Kommando durchgeführt und war formell nicht von der Regierung sanktioniert.

Die Deportation der als unzuverlässig eingestuften russischen Bürger begann im September-Oktober 1914 vom Gebiet des Königreichs Polen und setzte sich im November 1914 mit der Vertreibung aus Livland, Kurland, Riga und Suwalinsk -Gouvernement fort. Im Dezember 1914 erfolgte die Deportation aus dem gesamten Weichselland. Ab Mitte des nächsten Jahres unterlag die deutsche Bevölkerung gemäß der Entscheidung der Sonderberatung beim Obersten Oberkommandierenden vom 23. Juni 1915 der Deportation entlang des gesamten Frontstreifens, der sich von Wolhynien im Süden bis zur Ostseeküste im Norden erstreckte. Bereits im Herbst 1915 traten zahlreiche Probleme auf, die während der Deportation deutscher Kolonisten entstanden waren. Dringend benötigte Fronteinheiten wurden abgezogen, die oft Kolonien und kleine Städte niederbrannten und plünderten.

Besonders tragisch war das Schicksal der Deutschen in Wolhynien, die im Sommer 1915 praktisch vollständig nach Sibirien deportiert wurden. Ohne Mittel wurden sie unter Begleitung wie Verurteilte vertrieben. Zehntausende von ihnen starben auf der langen, mehrere Monate dauernden Reise und nach ihrer Ankunft in unorganisierten, harten, unwirtlichen und ungewohnt kalten Regionen. Insgesamt wurden zwischen 1914 und 1916 aus den westlichen Regionen, einschließlich Wolhynien, etwa 200.000 Deutsche deportiert, darunter 150.000 aus Wolhynien.[115]

Eine der letzten Aktionen der zaristischen Regierung gegen die russischen Deutschen sollte die Deportation aller russischen Deutschen, einschließlich der Wolga- und anderer Kolonisten, aus ihren kompakten Siedlungsgebieten in Sibirien und Zentralasien sein. Doch die zaristische Unterschrift auf dem bereits vorbereiteten Erlass kam nicht zustande. Die Februarrevolution von 1917 und die darauffolgende Oktoberrevolution stürzten die zaristische Macht, und zusammen mit ihr verschwanden alle Initiatoren der antideutschen Hysterie, die Autoren und Ausführenden der ersten deutschen Deportation, die selbst in das Loch fielen, das sie für andere gegraben hatten. Die von der Regierung eingeleitete Politik zur Rettung der Ländereien russischer Gutsbesitzer durch die Liquidation der deutschen Landnutzung hat nicht nur die angestrebten Ziele nicht erreicht, sondern auch zu völlig entgegengesetzten Ergebnissen geführt. Die im Sommer 1915 von Baron A. F. Meyndorf ausgesprochene Warnung, die von Sobolev[116] zitiert wurde, erwies sich als prophetisch: *„Werft ihm (dem russischen Volk) einen Knochen der deutschen Kolonien hin, werft ihm einen Knochen des guten Namens der Russlanddeutschen hin, und es kann sein, dass es sich damit besänftigen lässt... doch dies ist ein gefährlicher Weg. Wer aus Angst zu solchen Schritten übergeht, den richtet diese Angst am Ende zugrunde".* Die Zukunft hat die Richtigkeit dieser Aussage gezeigt. Der in der Gesellschaft gesäte Hass gegen die deutsche Bevölkerung Russlands, die durch die Machthaber legalisierten Plünderungen und die Liquidation ihres Eigentums führten sehr bald zu Bränden in russischen Adelsgütern und der Übernahme der Landwirtschaft durch russische Bauern während der Februarrevolution. Später führte dies zur Abschaffung und Zerstörung der zaristischen Macht.

Ähnlich gestaltete sich die Situation in anderen Bereichen der russischen Wirtschaft. Es ist zu bemerken, dass Deutschland mit seiner schnell wachsenden, hochtechnologischen Wirtschaft und Russland mit seinen reichen Bodenschätzen, Land- und humanen Ressourcen traditionell wichtige wirtschaftliche Partner füreinander waren. Die enge wirtschaftliche Zusammenarbeit zwischen Russland und Deutschland war für Großbritannien und Frankreich, den alternden kolonialen Imperien, in den bildlichen Worten von O. Misko ein *"nächtlicher Albtraum"*. In seiner Arbeit *"Ausländische Investitionen und die 'deutsche Dominanz' in der russischen Wirtschaft zu Beginn des 20. Jahrhunderts: Ursachen, Kämpfe und Konsequenzen"* [117] wird eine zeitgenössische und fundierte Sichtweise auf das behandelte Problem dargelegt, die wir unten vollständig teilen und darlegen.

Um sich von ihren *"nächtlichen Albträumen"* zu befreien, sahen England und Frankreich es als ihre wichtigste diplomatische Aufgabe an, Wege zur Zerstörung der bestehenden engen Beziehungen zwischen Russland und Deutschland zu suchen, um deren Stärkung zu verhindern oder besser noch, den Bund zwischen ihnen zu zerbrechen. Das wichtigste Instrument zur Umsetzung dieser Aufgabe war das auf der Welle des russischen Nationalchauvinismus aufgebaute Problem der *"deutschen Dominanz"*. Dennoch, laut den von O. Misko in seiner Arbeit verwendeten Daten von P.V. Olyu, übertrafen die Investitionen des kaiserlichen Deutschlands in Russland vor dem Ersten Weltkrieg in der Höhe ausländischen Kapitals aus England und Frankreich. So entfielen in Russland 75% oder 1.681.085.000 Rubel des gesamten ausländischen Kapitals auf die Länder der Entente, während das ausländische Kapital Deutschlands und Österreichs nur 20% oder 449.143.000 Rubel ausmachte.

Dies bestimmte weitgehend die Beteiligung Russlands am Ersten Weltkrieg auf Seiten der Entente. Letztendlich endete der mit viel Lärm geführte Kampf gegen die *"deutsche Dominanz"* in der Industrie, ohne die gestellten Aufgaben zu erfüllen. Bis 1915 wurden in Russland 2941 Organisationen identifiziert, die teilweise oder vollständig deutschen oder österreichischen Untertanen gehörten, und die Entscheidung zur Liquidation wurde nur für 96 Unternehmen getroffen. Somit können die endgültigen praktischen Ergebnisse des Kampfes gegen das *"feindliche deutsche Kapital"* als äußerst bescheiden betrachtet werden, während die Folgen des Kampfes gegen die *"deutsche Dominanz"* äußerst schädlich für die Volkswirtschaft waren. Während der Umsetzung der Liquidationsmaßnahmen in einem durch

Krieg erschöpften Land traten Probleme bei der Versorgung der Zivilbevölkerung und der Armee mit Lebensmitteln auf, und die Produktion in den zur Liquidation vorgesehenen Betrieben stagnierte. Wie von Misko festgestellt, gab es einen *"beispiellosen Anstieg der Preise für Produkte der heimischen Industrie, insbesondere des militärisch-industriellen Komplexes und der Branchen, die die Armee versorgten"*. Zur Bestätigung dieser Aussage werden Daten des russischen Generalstabs angeführt, denen zufolge des Preises für einen Schuss aus einer schweren Artilleriekanone in weniger als zwei Jahren um das 15-fache gestiegen ist! Trotz des mehrfachen Anstiegs der Preise und des Aufkommens zahlreicher russischer Fabrikanten und Unternehmer, die von Kriegslieferungen profitierten, litt die Armee ständig unter Mangel an Munition und Lebensmitteln.

Es ist schwer, nicht mit der allgemeinen Schlussfolgerung von O. Misko übereinzustimmen, der feststellt, dass der Kampf gegen die *"deutsche Dominanz"* nicht zur Gesundung der russischen Wirtschaft beigetragen hat. Er wurde *"von dem großen nationalen Bürgertum organisiert und bezahlt, die darauf hoffte (und erhielt!) übermäßige Gewinne durch die Beseitigung gesunder Konkurrenz"*. Eine Parallele zwischen der Politik der zaristischen Regierung während des Ersten Weltkriegs gegen die *"deutsche Dominanz"* und den Entwicklungen. Wir beschäftigen uns heute mit den Ereignissen im *"Sanktionskrieg"* zwischen Russland und dem Westen. Zu Recht wird darauf hingewiesen, dass die Hoffnung, dass der moderne *"Sanktionskrieg"* automatisch zu einer Wirtschaft des Importersatzes führen wird, nur aufgrund dieser Entscheidung genauso illusionär und unfruchtbar ist wie der Kampf gegen die *"Herrschaft"*, der in unserer jüngeren Vergangenheit stattgefunden hat.

8.2. *Auswanderung aus dem russischen Reich und der UdSSR*

Gleichzeitig mit der Umsiedlung deutscher Kolonisten nach Sibirien und Zentralasien begann der Prozess ihrer Massenauswanderung aus Russland nach Nord- und Südamerika, der in Umfang und Dauer die interne Migration erheblich übertraf. Die Hauptgründe für den Beginn der Auswanderung der deutschen Siedler aus Russland, nach Meinung der meisten Autoren, die dieses Problem untersucht haben, unterscheiden sich nur in der Bewertung ihrer Bedeutung:

- Aufhebung des Kolonistenstatus und Einführung der Wehrpflicht;
- Auflösung des Saratower Büros für ausländische Siedler;
- Einstellung der Praxis der kostenlosen Zuteilung neuer Ländereien;
- Beschlagnahme von Siedlungskapital und Russifizierung;
- Verschlechterung der allgemeinen wirtschaftlichen Lage und Landenteignung.

Es ist jedoch zuzustimmen mit I. Plewe,[118] der feststellt, dass die Veränderungen im Leben der Kolonisten, die mit der Reform von Alexander II und der Gewährung des Status von Bauern-Eigentümern verbunden sind, gerechtfertigt waren. Im Interesse der gesamten russischen Gesellschaft und vor allem der Siedler konnte man nicht länger die *"kastische Abgeschlossenheit der Deutschen"* bewahren, die unter den sich schnell entwickelnden Integrationsprozessen in verschiedenen Bereichen des gesellschaftlichen Lebens zunehmend zu einem Anachronismus wurde. Es ist ebenso gerechtfertigt, die Bemerkung von I. Plewe anzuerkennen, dass die Regierung Russlands keine ausreichende Aufklärungsarbeit im Zusammenhang mit dem Erlass des Gesetzes von 1871 geleistet hat, dass die Kolonisten aller Privilegien beraubte. Darüber hinaus waren für die isoliert lebenden einfachen deutschen Kolonisten, deren Sprache Deutsch war, die hochrangigen strategischen Ziele der Reform und die damit einhergehenden Veränderungen in ihrem Leben, während sie ihre Privilegien verloren, die ihnen vor Hunderten von Jahren für *"ewige Zeiten"* gewährt wurden, nicht verständlich. Denn gerade durch diese Privilegien wurden ihre Vorfahren im Wettbewerb mit anderen Ländern dazu gebracht, nach Russland zu emigrieren. Es war notwendig, nicht nur den verwirrten Kolonisten den Sinn und Inhalt der Reformen zu vermitteln, sondern auch zu betonen, dass Stattdessen begann die antideutsche Hysterie und der Kampf gegen die "deutsche Dominanz" an Fahrt zu gewinnen, die zu Beginn und während des Ersten Weltkriegs ihren Höhepunkt erreichte und um die russischen Deutschen herum eine Atmosphäre des allgemeinen Misstrauens, offener Anklagen und moralischen und oft physischen Terrors schuf. Daher ist es nicht überraschend, dass viele deutsche

192

Kolonisten nach mehr als einem Jahrhundert ihres Aufenthalts im Land die schwierige Entscheidung trafen, die erschlossenen und vertrauten Länder, blühenden Siedlungen, ihre erworbenen Häuser und Vermögenswerte zu verkaufen und aus Russland zu emigrieren.

Die Auswanderung nach Südamerika. Historiker unterscheiden drei Perioden für die russischen Deutschen: Die erste begann in den 70er Jahren des 19. Jahrhunderts und dauerte bis 1914; die zweite erstreckte sich von 1917 bis 1928; die dritte begann Ende der 80er Jahre des letzten Jahrhunderts und dauert mit unterschiedlicher Intensität bis heute. Jede dieser Perioden stand in enger Ursache-Wirkungs-Beziehung zu den sozialen und politischen Transformationen, wirtschaftlichen und anderen Interessen verschiedener Gesellschaftsschichten in Russland sowie zu den sich entwickelnden Widersprüchen in den internationalen Beziehungen zu Deutschland.

Gemäß dem Gesetz von 1871, das den deutschen Siedlern den Kolonistenstatus entzog, hatten sie das Recht, innerhalb der nächsten 10 Jahre ohne Zahlung eines Teils ihres erworbenen Kapitals aus Russland auszureisen, außerdem waren sie für diesen Zeitraum von der Wehrpflicht befreit. Diese Bedingung wurde durch das Gesetz vom 1. Januar 1874 verletzt, dass die allgemeine Wehrpflicht auf deutsche Kolonisten ausdehnte. Obwohl die Mennoniten nach langen Verhandlungen vom Tragen von Waffen befreit wurden und für den Einsatz im Hinterland, im Sanitäts- und in anderen nicht kämpfenden Diensten festgelegt wurden, bestanden sie weiterhin auf der Erfüllung ihrer Versprechen über die vollständige Befreiung von der Wehrpflicht. Da sie dies nicht erreichten und basierend auf ihren religiösen Überzeugungen, begannen sie aktiv Russland zu verlassen.

Also, die Mennoniten trafen als erste unter den deutschen Kolonisten die Entscheidung, aus Russland auszuwandern. Dies basierte nicht nur auf ihrer Weigerung, aus religiösen Überzeugungen Militärdienst zu leisten, sondern auch auf einer Reihe anderer Gründe. Wie wir uns erinnern, befand sich laut dem im Süden Russlands geltenden System der Landnutzung das Land der Mennoniten in privatem Besitz. Sie konnten nicht nur ihre Häuser und ihr Eigentum verkaufen, sondern auch das Land, was sie ziemlich wohlhabend und in der Lage machte, alle mit der Auswanderung verbundenen Kosten zu decken. Darüber hinaus erhielten sie erhebliche Unterstützung von verschiedenen internationalen mennonitischen Organisationen, die aktiv zu ihrer Umsiedlung aus Russland beitrugen, wie der Mennonitische Fürsorgeausschuss und der Mennonitische Exekutivausschuss für Hilfe. Die Lage ihrer Hauptkolonien und ihre Nähe zu Häfen und den äußeren Grenzen Russlands trugen ebenfalls dazu bei, die Reisezeit zu verkürzen und die mit der Auswanderung verbundenen Kosten zu reduzieren.

All das fehlte den Kolonisten der Wolga-Region, die keine Möglichkeit hatten, ihr Land zu verkaufen, da es nicht in ihrem Besitz war, sondern der Gemeinschaft gehörte. Das Fehlen der Unterstützung internationaler Organisationen und die mehr als tausend Kilometer Entfernung zu den äußeren Grenzen machten die Auswanderung aus Russland für sie zu einer äußerst schwierigen Angelegenheit. Nachdem die Wolga-Kolonisten die Entscheidung getroffen hatten, aus Russland zu gehen, konnten sie nur auf ihre eigenen

Kräfte und Mittel zählen, die nicht jeder Familie ermöglichten, die anfallenden Ausgaben für die Abreise aus dem Land zu decken.

In der Zeit von 1824 bis 1969 wanderten etwa 250.166 deutsche Siedler aus Deutschland nach Brasilien aus, wobei der Hauptteil in den Jahren 1920 bis 1929, als ihre Zahl 75.801 oder durchschnittlich 8.422 Menschen pro Jahr betrug.[119]

Die erste Kolonie russischer Deutscher in Brasilien wurde von Siedlern aus den Gouvernements Saratow und Samara in der Provinz Rio Grande do Sul gegründet, wo sie begannen, neue Länder zu erschließen und Weizen sowie andere landwirtschaftliche Kulturen anzubauen. Die Anzahl der Kolonisten wuchs schnell auf etwa 9.000 Menschen an. Allerdings kamen sie bereits anderthalb Jahre später zu dem Schluss, dass die schlechte Qualität des zugewiesenen Landes und die ungewohnten extremen naturklimatischen Bedingungen es ihnen nicht ermöglichen würden, ihre gewohnte Landwirtschaft und Viehzucht erfolgreich zu betreiben. Enttäuscht von den Lebensbedingungen, dem Klima und den Arbeitsmissgeschicken begannen die russischen Deutschen, nach Argentinien umzusiedeln. Die Umsiedlung dorthin wurde weitgehend durch die sehr günstigen Bedingungen unterstützt, die im "Vertragsprojekt" festgelegt wurden, dass im September 1877 mit dem Leiter der Einwanderungsabteilung unterzeichnet und später vom Kongress der Republik genehmigt wurde. Seine Inhalte werden aus der Arbeit von E.G. Putyatova zitiert.[120] Gemäß dem Vertrag waren folgende grundlegende Rechte, Privilegien und Bedingungen für die Umsiedler festgelegt:

- Religionsfreiheit, Religionsausübung und religiöse Riten;
- Das Recht, die örtliche Verwaltung zu wählen und Selbstverwaltung;
- Die Zuteilung von Land zu einem relativ niedrigen Preis. Jeder Familie wurden bis zu 100 Hektar Land zugeteilt, das innerhalb von 10 Jahren zinsfrei bezahlt werden konnte;
- Befreiung von direkten und Grundsteuern für einen Zeitraum von 10 Jahren.

Darüber hinaus hat die Regierung den ersten 200 Familien, die angekommen sind, im Voraus die Reisekosten von Brasilien nach Argentinien und die Lebensmittel für ein Jahr bezahlt. Jede Familie erhielt das notwendige Baumaterial mit Fenstern und Türen für den Bau eines Wohnhauses, einen Pflug, 2 Schaufeln, eine Hacke, eine Axt, eine Kette für den Brunnen, zwei Ochsen, zwei milchgebende Kühe, zwei Pferde, ein paar Schweine, Geflügel und Samen. Die Siedler waren verpflichtet, die Schulden gegenüber dem Staat innerhalb von fünf Jahren zurückzuzahlen, beginnend im dritten Jahr ihres Aufenthalts. Die Verantwortung für Kredite und Schulden lag dabei bei jeder einzelnen Familie und der Gemeinschaft als Ganzes. Die Regierung stellte die Bedingung, dass in jeder Siedlung eine Schule gegründet wird, in der Unterricht in spanischer Sprache stattfindet. Für die nächsten 5000 deutschen Siedler, die später aus Europa kommen sollten, erlaubte die Regierung Argentiniens, sich frei in den Häfen des Landes niederzulassen, übernahm die Kosten für die Reise zur ausgewählten Kolonie und die benötigten Lebensmittel für das erste Jahr des Aufenthalts. Für alle anderen potenziellen Siedler aus dem Süden Russlands blieben die oben genannten Privilegien erhalten, mit Ausnahme der Deckung ihrer Unterhaltskosten für ein Jahr.

Die ersten Kolonien deutscher Siedler aus Russland wurden in den Provinzen Buenos Aires und Santa Fe in *Argentinien* gegründet. Der Versuch der Regierung und der Provinzbehörden, das Hüttenwesen und die Lebensweise der Landnutzung den eingewanderten deutschen Siedlern aufzuerlegen, stieß auf Widerstand. Nach langen Streitigkeiten beharrten die deutschen Siedler darauf, sich in Kolonien niederzulassen und die Elemente des russischen Gemeinschaftssystems beizubehalten. Die deutschen Siedler aus Russland passten sich schnell an die neuen Lebens- und Arbeitsbedingungen in Argentinien an. Sie bewirtschafteten große Flächen Land und verwandelten sie in fruchtbare Felder, Wiesen und Weiden und widmeten sich ihrer vertrauten landwirtschaftlichen Arbeit. Ihre umfangreichen Arbeiten zur Erschließung neuer Ländereien, zum Aufbau der notwendigen Infrastruktur in ihren Siedlungen, zum Bau von Straßen, Bewässerungskanälen, zur Verbreitung und Entwicklung des Anbaus von Weizen, Leinen, Luzerne, Sonnenblumen, Gemüse und Früchten trugen erheblich zur Entwicklung der argentinischen Wirtschaft bei.

Sie wurden in der argentinischen Gesellschaft und von der Regierung des Landes hochgeschätzt und anerkannt, die den Fleiß, den festen Charakter und das gute Benehmen der deutschen Siedler aus Russland hervorhoben. Deutsche Siedler kamen aus den unterschiedlichsten Orten ihres kompakten Lebens in Russland: Bessarabien, Wolhynien, Sibirien, dem Kaukasus, aber der Großteil von ihnen kam aus den Wolga-Kolonien der Gouvernements Saratow und Samara. Die Wolga-Deutschen, die von 1878 bis 1920 in Argentinien ankamen, bewahrten lange Zeit ihre Sprache, Traditionen und Bräuche. Sie lernten, sprachen und schrieben auf Deutsch, wobei die evangelische und katholische Kirche wesentlich dazu beitrugen, da ihre Pastoren Gottesdienste, Unterricht und Messen in deutscher Sprache abhielten.

Aber als im Jahr 1945 private deutsche Schulen in den Gemeinden geschlossen wurden, begann die geschriebene deutsche Sprache allmählich an Bedeutung zu verlieren. In vielen Familien, die Interesse an ihrer Geschichte haben, werden jedoch der deutsche Dialekt und das Liedgut bewahrt, die mit der Zeit jedoch in der Vergangenheit verschwinden. Heute beherrscht die ältere Generation den deutschen Dialekt noch, die mittlere Generation teilweise, während die jüngere Generation bereits fast keine Kenntnisse mehr davon hat.

Die deutschstämmigen Kolonisten begrüßten die Februarbürgerlich-demokratische Revolution von 1917 mit großen Hoffnungen. Sie nahmen die Entscheidungen der Provisorischen Regierung begeistert auf, die das Liquidationsgesetz aufhob und Pläne zur totalen Deportation der deutschen Bevölkerung hinter dem Ural stoppte. Die neue Regierung erklärte nicht nur alle Einschränkungen der Bürger nach nationalen und religiösen Prinzipien für inakzeptabel, sondern verteidigte auch energisch das Recht auf Privateigentum, was unter den russlanddeutschen die breiteste Unterstützung fand. Doch die Hoffnungen auf ein neues glückliches und gerechtes Leben sollten sich nicht erfüllen.

Der im selben Jahr erfolgte Oktoberumsturz, der später als die Große Sozialistische Oktoberrevolution bekannt wurde, brachte die Bolschewiki an die Macht. Sie begannen eine neue Politik, die sich entschieden gegen Religion richtete und das Privateigentum an Land, Fabriken und Betrieben liquidierte. Daher ist es nicht überraschend, dass die russlanddeutschen, besonders die Mennoniten, die sich ein Leben ohne Religion nicht vorstellen konnten, ebenso wie andere religiöse Konfessionen, einschließlich der Russisch-Orthodoxen Kirche, die neue bolschewistische Herrschaft äußerst feindselig aufnahmen. Darauf folgten Wirbelstürme der Ersten Weltkriegs- und Bürgerkriegszeit durch die Siedlungen der deutschen Kolonisten, begleitet von gewaltsamen Konfiskationen, bei denen Bauern Vieh, Getreidevorräte und andere Lebensmittel weggenommen wurden, was viele dem Hungertod auslieferte. Die von den Bolschewiki verfolgte Politik des Kriegskommunismus sowie Plünderungen und Zerstörungen während der Revolution und des Bürgerkriegs betrafen alle Völker und Regionen Russlands. Sibirien blieb davon nicht verschont, wo die Wirtschaft einer riesigen Region bereits durch die Dürre von 1920 bis 1924 schwer getroffen worden war, besonders die Kulundsteppe.

Der wirtschaftliche Niedergang, die Zerstörung von Betrieben und Siedlungen führten zur ersten Welle der Auswanderung der Deutschen aus Sibirien. Wie A. Fast in seinem reichhaltigen, durch Dokumente gestützten Buch *"Die Auswanderungsbewegung der Deutschen in Sibirien (1928-1930). Dokumente und Materialien"* schreibt, verließen deutsche Einwohner Russland Ende 1918 mit den sich zurückziehenden deutschen Truppen, mit Wrangel aus der Krim und einige über den Fernen Osten zusammen mit den Resten der Koltschak-Armee.[121]

Im Verlauf der Revolution, des Bürgerkriegs und der deutschen Besetzung verließen insgesamt etwa 120.000 Deutsche Russland, wie von L. Belkovets berichtet. Die Hälfte von ihnen ließ sich in Deutschland nieder, die andere Hälfte zog nach Nord- und Südamerika.[122] Die Auswanderung der Deutschen aus Russland dauerte in relativ begrenztem Umfang auch nach dem Ende des Bürgerkriegs an. Aus den deutschen Kolonien emigrierten hauptsächlich wohlhabende Bauern. In Sibirien waren dies hauptsächlich Mennoniten, die 60 oder mehr Desjatinen Land entweder im Eigentum oder gepachtet hatten. Ihre Auswanderung wurde zu dieser Zeit als *"Spitzen" -Emigration* bezeichnet, die die sowjetische Regierung wenig störte, da sie es sogar für vorteilhaft hielt, dass potenzielle Feinde und *"Ausbeuter"* das Land verließen.

Es ist anzumerken, dass die Auswanderung aus dem zaristischen Russland gesetzlich nicht verboten war und hauptsächlich durch die wirtschaftlichen Möglichkeiten der Auswanderer eingeschränkt wurde. Um eine Erlaubnis zu erhalten, mussten sie Schulden begleichen, Steuern zahlen und Mittel für die Reisekosten haben. Es ist bekannt, dass es im Russischen Reich keine Einwanderungsgesetzgebung gab und infolgedessen keine entsprechende Migrationsstatistik existierte. Es gab auch erhebliche illegale Migration, die während der Revolution, des Bürgerkriegs und in den ersten Jahren der sowjetischen Herrschaft fortgesetzt wurde. Laut G. Tarle in seiner Arbeit *"Russische Dokumente über Ein- und Ausreisebestimmungen in den 1920er Jahren"* emigrierten 75 bis 90% der russischen Emigranten illegal aus dem Land oder nutzten Genehmigungen für vorübergehende Ausreisen in Nachbarländer für saisonale sowjetischen Herrschaft fortgesetzt wurde. Laut G. Tarle in seiner Arbeit *"Russische Dokumente über Ein- und Ausreisebestimmungen in den 1920er Jahren"*[123] emigrierten 75 bis 90% der russischen Emigranten illegal aus dem Land oder nutzten Genehmigungen für vorübergehende Ausreisen in Nachbarländer für saisonale Arbeiten. Die Hauptursache für diese Situation waren die kontinuierlich sich ändernde Gesetzgebung, ihre Unvollkommenheit und die Schwierigkeiten bei der Ausstellung von Ausreisedokumenten. Allerdings war zu dieser Zeit noch eine legale Auswanderung aus dem sowjetischen Russland möglich. In den ersten Jahren hinderte die sowjetische Regierung die Ausreise ethnischer Deutscher nicht. Dies wurde durch das Fehlen einer einheitlichen Migrationspolitik aufgrund verschiedener Gründe erklärt, darunter:

- Bestrebungen, politische Anerkennung in westlichen Ländern zu erhalten;
- utopische Pläne zur Ausfuhr bolschewistischer Ideen und Vorbedingungen für eine weltweite Revolution;
- riesige und unkontrollierbare Ströme von Rückkehrern über die Grenze, russische Bürger, die während der Revolution und des Bürgerkriegs geflohen waren;
- Pläne zur Anziehung ausländischer Fachkräfte in die Sowjetunion zur Wiederherstellung der zerstörten Wirtschaft und zur Förderung neuer industrieller Entwicklungen;

- bestimmtes Interesse der Behörden, sich extrem religiöser russischer Deutscher zu entledigen, insbesondere der Mennoniten, die sie als *"feindliche Elemente"* betrachteten;
- das Einziehen erheblicher Geldmittel von legal ausreisenden russischen Deutschen durch die Ausstellung von Ausreisedokumenten sowie den Erwerb von Land, beweglichem und unbeweglichem Eigentum zu Spottpreisen.

Es ist zu beachten, dass die Politik der deutschen Regierung gegenüber den außerhalb des Landes lebenden ethnischen Deutschen und ihren Rückkehrmöglichkeiten widersprüchlich und nicht immer konsistent war. Neben der Besorgnis der deutschen Gesellschaft über die sich verschlechternde Situation der ethnischen Deutschen in Russland bis zum Ende des Ersten Weltkriegs stützte sich die Regierung im Wesentlichen auf die Position von Otto von Bismarck, dem ersten Kanzler des Deutschen Kaiserreichs. Er war gegen die Bildung von Stimmungen und Hoffnungen auf die Rückkehr einer Drittel der Deutschen, die im Ausland lebten, in das vereinte Deutschland. Im Gegenteil forderte der *"Eiserne Kanzler"* die deutschen Kolonisten, die zu verschiedenen Zeiten nach Österreich, Ungarn und Russland ausgewandert waren, energisch auf, nicht auf ein großes Deutsches Reich zu hoffen, sondern treue Bürger ihrer neuen Länder zu sein. Er glaubte, dass das Reich keine Anstrengungen unternehmen sollte, um die Verbindung zu deutschen Kolonien in Wolhynien aufrechtzuerhalten. Er war der Meinung: „ ... *Wer sein Heimatland verlassen hat, darf nicht auf Ihre Unterstützung hoffen"*.[124]

Gleichzeitig benötigten viele östliche Provinzen Deutschlands dringend saisonale Landarbeiter, deren Mangel traditionell durch die Verwendung saisonaler Arbeiter polnischer und jüdischer Nationalität aus den westlichen Provinzen Russlands sowie zurückkehrender deutscher Staatsbürger ausgeglichen wurde. Daher konnte die Massenauswanderung russischer Deutscher aus Russland nach Nord- und Südamerika von den Politikern, religiösen Führern und Landwirten in Deutschland nicht unbemerkt bleiben. Diese begannen eine aktive Kampagne, um die Ausreisenden anzuziehen und in der Heimat zu nutzen. Zu diesem Zweck wurden verschiedene öffentliche Organisationen gegründet, darunter die preußische *"Königliche Ansiedlungskommission"* und die *"Fürsorgeverein für deutsche Rückwanderer"*. Die erste von ihnen konnte von 1903 bis 1911 4900 Familien aus den polnischen Provinzen Russlands und Wolhynien umsiedeln, und die zweite gelang es in den Jahren 1909 bis 1914, 25794 deutsche Umsiedler zurück nach Deutschland zu bringen, die hauptsächlich aus Wolhynien kamen.

Im Frühjahr 1915 hielt die deutsche Regierung immer noch an ihrer Politik der Nichtintervention fest und reagierte praktisch nicht auf die Einführung von Gesetzen in Russland, die den Grundbesitz einschränkten, die Deportation der deutschen Bevölkerung aus den Grenzgebieten und die Internierung ihrer und österreichisch-ungarischen Staatsbürger vorsahen. Jedoch hatte sich bis zum Frühling 1916 die Lage und Politik der deutschen Regierung verändert. Es wurde beschlossen, die Grenzen für die russischen Deutschen zu öffnen, die Demütigungen und Verfolgungen ausgesetzt waren. In der Zeit vom 1. März bis zum 12. April

1916 wurden sieben Eisenbahnzüge eingesetzt, um 5328 Menschen zu befördern, darunter 2823 arbeitsfähige Personen. Von den in Deutschland ankommenden Umsiedlern wurden 35% in Ostpreußen angesiedelt, die übrigen in Schleswig-Holstein und Mecklenburg. Die Organisation *"Fürsorge der deutschen Rückwanderer"* schaffte es, im Jahr 1916 etwa 30.000 Wolgadeutsche als Landarbeiter in den östlichen Provinzen Deutschlands umzusiedeln und anzustellen. Bis zum Ende der Kriegshandlungen lebten mindestens 50.000 russische Deutsche auf dem von Deutschland kontrollierten Gebiet, das von den österreichisch-ungarischen Truppen besetzt war, und weitere 15.000 befanden sich in deutscher Gefangenschaft.

Die am 3. Dezember 1917 in Brest-Litowsk begonnenen Verhandlungen zwischen den Delegationen Deutschlands, Österreich-Ungarns, Bulgariens und der Türkei einerseits und Russlands andererseits endeten mit dem Abschluss eines Waffenstillstandsabkommens am 15. Dezember, einem Friedensvertrag mit der Ukraine am 9. Februar und mit Russland am 3. März. Zu beiden Abkommen wurden zusätzliche Vereinbarungen unterzeichnet, die den in verschiedenen Zeiträumen aus Deutschland eingewanderten Deutschen und ihren Nachkommen das Recht auf Ausreise aus Russland und die Rückkehr nach Deutschland innerhalb von 10 Jahren garantierten. Zur Überwachung der Umsetzung dieses Vertragspunktes wurde von der deutschen Regierung eine spezielle Kommission zur Fürsorge der deutschen Rückwanderer eingerichtet. Es wurde ein spezielles Dokument, das Schutzzertifikat, erstellt, das im Namen der bevollmächtigten deutschen Auswanderungsbehörde ausgestellt wurde, und der Inhaber hatte das Recht, ungehindert von Russland nach Deutschland auszureisen und dabei eine Entschädigung für die während des Krieges erlittenen Verluste zu erhalten.

Viele Deutsche in der Ukraine, im Wolgagebiet und anderen Regionen Russlands setzten ihre Hoffnungen auf eine Umsiedlung nach Deutschland durch diese Friedensverträge. Die Realität erwies sich jedoch als anders. Nur einer relativ kleinen Anzahl von Familien russischer Deutscher gelang es, unter den Bedingungen der Abkommen aus Russland auszureisen. Dies war auf mehrere Gründe zurückzuführen, die am besten in der Arbeit von A. Aisfeld dargelegt sind: [125]

- Bei der Lösung praktischer Fragen der Auswanderung orientierte sich die deutsche Regierung in erster Linie an ihren wirtschaftlichen Interessen und Möglichkeiten. Selbst das Erhalten des Schutzzertifikats gab dem russischen Deutschen noch nicht das Recht, sich in Deutschland niederzulassen, erst nach Erhalt des Rückwanderer-Ausweises, der die Möglichkeit seiner Anstellung als Landarbeiter bestätigte, durfte er die Reise antreten.
- Die Möglichkeiten der Umsiedlung russischer Deutscher im Sommer 1918 waren durch den Mangel an benötigtem rollendem Material begrenzt. Insgesamt konnten von August bis September nur 656 deutsche Staatsbürger und 10.428 russische Deutsche ausreisen.

- Die russischen Deutschen standen unterschiedlich zur Notwendigkeit, in Deutschland als Tagelöhner zu arbeiten.
- Während die verarmten Wolgadeutschen, die fremdes Land
- pachteten, und die landarmen Deutschen des Wolgagebiets größtenteils bereit waren, sich dieser Bestimmung zu fügen, zögerten die Deutschen aus der Schwarzmeerregion, die hauptsächlich Landbesitzer waren, mit der Umsiedlung nach Deutschland. Sie nahmen eine abwartende Haltung ein und unterstützten die Idee der Schaffung einer deutschen Kolonie in der Krim-Taurien unter deutschem Schutz, obwohl diese keine Aussichten auf Verwirklichung hatte. Massenumsiedlung nach Deutschland von ihnen versäumt.
- In Deutschland fand die Novemberrevolution von 1918 statt, die die Monarchie und die kaiserliche Regierung stürzte. Am 11. November 1918 wurde der *"Waffenstillstand von Compiègne"* unterzeichnet, der faktisch das Ende des Ersten Weltkriegs und die Niederlage Deutschlands verkündete.

Nach der Revolution in Deutschland hoben die sowjetischen Behörden sofort den Friedensvertrag von Brest-Litowsk auf. Der darauffolgende Versailler Friedensvertrag vom 28. Juni 1919 erklärte offiziell das Ende des Ersten Weltkriegs und stellte extrem harte Bedingungen für die Kapitulation Deutschlands auf. In einem speziellen Artikel wurden nicht nur der Brest-Litowsk-Vertrag, sondern auch alle anderen Verträge, Abkommen und Konventionen zwischen Deutschland und der Regierung der Bolschewiki in

Russland aufgehoben. In dieser entstandenen Situation, mit dem Ziel, die Beziehungen zu Deutschland nicht zu verschlechtern und gleichzeitig die Auswanderung der russischen Deutschen zu begrenzen, sowie aus anderen Gründen der Außen- und Innenpolitik, beschloss die bolschewistische Regierung, dem Wunsch der deutschen Bevölkerung nach Schaffung einer national-territorialen Autonomie in der Wolga-Region nachzukommen. Der entsprechende Erlass des Rates der Volkskommissare der RSFSR *"Über die Schaffung des Gebiets der Deutschen an der Wolga"* wurde am 19. Oktober 1918 unterzeichnet. Wie T. Ivlev in seiner Arbeit treffend feststellt, *"wurde eine Autonomie geschaffen, die für das Volk, das für dieses Gebiet neu war und außerhalb des Landes seines gegenwärtigen Wohnsitzes eine staatliche Souveränität hatte, ein einzigartiges Phänomen darstellte."*[126]

Generell zustimmend zu den Aussagen dieses Autors muss jedoch darauf hingewiesen werden, dass nicht alles so eindeutig ist in Bezug auf das *"neu für dieses Gebiet"* kommende Volk. Schließlich kamen die deutschen Kolonisten vor 250 Jahren auf Einladung des russischen Reiches in unerschlossene Gebiete, die sie durch jahrelange harte Arbeit erschlossen und daraus eine wirtschaftlich entwickelte landwirtschaftliche und industrielle Region schufen. Fünf Jahre später, am 19. Dezember 1923, wurde auf der Grundlage des autonomen Gebiets der Deutschen an der Wolga die Autonome Sozialistische Sowjetrepublik der Deutschen an der Wolga (ASSRND) gegründet, die bis zum 28. August 1941 existierte. Die Erfolge der damals autonomen Wolgadeutschen in der Bildung, der Wissenschaft, der Kultur und Bereichen der Volkwirtschaft sind gut bekannt und wurden ausführlich in der Literatur behandelt. Die umfassendste und sachlichste Geschichte der deutschen Autonomie ist in der Arbeit von A. Herman "Die deutsche Autonomie an der Wolga" dargestellt.[127]

Trotz der Einzigartigkeit dieser politischen Lösungen gelang es den sowjetischen Machthabern nicht, das Vertrauen der früheren deutschen Kolonisten zu gewinnen, deren Widerstand sich besonders gegen die von ihnen durchgeführte Politik der totalen Kollektivierung, Entkulakisierung und Abschaffung von Privatbesitz richtete. Ihre Unzufriedenheit und ihr fehlendes Einverständnis mit der Politik der Sowjetmacht brachten sie durch ihre verstärkte massenweise Auswanderung aus dem Land zum Ausdruck. Die bislang bestehende Möglichkeit, das Land legal zu verlassen, wurde aktiv von den Mennoniten im Süden Russlands genutzt, deren Gemeinden die Gefahr und Aussichtslosigkeit weiterer Unterordnung unter die sowjetische Herrschaft erkannten. Jetzt deuteten ihre bisherige Erfahrung und die neue Realität den Mennoniten an, dass ihr herausragender Lebensstil, ihre hohe Religiosität und ihre wirtschaftlichen Erfolge im Widerspruch zu den bolschewistischen Ideen und der Politik der sowjetischen Macht stehen. Die Mennonitengemeinschaften kamen erneut zu dem Schluss, dass der einzige Ausweg aus der entstandenen Situation die Fortsetzung der aktiven Auswanderung ist, die sie bereits in der Zarenzeit begonnen hatten und die sie in der Hoffnung auf ein besseres Schicksal und eine bessere Zukunft unter der neuen Regierung zurückgestellt hatten.

Die schwierige Situation der Mennonitenkolonien in der Ukraine, die eines der größten Zentren der mennonitischen Welt-Diaspora bildeten, zog die aufmerksamste

Aufmerksamkeit ihrer Glaubensbrüder im Ausland auf sich. In westlichen Ländern wurden verschiedene Zentren und Organisationen gegründet, um die Auswanderung der Mennoniten aus Russland zu unterstützen. Eine entscheidende Rolle bei der Gründung und Aktivierung dieser Zentren spielten die ukrainischen Mennoniten selbst, von denen es zu dieser Zeit etwa 60.000 gab, was ein Sechstel der gesamten deutschen Bevölkerung in der Ukraine entsprach. Das repräsentative Organ der mennonitischen Kolonien war der 1922 gegründete *"Verband der Nachkommen der holländischen Auswanderer in der Ukraine"*. Der Name der Organisation war nicht mit den Deutschen verbunden, was nicht der einzige Fall war, in dem die Mennoniten versuchten, ihre nicht-deutsche Herkunft zu betonen, um anti-deutsche Stimmungen und Repressionen in Russland zu vermeiden. Der *"Verband der Nachkommen der holländischen Auswanderer in der Ukraine"* umfasste alle mennonitischen Kolonien in der Ukraine, die in den Gouvernements Jekaterinoslaw, Charkow, Odessa, Donezk und Cherson lagen. Dank der aktiven Arbeit der Kommission gelang es, im Ausland Zentren zur finanziellen und praktischen Unterstützung des Auswanderungsprozesses zu schaffen. Dazu gehörten Organisationen wie die *"Deutsche Mennoniten-Hilfe"* in Deutschland, die *"Algemeine Comissie voor Buitenlandsche Nooden"* in den Niederlanden und das *"Mennonitische Zentralkomitee"* in Kanada, die im Oktober und November 1920 gegründet wurden.

Nach eingehender Prüfung der Finanzierungsquellen für die mögliche Auswanderung und nach Abstimmung grundlegender Fragen mit den Botschaften von Mexiko, Paraguay und Kanada, die bereit waren, ihre Grenzen für russische

Mennoniten zu öffnen, begann ein Dialog mit den sowjetischen Behörden. In ihren Erklärungen und Petitionen bat die Führung des *"Verbands der Nachkommen der holländischen Auswanderer in der Ukraine"* um Erlaubnis für die Ausreise der Mennoniten. Es wurde auch auf die Möglichkeit hingewiesen, die von den auswandernden Mennoniten verlassenen Ländereien zugunsten der bedürftigen und landlosen Bevölkerung zu verbessern. Dieses Argument wurde zweifellos während der mehrfachen Diskussion über die Auswanderungsfrage in den Partei- und Staatsorganen der Ukraine berücksichtigt, was schließlich im April 1922 zur Entscheidung führte, ihre Ausreise als *"Teil der deklassierten Elemente, die nicht in der Produktion verwendet werden können"*, zu erlauben. Die aktive Tätigkeit des *"Verbands der Nachkommen der holländischen Auswanderer in der Ukraine"* in den Jahren 1922, 1923 und 1924 ermöglichte es, eine Strategie und praktische Maßnahmen zur Auswanderung zu entwickeln, die später auf sieben Kongressen bestätigt wurden. Direkte Kontakte zu ausländischen Zentren wurden hergestellt, zahlreiche Verträge zur Organisation und Finanzierung der Auswanderung wurden gelöst, Genehmigungen von Vertretungen verschiedener Staaten für die Umsiedlung in ihre Länder wurden erhalten, und zahlreiche Transport- und andere Verträge im Zusammenhang mit der Mennoniten-Auswanderung aus der Ukraine wurden geschlossen.

Die zunehmenden Ausmaße der Auswanderung bereiteten den sowjetischen Behörden in der Ukraine erhebliche Sorgen, insbesondere angesichts der Auswanderungsstimmungen unter den Kolonisten lutherischen und katholischen

Glaubens, die ebenfalls in den Strom der Massenauswanderung aus dem Land eintraten. Bald wurde von den Regierungsorganen (Kommissionen des Allukrainischen Zentralen Exekutivkomitees) eine Resolution verabschiedet, die Maßnahmen zur Verhinderung der Massenauswanderung vorsah. Entsprechend wurden alle zuvor vorbereiteten und abgestimmten Auswanderungslisten liquidiert. Auf Drängen der Behörden nahm der Kongress im Februar 1925 eine Resolution an, die den vollständigen Verzicht des *"Verbands der Nachkommen der holländischen Auswanderer in der Ukraine"* auf seine Auswanderungstätigkeit und den Bruch der Beziehungen zu ausländischen Auswanderungszentren verkündete. Im März 1927 wurde der Verband endgültig aufgelöst. Es sei darauf hingewiesen, dass die Verfolgungsjahre auf die Rekordauswanderung der Mennoniten fielen. So verließen im Jahr 1925 3.772 Menschen das Land, und im Jahr 1926 waren es 5.940 Menschen. In einer der letzten Gruppen, die das Land für immer verließen, befand sich auch B. Jantz, der der Leiter des *"Verbands"* war und ein konsequenter, gewissenhafter und aktiver Verfechter der Bewahrung der jahrhundertealten Erfahrung, Kultur und Lebensweise der Mennoniten in der Ukraine war.

Im Allgemeinen hat sich die mennonitische Gemeinde in der Ukraine aufgrund der Emigration in den Jahren 1924 bis 1927 von 39.297 auf 19.277 Personen reduziert. Allein von 1923 bis 1926 wanderten 14.000 Mitglieder dieser Gemeinschaft nach Kanada aus.[128] Die Ausmaße der sich entwickelnden Massenwanderung der Mennoniten werden auch durch die Daten des Direktors des Barwensky Regionalmuseums, Mytin, verdeutlicht. Laut seinen Informationen verließen etwa 4.000 Mennoniten 1923 die Ukraine in vier vollbesetzten Eisenbahnwaggons und fuhren von dort weiter nach Kanada. Allein an einem Tag, dem 17. Juni 1924, verließen 175 Menschen das Land, darunter alle Familien der Barvenkovo-Unternehmer.[129]

Eine ähnliche Situation entwickelte sich auch bei den russischen Deutschen, die einst aus den Regionen des Südens Russlands, des Kaukasus und der Wolga nach Sibirien umgesiedelt waren. Trotz aller Widrigkeiten und Schwierigkeiten begann das Leben der sibirischen, wie auch aller anderen russischen Deutschen, nach dem Ende des Bürgerkriegs schnell wieder aufzublühen und in den normalen Lauf der Dinge einzutreten. Dieser Prozess verlief besonders aktiv unter den Bedingungen der NEP (Neuen Ökonomischen Politik), die von der sowjetischen Regierung verkündet wurde. Bis Ende 1925 hatte die nationale Kooperation, die fast alle deutschen Bauern Sibiriens umfasste, auf der Grundlage der bestehenden privaten und wieder effektiv arbeitenden Wirtschaften eine breite Verbreitung gefunden. Der Wiederherstellungsprozess der Landwirtschaft wurde jedoch durch die gewaltsame Kollektivierung unterbrochen, mit der sich die Deutschen Sibiriens und anderer Regionen Russlands in der Regel kategorisch nicht einverstanden erklärten. Dies hinderte die sowjetische Regierung jedoch nicht daran, bis zum 1. Januar 1932 zwanghaft 93% der deutschen Bevölkerung der sibirischen Kolonien in Kolchosen zu drängen.

Die Kollektivierung wurde von Enteignung begleitet, bei der das Eigentum der aktivsten und wohlhabendsten Bauern konfisziert und ihnen weggenommen wurde. Deutsche

Siedler reagierten auf diese Politik mit einer neuen Welle der Emigration, deren Höhepunkt nach den Daten von P. Vibe und I. Cherkazyanov im Winter 1929 lag, als 1477 Familien aus 5500 Betrieben auswanderten, weitere 1200 ihre Besitztümer liquidierten und sich auf die Ausreise vorbereiteten. Bis zu diesem Zeitpunkt hatten bereits 340 Familien den Omsk Bezirk verlassen.[130] Der 1927 gegründete Deutsche Bezirk im Altai wurde noch stärker von der Emigration betroffen, bis November 1929 hatten über 40% der Betriebe ihre Arbeiter verlassen, weitere 40% verkauften ihr Eigentum, schafften es aber nicht, ihre Siedlungen zu verlassen, und wurden von den Behörden festgehalten.

Eine ähnliche Situation entwickelte sich zu dieser Zeit in allen anderen deutschen Kolonien Sibiriens. Pavel Polyan, ein bekannter russischer Historiker und anerkannter Forscher von Migrations- und Deportationsfragen der Völker, zitiert in seiner Arbeit *"Emigration: Wer und wann im 20. Jahrhundert Russland verließ"* verschiedene Quellen und gibt folgende Daten an: - Zwischen 1923 und 1926 wanderten etwa 20.000 Deutsche, hauptsächlich Mennoniten, nach Kanada aus; - Von 1925 bis 1930 verließen etwa 24.000 Menschen das Land, davon siedelten 21.000 nach Kanada um, die restlichen nach Südamerika; - Von 1922 bis 1924 reichten etwa 20.000 deutsche Familien, die in der Ukraine lebten, Unterlagen für die Auswanderung nach Deutschland ein, von denen nur 8.000 die Erlaubnis der deutschen Behörden erhielten, ins Land zu kommen; - Von 1918 bis 1922 (Daten des deutschen Außenministeriums) kamen 3.000 Deutsche ins Land, von 1923 bis 1928 etwa 20.000 und von 1929 bis 1933 etwa 6.000. Insgesamt wanderten in der Zeit von 1918 bis 1933 etwa 29.000 russische Deutsche nach Deutschland aus.[131]

In den Jahren, in denen Russland verlassen werden sollte, gab es deutlich mehr Interessenten als diejenigen, die es geschafft haben, auszuwandern. Dies wird überzeugend durch die in der Arbeit von I. Polyan angeführten Fakten über die massiven *"Märsche"* zu den Botschaften verschiedener Länder in Moskau belegt, die sich weigerten, Deutsche aus Russland aufzunehmen. Im Jahr 1923 versuchten vor der deutschen Botschaft 16.000 Menschen in das Land einzureisen, und Ende 1929 wandten sich 18.000 Menschen mit den gleichen Forderungen an die Botschaft Kanadas.

Die Ereignisse Ende 1929, als sich in Moskau nach verschiedenen Schätzungen 15.000 bis 60.000 Russlanddeutsche versammelten und versuchten, die offenbar letzte legale Möglichkeit zu nutzen, Russland zu verlassen, werden in vielen historischen Quellen erwähnt. Die Situation der in Moskau aus verschiedenen Regionen Russlands zusammengekommenen Deutschen, die größtenteils aus Sibirien angereist waren, war aufgrund des Mangels an Unterkunft, Geld für Lebensmittel und der Novemberkälte sehr schwer.

Die Hauptprobleme für diejenigen, die bereit waren, alle Widrigkeiten für die Verwirklichung ihrer Ziele zu ertragen, wurden jedoch durch die Entscheidung der kanadischen Regierung verschärft, mögliche Einwanderer aus Deutschland bis zum Frühjahr des nächsten Jahres abzulehnen, sowie durch die Entscheidung Deutschlands, aufgrund der wirtschaftlichen Krise ihre Masseneinreise zu verbieten. Die sowjetischen Behörden nutzten die entstandene Situation und begannen aktive Maßnahmen gegen die

Auswanderungsbewegung der russlanddeutschen Bevölkerung. Nach erfolglosen Versuchen, die Menschen durch Agitation, Überredung und Versprechungen von ihren Auswanderungsplänen abzubringen, wurden repressive Maßnahmen eingesetzt. Die Zugänge zur deutschen Botschaft wurden blockiert, und in der Nacht vom 15. zum 16. November wurden 500 Familien festgenommen und zur Befragung geschickt, um die Organisatoren der Versammlung zu identifizieren.

Viele Deutsche wurden in Moskau verhaftet und nach und nach Sibirien geschickt, während andere Verhaftungen erwarteten, wenn sie nach Hause zurückkehrten. Berichte über die tragische Lage der russlanddeutschen Bevölkerung in Moskau und ihre gewaltsame Rückkehr lösten große Besorgnis in der deutschen Öffentlichkeit und Presse aus, die die Position ihrer Regierung scharf kritisierte. Diese war danach gezwungen, eine klarere Haltung zur Frage der Einreise russlanddeutscher Bürger ins Land einzunehmen. Nach aktiven Konsultationen zwischen der deutschen und der sowjetischen Regierung, die ebenfalls keinen internationalen Skandal auslösen wollten, wurde beschlossen, die noch in Moskau verbliebenen Deutschen Ende November und Anfang Dezember 1929 aus Russland ausreisen zu lassen. 5886 Deutsche, darunter 4100 Mennoniten, begaben sich über Deutschland nach Kanada und Südamerika.

Dies waren die letzten Russlanddeutschen, die es schafften, die Sowjetunion legal zu verlassen. Nach diesen Ereignissen verbot die sowjetische Regierung endgültig die Auswanderung aus dem Land und schloss ihre Grenzen. Dennoch setzten viele Deutsche in Sibirien verzweifelte Versuche fort, das Land zu verlassen. In der Hoffnung, illegal die russisch-chinesische Grenze zu überqueren, ließen sie all ihren Besitz zurück und begaben sich zum Amur, wo sie darauf hofften, nach China und dann nach Kanada und anderen Ländern zu gelangen. Solche illegalen und gefährlichen Versuche, dem verhassten Regime der sowjetischen Regierung zu entkommen und Russland über die Amur-Grenze zu verlassen, dauerten bis 1934. Abschließend sei nochmals die besondere Solidarität und internationale Hilfe der Mennoniten hervorgehoben, die es vielen Tausenden von ihnen ermöglichte, den stalinistischen Repressionen, Deportationen und Arbeitslagern zu entkommen und den Tod zu vermeiden. Es bleibt bedauerlich, dass die Russlanddeutschen anderer großer religiöser Konfessionen, wie Lutheraner und Katholiken, nicht von einer solchen internationalen Unterstützung profitieren konnten.

Lassen Sie uns einige Schlussfolgerungen ziehen und versuchen, eine quantitative Bewertung der Gesamtzahl derjenigen abzugeben, die Russland bis zum Ende der 1930er Jahre verlassen haben. Dies ist eine schwierige Aufgabe, da im zaristischen Russland keine Einwanderungsgesetze existierten, und daher keine statistische Erfassung von Personen, die die Grenzen des Imperiums überschreiten, stattfand. Außerdem wurden Daten über die Auswanderung sowohl damals als auch später als geheim betrachtet und wurden selten von Historikern und der breiten Öffentlichkeit veröffentlicht.

Die oben genannte Einschätzung der Zuverlässigkeit der vorhandenen Informationen für den betrachteten Zeitraum weist darauf hin, dass es heute unmöglich ist, eine statistisch genaue und fundierte Bewertung der Gesamtauswanderung der Russlanddeutschen außerhalb Russlands abzugeben. Es gibt nur Expertenschätzungen zur Migration aus verschiedenen Regionen Russlands in verschiedene, oft zeitlich nicht übereinstimmende Perioden. Dabei wiederholen sich einzelne quantitative Indikatoren für die Auswanderung oft bis zum letzten Zeichen in vielen verschiedenen Quellen und oft ohne entsprechende Verweise, was in gewissem Maße auf eine stillschweigende Anerkennung ihrer Zuverlässigkeit durch die historische Gemeinschaft hinweist. Unter Verwendung vorhandener Expertenbewertungen fassen wir einige quantitative Ergebnisse des 60-jährigen Zeitraums der Gesamtauswanderung der russlanddeutschen Bevölkerung aus Russland zusammen, der von 1871 bis 1930 dauerte, beginnend mit den Reformen von Alexander II. und endend mit der endgültigen Schließung der Außengrenzen durch die sowjetische Regierung. Die Berechnungen sind in Tabelle 3 zusammengefasst.

Tabelle 3

Mengenmäßige Einschätzung der Emigration Russlanddeutscher aus Russland von 1870 bis 1930

Jahre	Emigrationsphase	Emigrationsziel	Menschen	Informationsquellen
1871-1912	Abschaffung des Kolonistenstatus und zunehmende antideutsche Ressentiments in der russischen Gesellschaft	Nord- und Südamerika	300.000	Christian Böttger, Idmar B“gel, Günter Dittrich, Wolfgang Förster, Achim Hilzheimer.[132]
1917-1922	Revolution und Bürgerkrieg	Etwa 50 % machten sich auf den Weg nach Nord-	120.000	V. Diesendorf.[133]

		und Süd-amerika			
1918-1933	Bürger-krieg, Hungers-not, Ent-kulakisie-rung und Kollekti-vierung	Deutsch-land	29.000	Pawel Poljan.[134]	
1923-1926	Hungers-not 1921/192 2	Kanada	20.000	Pawel Pol-jan.[134]	
1925-1930	Entkula-kisierung und Kol-lektivie-rung	Kanada Südame-rika	21.000 3.000	Pawel Poljan.[13] [4]	
Ge-samt			493.00 0		

Orientierende Schätzung der Auswanderung von Nachkommen deutscher Kolonisten aus Russland von 1870 bis Wie aus der in Tabelle 3 dargestellten Tabelle ersichtlich ist, beläuft sich die Gesamtzahl der Russlanddeutschen, die Russland vor Beginn der 1930er Jahre verlassen haben – nach denen die sowjetische Regierung das Land mit einem *"Eisernen Vorhang"* abgeschottet und gesetzlich jede Möglichkeit der Auswanderung ausgeschlossen hat – auf etwa 500.000 Menschen. Dabei hat der Großteil der Emigranten (ungefähr 74%) nicht in die historische Heimat nach Deutschland, sondern in Nord- und Südamerika umgesiedelt. Oftmals gingen diejenigen, die nach Deutschland ausgewandert waren, nach einiger Zeit weiter über den Ozean. Dies war mit einer Reihe von Gründen verbunden, von denen die wichtigsten waren:

- Mangel an freiem Land in Deutschland für die Ansiedlung russischer Siedler;
- Hohe Bevölkerungsdichte in Deutschland und Mangel an freiem Wohnraum für Siedlungen;
- Eine Politik bestimmten Widerstands seitens der deutschen Behörden gegen die Rückkehr der deutschen Kolonisten, die zu verschiedenen Zeiten das Land verlassen hatten;
- Die Unwilligkeit, sich in Deutschland niederzulassen, sowohl seitens der russlanddeutschen selbst als auch von vielen Generationen, die daran gewöhnt waren, auf eigenem Land Besitzer zu sein, große Landflächen bewirtschafteten, an Unabhängigkeit und den Weiten Russlands gewöhnt waren.

Sie wollten nicht damit beginnen, in Deutschland als Lohnarbeiter auf fremden Bauernhöfen zu leben.

Gleichzeitig boten andere Länder (wie die USA, Brasilien, Argentinien, Kanada), die daran interessiert waren, russlanddeutsche Einwanderer zur Erschließung ihrer riesigen und noch freien Ländereien zu gewinnen, sehr günstige Siedlungsbedingungen, die denen in Russland zu Beginn vergleichbar waren.

Insgesamt lebten im Jahr 1940 in den USA, unter Berücksichtigung der in der Einwanderung geborenen Menschen, etwa 350.000 bis 400.000 Russlanddeutsche; etwa 250.000 in Brasilien; 200.000 in Kanada; 200.000 in Argentinien; 30.000 in Mexiko; 4.500 in Paraguay und 2.500 in Uruguay.[135]

8.3. Jahre des Massenterrors, der Repressionen und Deportationen

Für diejenigen Deutschen, die aus verschiedenen Gründen nicht in der Lage waren oder nicht wollten, Russland zu verlassen, brachen düstere Zeiten der Repression, des Hungers, der Deportationen, der Kommandantur Kontrolle, der Arbeitslager, der Beleidigungen und Erniedrigungen an. Die Hoffnungen, dass nach dem Ende des Ersten Weltkriegs und des Bürgerkriegs sowie den Hungersnöten von 1921 und 1924, die das Leben von Millionen Russen (einschließlich Hunderttausender russischer Deutscher) forderten und ihre Zahl von 2.416.300 im Jahr 1914 auf 1.238.549 im Jahr

1926 reduzierten[136], sich erfüllen würden, erwiesen sich als Illusionen. Inmitten des Machtkampfs innerhalb der bolschewistischen Partei nach dem Tod Lenins im Januar 1924 siegte Stalin, der es schaffte, seine politischen Gegner zu beseitigen und ein Regime der Alleinherrschaft zu etablieren. Schon im Winter 1926, nach seiner erneuten Bestätigung als Generalsekretär des Zentralkomitees der Bolschewiki, begann er parallel zum Kampf gegen die Rechten eine Kampagne zur beschleunigten Industrialisierung und zur Einstellung der Neuen Ökonomischen Politik (NÖP). Im Rahmen der landesweiten Zwangsenteignung von Eigentum von deutschen Unternehmern wurden Fabriken und Industrieunternehmen ebenso wie bei Eigentümern anderer Nationalitäten konfisziert. Auf dem Land wurde im Zuge der flächendeckenden Kollektivierung, die im Sommer 1929 begann, eine gewaltsame Vereinigung der Bauern in Kolchosen durchgeführt, praktisch eine Vergesellschaftung von Rindern, Pferden, Schafen sowie sogar kleinem Vieh und Haushaltsgegenständen.

Die Bauern leisteten aktivsten Widerstand gegen die Kollektivierung, in vielen Regionen des Landes brachen antikollektivistische Aufstände aus, die von den Behörden brutal niedergeschlagen wurden. Letztendlich führte dies zu einem drastischen Rückgang der landwirtschaftlichen Produktion, wobei das Vieh der bäuerlichen Betriebe in großem Maße geschlachtet wurde. Die sowjetische Regierung, bestrebt, den Widerstand gegen die Kollektivierung zu unterdrücken, erließ am 30. Januar 1930 einen Beschluss des Zentralkomitees der Kommunistischen Partei der Bolschewiken über *"Maßnahmen zur Liquidation der Kulakenbetriebe in Gebieten mit flächendeckender Kollektivierung"*, der sofort vor Ort umgesetzt wurde. Allein in den Jahren 1930-31 wurden im Land etwa 383.000 bäuerliche Familien oder 1,8 Millionen Menschen entkulakisiert und in entlegene Gebiete des Landes verbannt. In der Republik der Wolgadeutschen begann die Massenentkulakisierung am 10. Februar 1930, und im Verlauf der Jahre 1930-31 wurden 4.288 Familien oder 24.202 Menschen vertrieben, was 3,7% der Gesamtzahl der bäuerlichen Betriebe in der Republik entsprach.[137]

Massenrepressionen, Entkulakisierung und die Vertreibung wohlhabender und mittlerer bäuerlicher Betriebe begleiteten die Kollektivierung auch in anderen Regionen der kompakten Besiedlung der Russlanddeutschen in der Ukraine, Sibirien, im Nordkaukasus, in Kasachstan und in Zentralasien. Insgesamt wurden etwa 50.000 Familien von Nachkommen ehemaliger Siedler zu Kulaken erklärt und der Entkulakisierung unterzogen, bei der sie ihr Land, ihre Häuser, Vieh, Eigentum verloren und ins Exil geschickt wurden. Viele der entkulakisierten und in abgelegene Gebiete des Landes verbannten Bauern, insbesondere ihre Frauen und Kinder, starben an Kälte, Hunger und zahlreichen Krankheiten. Die Zerstörung der etablierten Struktur der landwirtschaftlichen Produktion und die Verhaftung und Verbannung der erfahrensten und erfolgreichsten Produzenten landwirtschaftlicher Produkte führten zu einem drastischen Rückgang der Getreide- und anderer landwirtschaftlicher Kulturen. Jedoch waren laut der Mehrheit der Forscher diese negativen Auswirkungen der Massenkollektivierung nicht die Ursache der tragischen und

furchtbaren Hungersnot von 1932-1933 in der Wolga, deren Epizentrum die Autonome Republik der

Wolgadeutschen (NPA SSR) war, in der in den 30er Jahren 56.000 Menschen an Hunger starben.[138] Hier ist die Einschätzung dieser Ereignisse von dem bekannten russischen Forscher Viktor Kondrashin, ausgedrückt in seinem Artikel *"Hunger 1932-1933 in den Dörfern der Wolga"*: *"Im Jahr 1932-1933 trat er (der Hunger) nicht infolge von Dürre und Missernten auf, wie zuvor in der Wolga, und nicht wegen der flächendeckenden Kollektivierung, sondern aufgrund erzwungener stalinistischer Getreidelieferungen. Dies war der erste künstlich organisierte Hunger in der Geschichte des Wolga-Dorfes"* - und weiter: *"Der durch rechtswidrige und unmoralische Getreidelieferungen verursachte Massenhunger, der Zehntausende von Bauernleben forderte und die Gesundheit der Überlebenden untergrub, ist eines der schwersten Verbrechen des Stalinismus".[139]*

Gewaltsame Beschlagnahme aller Getreidevorräte, einschließlich der Samen, von Bauern war die Hauptursache für die schreckliche Hungersnot von 1932-1933, die von den Behörden organisiert wurde und eine Art Bestrafung der Bevölkerung für ihren Widerstand gegen die Kollektivierungsmaßnahmen darstellte. Dies unterschied sich von der nicht weniger verheerenden Hungersnot von 1921-1922, die das Leben von etwa 100.000 Menschen oder einem Viertel der Bevölkerung in der Wolgaregion forderte. Deutsche Kolonien in den meisten Provinzen der Ukraine waren ebenfalls von Hunger betroffen, als im Herbst 1921 die gesamte geerntete Ernte für die Bedürfnisse der hungernden Bevölkerung der Wolgaregion abtransportiert wurde. Damals erkannten die Behörden, wenn auch nicht sofort, die Existenz von Hunger im Land und erlaubten die Aufnahme ausländischer Lebensmittelhilfe in der Wolgaregion. Laut A. Herman übertraf diese Hilfe die inländischen Lebensmittelvorräte um das Zweifache, und die Hilfe von Wohltätigkeitsorganisationen war zehnmal größer als die staatliche Hilfe.[140]

Aufgrund zahlreicher Todesfälle durch Hunger, Epidemien und Krankheiten gab es einen signifikanten Rückgang der Bevölkerungszahl der deutschen Republik der Wolgaregion, die 1934 433,5 Tausend Menschen betrug, was 24,2% weniger war als bei der Volkszählung von 1926.[141] Eine ähnliche Situation entwickelte sich auch in anderen Regionen des Landes, wo Deutsche in der Ukraine, im Nordkaukasus, in Sibirien, Kasachstan und Zentralasien hungerten.

Dann kam es von August 1937 bis November 1938 zur Zeit des *"Großen Terrors"*, in der der NKWD Massenrepressionskampagnen durchführte, die hauptsächlich gegen Vertreter ausländischer Nationalitäten gerichtet waren. Sie erhielten sogar Namen wie *"polnische"*, *"deutsche"*, *"lettische"*, *"rumänische"* - je nach Nationalität der verfolgten Personen. Insgesamt prüften spezielle Dreiergruppen im Rahmen nationaler Operationen die Fälle von 346.157 Menschen, von denen 335.513 wegen verschiedener Anschuldigungen verurteilt wurden. Von den Angeklagten wurden 247.157 zum Tode verurteilt, was 73,66% entspricht.[142]

Die deutsche NKWD-Operation begann mit einer Notiz von Stalin, die dem Protokoll der Sitzung des Politbüros des ZK der KPdSU vom 20. Juli 1937 beigefügt war und die Forderung enthielt: *"Alle Deutschen in unseren Militär-, halbmilitärischen und chemischen Werken, in Kraftwerken und Bauprojekten, in allen Bereichen zu verhaften."* [143] Die anfänglich gegen Deutsche gerichtete *"deutsche Operation"* richtete sich gegen Deutsche mit ausländischer Staatsbürgerschaft, ehemalige Kriegsgefangene, politische Emigranten und Überläufer sowie den *"konterrevolutionären Aktiv"* der deutschen Nationalbezirke. Doch bald wurden die massiven Repressionen gegen alle ethnischen deutschen Staatsbürger der UdSSR ausgedehnt, die sie hauptsächlich betrafen. Insgesamt wurden während der "deutschen Operation" aufgrund falscher und erfundener Anschuldigungen der Beteiligung an Spionage, terroristischer und anderer anti-sowjetischer Aktivitäten 65-68 Tausend Menschen verhaftet, von denen 55.005 verurteilt wurden. Von ihnen wurden 41.898 zum Tod verurteilt, die übrigen 13.107 zu verschiedenen Haftstrafen und Verbannungen.[144]

Mit dem Beginn des Zweiten Weltkriegs erwarteten die russischen Deutschen neue, beispiellose Leiden, nach dem verräterischen Angriff der Nazi-Deutschland auf die Sowjetunion im Jahr 1941. Nach Angaben das russische Staatsduma am 14. Februar 2017 betrugen die Verluste der UdSSR während dieses eroberischen, zerstörerischen und in seiner Grausamkeit beispiellosen Krieges etwa 42 Millionen Menschen, von denen 23 Millionen Zivilisten waren. Die faschistischen Eroberer gingen besonders grausam mit der jüdischen Bevölkerung um, die systematisch in Konzentrationslagern und bei Massenerschießungen vernichtet wurde. Das nationalsozialistische Deutschland brachte unermessliches Leid, Trauer und Tod über viele Völker Europas und Russlands, und seine Verbrechen wurden vom Nürnberger Tribunal verurteilt, das das Führungspersonal des Dritten Reichs gerecht und verdient bestrafte. Jedoch hat zu diesem

Zeitpunkt niemand der Sieger den Hitler-Regime und das faschistische Deutschland für die zahlreichen Morde und Leiden der Deutschen in den Ländern Osteuropas und Südosteuropas verantwortlich gemacht. Der Brand des Zweiten Weltkriegs hat das friedliche Leben von Millionen Nachkommen deutscher Siedler, die friedlich mit anderen Völkern in diesen Ländern lebten, in Asche verwandelt und sie zu Geächteten und Schuldigen für Verbrechen gemacht, die sie nicht begangen haben. In der Sowjetunion wurden sie zu Unrecht und völlig unverdient praktisch für vogelfrei erklärt, beschuldigt, Verbrechen des Hitler-Regimes begangen zu haben, mit dem sie physisch nichts zu tun haben konnten. Seit Hunderten von Jahren Bürger Russlands und später der UdSSR, waren sie als sowjetische Deutsche absolut loyal und gesetzestreu. Tausende Kilometer von ihrer ehemaligen Heimat entfernt konnten sie in keiner Weise zur Machtergreifung Hitlers in Deutschland beitragen und konnten nicht für den Krieg verantwortlich gemacht werden. Aber entgegen jeglichem gesunden Menschenverstand waren die ethnischen Deutschen einem wirklichen staatlichen Terror, Verfolgung, grober und ungerechter Demütigung ausgesetzt. Noch zehn Jahre nach dem Ende des Zweiten Weltkriegs im Jahr 1945 befanden sie sich in Orten der Zwangsverbannung und standen unter Kommandantenüberwachung.

Nach Schätzungen der meisten Historiker wurde während des Zweiten Weltkriegs und der Nachkriegszeit in Verbannungsorten, Arbeitslagern, die den Konzentrationslagern in den Bedingungen nicht nachstanden, durch unerträgliche Arbeit und Hunger ein Drittel der anderthalb Millionen russlanddeutschen Diaspora physisch vernichtet. Die

Verantwortung für diese schreckliche Tragödie teilte sich zusammen mit dem nationalsozialistischen Deutschland das stalinistische Regime, das einen seiner eigenen schutzlosen Völker, die wehrlosen russlanddeutschen, zum Feind erklärte und ihr Leben über Jahrzehnte hinweg in ständiges Leiden und Demütigungen verwandelte.

Die verräterische Invasion des faschistischen Deutschlands in die Sowjetunion wurde von den russlanddeutschen genauso wie von der gesamten sowjetischen Bevölkerung mit aufrichtiger Empörung aufgenommen. Viele von ihnen meldeten sich freiwillig zur Roten Armee. In der Republik der Wolgadeutschen wurden Wehrpflichtige und Freiwillige im Alter mit Unverständnis, Empörung und Kränkung mit der Ablehnung konfrontiert, sie an die Front zu schicken. Bald begannen Verhaftungen aufgrund offensichtlicher Anschuldigungen von Bewohnern der Autonomie wegen Spionage, terroristischer Absichten und Äußerungen pro-deutscher Stimmungen. Die bereits an der Front kämpfenden russlanddeutschen, trotz ihres gezeigten Patriotismus und Heldentums, wurden bis Ende 1941 vollständig aus den Kampfeinheiten der Armee abgezogen und in die sogenannten *"Bau-Bataillone"* im Hinterland geschickt. In dieser Zeit traf die stalinistische Führung die Entscheidung, die Deutschen zuerst aus den Frontgebieten und dann aus allen anderen Gebieten des europäischen Teils der Sowjetunion zu vertreiben. Die erste solche Aktion war die Vertreibung von 60.000 Deutschen aus der Krim, die im August 1941 begann und als Evakuierung getarnt wurde. Dann war die Reihe der Wolgadeutschen. Ihre Vertreibung erfolgte gemäß dem weit bekannten und für alle russlanddeutschen mit fatalen Folgen verbundenen Beschluss des Präsidiums des

Obersten Sowjets der UdSSR und des Zentralkomitees der KPdSU vom 23. August 1941: *"Über die Umsiedlung aller Deutschen aus der Republik der Wolgadeutschen, der Saratow- und der Stalingrader Gebiete in andere Regionen und Gebiete."* Während der Deportation der Wolgadeutschen in nur drei Wochen, vom 3. bis 20. September 1941, organisierten Einheiten des NKWD und der Miliz die totale Vertreibung von 438.600 Deutschen, von denen 365.700 aus der Republik der Wolgadeutschen, 46.700 aus der Saratow-Region und 26.200 aus der Stalingrader Region stammten.[145]

Als nächstes folgte der Beschluss des Präsidiums des Obersten Sowjets der UdSSR vom 7. September zur Liquidation der

Republik der Wolgadeutschen und zur Aufteilung ihres Gebiets zwischen der Saratow- und der Stalingrader Region. In den folgenden Monaten erfolgte die totale Deportation der verbleibenden deutschen Bevölkerung, die noch auf dem Gebiet des europäischen Teils Russlands und Transkaukasiens lebte, bis Mai 1942. In verschiedenen, sehr zahlreichen historischen Quellen gibt es unterschiedliche Angaben zur Gesamtzahl der deportierten russlanddeutschen. Der bekannte russische Forscher Nikolai Bugay gibt in seiner Arbeit *"Deportation der Völker"*, unter Berufung auf die Materialien des Archivs für Sonderansiedlungen des NKWD, die Gesamtzahl der deportierten russlanddeutschen im Jahr 1941 und bis zur ersten Hälfte des Jahres 1942 mit 856.340 Menschen an. Der Großteil von ihnen (786.279 Menschen) wurde zwangsweise in die Gebiete Nowosibirsk und Omsk, ins Krasnodar-Gebiet und in die Kasachische SSR umgesiedelt.[146] Detailliertere und etwas andere Daten werden von Viktor Disendorf präsentiert, der die Anzahl aller in die asiatische Region des Landes deportierten russ-landdeutschen auf 805.000 Menschen festlegt, was 56,4% der gesamten deutschen Bevölkerung laut der Volkszählung von 1939 entspricht. Davon wurden in den Jahren 1941-42 etwa die Hälfte oder 397.000 Menschen in die Gebiete und Regionen Sibiriens geschickt, während die restlichen 408.000 Menschen in verschiedene Regionen Kasachstans umgesiedelt wurden.[147]

Im Anfang des Jahres 1942 wurden alle verbannten Män-ner im Alter von 17 bis 50 Jahren (ab Oktober 15 bis 55 Jahre) und Frauen im Alter von 16 bis 45 Jahren, die keine Kinder unter drei Jahren hatten und nicht schwanger waren, in Arbeitskolonnen mobilisiert, die den Namen "Arbeitsar-mee" erhielten. Bis zum Ende des Krieges arbeiteten dort 207.602 deutsche Repatriierten, sowie 64.644 Deutsche, die aus der Roten Armee entlassen wurden, darunter 3.178 Of-fiziere, 8.351 Unteroffiziere und 51.115 einfache Soldaten. Insgesamt wurden während des Zeitraums von 1941 bis 1945 mehr als 316.000 Russlanddeutsche in Arbeitskolon-nen mobilisiert, ohne die Repatriierten zu zählen.[148] Die in die Arbeitsarmee mobilisierten Menschen arbeiteten in Holzfällereien, Bergwerken, auf Industrie- und Eisenbahn-baustellen. Die extremen Arbeitsbedingungen, das raue Wetter, die äußerst knappe Ernährung, das Leben in unge-heizten Baracken und der Mangel an angemessener Klei-dung führten zu zahlreichen Krankheiten und Todesfällen.

Ebenso tragisch verlief das Schicksal von etwa 304.000 Russlanddeutschen, die auf dem von faschistischen Truppen besetzten Gebiet waren. Alle wurden von den Besatzungs-behörden erfasst, die versuchten, sie dem übrigen lokalen Bevölkerungsteil entgegenzustellen und zur Mitarbeit in den Selbstverwaltungsorganen, Polizeiformationen und verschiedenen Einrichtungen zu bewegen. Nach der Niederlage der Faschisten vor Moskau und dem Beginn des Vormarschs der sowjetischen Truppen beschloss die deutsche Führung, die russlanddeutschen nach Westen zu evakuieren und sie im *"Imperialen Gebiet Vartegau"* auf einem Teil des von Reich besetzten polnischen Gebiets anzusiedeln. Nach dem Ende des Zweiten Weltkriegs repatriierten die sowjetischen Behörden mit Unterstützung der Alliierten von 1945 bis 1948 etwa 150.000 russlanddeutsche.[149]

Die Repatriierung erfolgte hauptsächlich zwangsweise, und bei ihrer Ankunft in der Sowjetunion wurden alle in Lager und Spezialsiedlungen geschickt, wo bereits deportierte Russlanddeutsche aus anderen Regionen des Landes waren. Im Juni 1949 betrug die Gesamtzahl der Sondersiedler 2.552.097 Menschen, darunter 1.093.490 Deutsche, darunter 286.311 Männer, 435.413 Frauen und 371.766 Kinder.[150] Der gesamte Schrecken und das Leiden der Russlanddeutschen in Arbeitslagern lassen sich am besten durch die zahlreichen Erinnerungen, Aufzeichnungen und Bücher beschreiben, die von den Arbeitssoldaten verfasst wurden und für jeden interessierten Leser zugänglich sind. Bei der Bewertung des Zeitraums der Mobilisierung der Russlanddeutschen in die Arbeitsarmee ist Folgendes festzuhalten:

- Die Russlanddeutschen zweifelten nicht an der Notwendigkeit ihrer Teilnahme am gemeinsamen Kampf gegen die faschistischen Eindringlinge. Nach den öffentlichen Anschuldigungen gegen sie und dem Verbot, an den Fronten des Großen Vaterländischen Krieges zu kämpfen, leisteten sie in der „*Trudarmee*" einen Beitrag zum allgemeinen Sieg über das nationalsozialistische Deutschland.

- Es gibt keine Rechtfertigung für die stalinistische Macht, die die Russlanddeutschen zwang, unter härtesten Lagerbedingungen neben Verbrechern in von Stacheldraht umgebenen Zonen mit militarisierten Wachen zu arbeiten, die das Recht hatten, Waffen einzusetzen.

- Die Hauptgründe für die Mobilisierung und die Organisationsform der Nutzung der Russlanddeutschen in der "Arbeitsarmee" waren:

1. Rache gegenüber der unschuldigen russischen Bevölkerung für die Verbrechen der deutschen Armee.

2. Der Wunsch, die etablierten Gebiete der kompakten Wohnsiedlungen und die Eigenart der Russlanddeutschen zu beseitigen, indem man sie über die weiten Gebiete Sibiriens, des Fernen Ostens, Kasachstans und Zentralasiens verteilte.

3. Die wirtschaftliche Komponente der Nutzung der Russlanddeutschen in der *"Arbeitsarmee"* als billige Arbeitskräfte in Form von Arbeitslagern mit einer Lagerorganisation.

Letzteres ermöglichte es, die Russlanddeutschen streng zu kontrollieren und die Durchführung der schwersten Arbeiten in Bergwerken, Minen, Holzfällereien und anderen Objekten zu gewährleisten, wie es die Behörden mit minimalen Kosten sahen. Wir verwenden bewusst den Ausdruck *"wie es die Behörden sahen"*, da es heute bereits viele seriöse Studien gibt, die den wirtschaftlichen Nutzen der damals erzwungenen Arbeit deportierter Völker bestreiten.[151,152]

Wir zitieren die Bewertung von Pavel Polyan: *"Keine der uns bekannten literarischen oder archivarischen Quellen bestätigt gelegentlich auftauchende fröhliche Selbstbewertungen der Tschekisten-Organisatoren über die Überlegenheit der Zwangsarbeit, aber gut organisiert - über freie Arbeit. Für den Staat waren Deportationen auf makroökonomischer Ebene jedoch unrentabel, da sie Millionen etablierter Arbeitsfamilien aus dem Leben oder dem Arbeitszyklus herausnahmen, zu Vernachlässigung von Land und Dörfern führten, den Verlust von Arbeitsfähigkeiten und Traditionen, den Rückgang der landwirtschaftlichen und industriellen Produktion."[153]*

Die Ineffizienz des Systems der Spezialansiedlungen zeigt sich deutlich in ihrer schnellen Auflösung nach dem Tod Stalins im Zeitraum von 1954 bis 1960. Alle Bemühungen der Behörden, die deportierten Völker an ihren Verbannungsorten zu halten, scheiterten, und alle mussten in ihre Heimatorte zurückkehren. Die russischen Deutschen konnten jedoch auch nach der Aufhebung der speziellen Überwachung der Ansiedlungen im Jahr 1954 nicht in das Wolgagebiet, die Ukraine, den Kaukasus und andere Orte ihrer früheren kompakten Siedlung zurückkehren. Erst im Jahr 1954 von der Überwachung durch den Kommandanten und dem Regime der Spezialansiedlungen befreit, verweilten die russischen Deutschen weiterhin an den Orten ihrer Verbannung und kehrten allmählich zum normalen Leben zurück. Vor ihnen lagen noch viele Jahre des erfolglosen Kampfes um die Wiederherstellung ihrer verlorenen

Autonomie und die Möglichkeit, frei in ihre historische Heimat zurückzukehren.

Abschließend bewerten wir den Prozess der Zerstörung der etablierten und erfolgreich entwickelten wirtschaftlichen und Lebensweise der Nachkommen deutscher Kolonisten, indem wir uns an die von A. Herman festgelegten drei zeitlichen Perioden halten:

- Ereignisse von 1917 bis 1922 markierten den *"ersten verheerenden Schlag gegen die ethnische Eigenart und den traditionellen Lebensstil der russischen Deutschen und den Beginn unumkehrbarer Prozesse ihrer Zerstörung";*
- Die Maßnahmen der sowjetischen Führung bis Ende der 1930er Jahre waren der *"zweite verheerende Schlag",* bei dem die Kollektivierung durchgeführt und *"der letzte Besitz weggenommen, die Kirche liquidiert und das religiöse Leben stark eingeschränkt wurde";*
- Die Verfolgung und Diskriminierung während des *"Zweiten Weltkriegs, der Zwangsarbeit und der Spezialansiedlungen waren der dritte verheerende Schlag gegen die russischen Deutschen."*

Obwohl wir im Allgemeinen den Schlussfolgerungen von Herman und seiner Periodisierung der *"drei Schläge"* gegen die ethnische Eigenart, Kultur, den traditionellen Lebensstil und die wirtschaftlichen Aktivitäten der russischen Deutschen zustimmen, widersprechen wir seiner Position, dass der erste verheerende Schlag gegen die Deutschen Russlands im Zeitraum von 1917 bis 1922 erfolgte. Unsere feste Überzeugung ist, dass der Beginn der Zerstörung der etablierten Lebensweise und der erfolgreichen wirtschaftlichen Aktivitäten der Zeitraum von 1871 bis 1915 war auch der erste entscheidende Schlag gegen die Deutschen in Russland. Genau in dieser Zeit waren ohne angemessene Vorbereitung ihren kolonistischen Status und die damit verbundenen Privilegien verloren, entwickelten sich in der russischen Gesellschaft antideutsche Stimmungen, die sich bis zum Beginn und während des Ersten Weltkriegs in antideutsche Hysterie, Pogrome und den Kampf der zaristischen Regierung gegen die *"deutsche Dominanz"* ergossen. Genau in dieser Zeit begann die Massenmigration der russischen Deutschen aus dem Land.

A. Herman hebt zu Recht das grundlegende Unterschied zu dem letzten *"dritten Schlag"* gegen die russischen Deutschen hervor, der darin besteht, dass er vom Staat nicht gegen alle seine Bürger gerichtet war, sondern nur gegen die *"sowjetischen Deutschen"*. Es ist aber anzumerken, dass dies auch für die Periode der antideutschen Hysterie und den Kampf gegen die *"deutsche Dominanz"* in den letzten Jahren der zaristischen Regierung galt.

Es ist schwer zuzustimmen mit dem verwendeten und möglicherweise missverständlichen Ausdruck, dass die Verfolgung in der dritten Periode *"unter den Bedingungen des grausamen Krieges gegen Deutschland völlig verständlich war"*. Es scheint, dass ein derartiger Schlag gegen die russischen Deutschen, die bereits fast 180 Jahre lang Bürger Russlands waren, nur weil sie der gleichen Nationalität wie der Aggressor waren, mit den Ereignissen des Zweiten Weltkriegs verbunden werden kann, aber nicht *"völlig verständlich"* und sicherlich nicht zu rechtfertigen ist.

Sicherlich kann man A. Herman nicht für die letzten Ergebnisse seiner veröffentlichten langjährigen Forschung verdächtigen, die einen bedeutenden Beitrag zur objektiven und wahrheitsgemäßen Beschreibung vieler Seiten der tragischen Geschichte der russischen, insbesondere der Wolgadeutschen, darstellen.

Es ist wichtig, eine weitere und vielleicht wichtigste Besonderheit des *"dritten verheerenden Schlags"* zu beachten, nämlich die endgültige Liquidation des Siedlungssystems der Kolonisten, das von den russischen Deutschen über Hunderte von Jahren in Russland geschaffen wurde. Mit Wurzeln aus ihren Häusern und Siedlungen wurden sie in die östlichen Regionen des Landes verbannt und damit ihrer etablierten jahrhundertealten Verbindung mit dem einstigen Ödland beraubt, das sie vor Überfällen schützten, kultivierten und durch jahrelange Arbeit in ein fruchtbares und blühendes Land verwandelten. Von nun an verband sie nur noch die Gräber der ehemaligen deutschen Kolonisten mit dem Land, das für ihre *"sowjetischen"* Nachkommen einmal vertraut und heimisch, jetzt jedoch fern und gewaltsam weggenommen wurde.

Als Ergebnis der repressiven Maßnahmen der sowjetischen Behörden gegen die russischen Deutschen wurden sie massenhaft aus ihren ständigen Wohnorten in Sibirien, Kasachstan und Zentralasien vertrieben, wo sie in Arbeitslagern arbeiteten und unter der Aufsicht des Kommandanten in Spezialansiedlungen lebten. Ab diesem Zeitpunkt wurden sie, unabhängig von ihrem früheren Status, ihrer Tätigkeitsrichtung und ihrem Wohnort, nicht mehr in Wolgadeutsche,

Schwarzmeer-, Kaukasus- oder andere Kolonisten, städtische oder ländliche, unterteilt, sondern wurden einfach zu Russlanddeutschen, denen noch lange Jahre der Diskriminierung und der ungerechten Anschuldigungen und Einschränkungen bevorstanden.

Die nächste Phase der Zerstörung des etablierten Lebensstils, der Traditionen und kulturellen Merkmale der russlanddeutschen Ethnien, war der vollständige Schutzverlust vor unbegründeten Anschuldigungen. Jegliche Gegenreaktion und Widerstand wurden durch repressive Zwangsmaßnahmen der Behörden ausgeschlossen, die den Apparat und die Kräfte des NKWD einsetzten. Während russlanddeutsche im zaristischen Russland und in den ersten Jahren der sowjetischen Herrschaft durch die Ausweitung der Auswanderung reagierten und während der Repressions- und Kollektivierungsperiode der 30er Jahre aktiv für das Recht kämpften, das Land zu verlassen, waren sie jetzt völlig dieser Möglichkeit beraubt.

Es scheint, dass viele von ihnen, während sie in Güterwaggons für den Viehtransport in die Deportationsgebiete reisten, in kalten Baracken der Arbeitsarmee, in Bergwerken, auf Holzlagerplätzen und in Spezialsiedlungen waren, sich die verzweifelte Frage stellte: *"Warum haben ihre Vorfahren und sie selbst dieses Land nicht verlassen, als es noch möglich war?"*

Leider kennt die Geschichte keinen Konjunktiv!

Allerdings gelang es bisher niemandem, die Zeit zurückzudrehen, aber dieser Gedanke wird dem Reisenden, der den Pfad der Geschichte der deutschen Kolonisten betritt, die vor fast drei Jahrhunderten in die Fremde aufbrachen, um ein besseres Leben zu suchen, sicherlich noch öfter in den Sinn kommen.

8.4. Exodus. Der lange Weg nach Hause

Bevor wir uns mit dem endgültigen Schicksal der Nachkommen der Kolonisten und anderen Schichten der deutschen Bevölkerung in Russland befassen, wollen wir kurz noch einmal die wichtigsten Etappen ihrer Geschichte betrachten. Beachten Sie, dass im Jahr 1763, ein Jahr vor der Ankunft der ersten Kolonisten, nur 39.000 Deutsche gezählt wurden. Nach 33 Jahren, im Jahr 1796, waren es bereits 262.200, und vor dem Ersten Weltkrieg im Jahr 1914 belief sich ihre Zahl auf 2.448.500. In anderthalb Jahrhunderten hat sich die Gesamtzahl der deutschen Bevölkerung um das 63-fache erhöht. Trotz Krankheiten, Hunger und den Strapazen der ersten Überlebensjahre waren diese anderthalb Jahrhunderte die wohlhabendste Zeit im Leben der russischen Deutschen. Es war eine Ära, in der ihre Arbeitsmoral und effektive Arbeit Ende des 19. und Anfang des 20. Jahrhunderts zu Wohlstand und Wachstum der zahlreichen deutschen Kolonien und zur Bevölkerungszunahme in allen Regionen ihres kompakten Lebensraums führten. Man kann diese Zeit als eine Periode bezeichnen, in der die russischen Deutschen keiner Diskriminierung ausgesetzt waren und gleichberechtigte Bürger des russischen Staates waren.

Allerdings wurde das Wohlstandsjahrzehnt der russischen Deutschen schon bald von schweren Jahren des Hungers, der Deportationen, langwieriger Verfolgung und Diskriminierung abgelöst, die Hunderttausende von Leben kosteten. Der Erste Weltkrieg, der Sturz der zaristischen Herrschaft, die Oktoberrevolution, der Bürgerkrieg, die legale und illegale Emigration sowie die Hungersnot von 1921/1922 führten zu einem drastischen Rückgang der Gesamtzahl der deutschen Bevölkerung, die bis 1926 um das 1,98-fache gesunken war.

Während vor dem Ersten Weltkrieg 1914 noch 2.448.500 Deutsche in Russland lebten, waren es nur 12 Jahre später in der Sowjetunion nur noch 1.238.549 Menschen. Es kam zu drastischen Veränderungen in der Bevölkerungsstruktur nach Regionen, die auf die erzwungene und massenhafte Deportation der deutschen Bevölkerung während des Zweiten Weltkriegs zurückzuführen war. Sie wurden gewaltsam aus ihren kompakten Siedlungsgebieten in Sibirien, Kasachstan und Zentralasien vertrieben. Im Jahr 1939 lebten noch 60% der russischen Deutschen in der RSFSR und nur 6,5% in der Kasachischen SSR. Vor dem Zerfall der UdSSR im Jahr 1989 lebten bereits 47% der deutschen Bevölkerung in Kasachstan und nur noch 41,3% in der RSFSR. In der RSFSR lebten im Jahr 1989 hauptsächlich 57,3% der Deutschen in Sibirien, während es vor dem Zweiten Weltkrieg im Jahr 1939 nur 7,6% waren.

Nach der Verurteilung des Personenkults von Stalin auf dem 20. Parteitag der KPdSU begann unter den russlanddeutschen Menschen eine Bewegung zur Wiederherstellung ihrer ihnen genommenen Autonomie an der Wolga. Im Jahr 1965 machten sich die ersten beiden Delegationen auf den

Weg zum Kreml, konnten jedoch keine Wiederherstellung ihrer Staatlichkeit erreichen, ebenso wenig wie die folgenden drei Delegationen im Jahr 1988. Die verzweifelte Tapferkeit der ersten Wahrheitssuchenden und die Hartnäckigkeit der Teilnehmer der letzten Delegationen für die Wiederherstellung der Rechte der Russlanddeutschen waren jedoch nicht umsonst. Letztendlich führten sie 1988 zur Gründung der nationalpolitischen Organisation *'Wiedergeburt'*, die zu einem wichtigen Ereignis in der Geschichte der Russlanddeutschen und zum Schutz ihrer nationalen Interessen wurde.

Ihre Aktivitäten führten zu einem Anstieg des nationalen Selbstbewusstseins der Russlanddeutschen, das durch jahrelange Verfolgungen und Demütigungen beeinträchtigt war. Die aktive und prinzipielle Haltung der Organisation konnte das Problem auf die höchste politische und gesellschaftliche Ebene in Russland heben und somit dazu führen, dass die Mehrheit der Russlanddeutschen die bittere Tatsache der Aussichtslosigkeit der Fortsetzung ihres Kampfes für die Wiederherstellung ihrer Staatlichkeit in Russland verstand. Die Bedeutung und Rolle der Struktureinheiten von *'Wiedergeburt'* vor Ort, die Hunderttausenden von deutschen Familien professionelle Hilfe bei der Vorbereitung von Dokumenten und der Lösung zahlreicher Fragen im Zusammenhang mit der Auswanderung nach Deutschland leisteten, kann nicht überbewertet werden.

Nach dem Zusammenbruch der UdSSR nahm die Massenauswanderung der deutschen Bevölkerung erheblich zu, was weitgehend mit dem Lawinenartigen Aufkommen von

Souveränitäten in den ehemaligen Republiken der Sowjetunion zusammenhing, die nacheinander ihre politische Unabhängigkeit erklärten. Die ethnischen Deutschen, die zuvor in einem Staat lebten, wurden durch die neuen Grenzen zerrissen und in den Gebieten von Dutzenden neuer Länder verstreut. Die Situation verschärfte sich besonders in Kasachstan und den neuen zentralasiatischen Staaten. Inmitten der Verschärfung der zwischenethnischen Beziehungen in diesen ehemaligen muslimischen Republiken und der Vertreibung der europäischen Völker sahen sich die Deutschen auf diesem Souveränitätsfest als Fremde und sahen ihre einzige Lösung in der Auswanderung. Nach dem im März 1992 abgehaltenen zweiten außerordentlichen Kongress der Deutschen der ehemaligen UdSSR und dem ersten Kongress der Deutschen Russlands wurde klar, dass es keine Alternative zur Auswanderung aus der ehemaligen UdSSR gab.

Nach und nach wurde die Sinnlosigkeit eines solchen Kampfes durch die populistische Äußerung des russischen Präsidenten Jelzin in der Oblast Saratow deutlich, in der er in grober Form und praktisch endgültig die Idee der Wiederherstellung der deutschen Autonomie an der Wolga begrub. Insgesamt muss festgestellt werden, dass die sich in den frühen 90er Jahren durchsetzenden Demokratisierungsprozesse in der UdSSR und später im neuen souveränen Russland zu keinen wesentlichen Veränderungen bei der Lösung der Probleme der Russlanddeutschen führten. Im Gegenteil, die meisten von ihnen wurden von Russland dem Schicksal in Kasachstan und anderen mittelasiatischen Ländern überlassen, wohin sie zu verschiedenen Zeiten von der sowjetischen Regierung zwangsweise deportiert worden waren.

Wir sind der Meinung, dass die Ursachen der Massenauswanderung der deutschen Bevölkerung aus Russland und
den postsowjetischen Ländern lagen nicht nur im formalen
Verzicht auf die Wiederherstellung der Republik an der
Wolga. Sie waren viel tiefer und bestanden darin, dass Russland von der Masse der ethnischen Deutschen nicht als sor-
gende und für sie wie auch für jedes andere ihrer Völker
verantwortliche Mutter, sondern als Stiefmutter wahrge-
nommen wurde, die die Einladung ihrer Vorfahren vergessen hatte und ihre zahlreichen Versprechen nicht eingelöst
hatte. Denn nach den beispiellosen Repressionen gegen ihr
deutsches Volk hatten die sowjetischen Behörden ihre
Schuldigen offen und aus eigener Initiative weder verurteilt
noch für notwendig erachtet, die russlanddeutschen Menschen vollständig zu Rehabilitieren.

Von heute aus betrachtet scheint es realistisch und vollständig gewesen zu sein, die aufgelöste deutsche Autonomie
nur unmittelbar nach der Aufhebung der 1954 in Bezug auf
die deutsche Bevölkerung verhängten Militärverwaltung
wiederherzustellen. Damals wünschte sich die absolute
Mehrheit der russischen Deutschen dies sehr, aber die
Kremlbehörden waren dagegen. Ihre damalige positive Entscheidung wäre als gerecht angesehen worden und hätte in
der Gesellschaft keine Aufregung oder Diskussionen ausgelöst. In den 60er, 70er und 80er Jahren des letzten Jahrhunderts wünschten sich die meisten russischen Deutschen weiterhin die Wiederherstellung ihrer Autonomie, aber die sowjetische Regierung stimmte immer noch nicht zu. Eine

solche politische Entscheidung war damals noch realistisch, aber bereits eine schwierige Angelegenheit, unter Berücksichtigung möglicher Einwände der örtlichen Bevölkerung, die es geschafft hatte, sich in dem Gebiet der ehemaligen deutschen Autonomie niederzulassen. Und schließlich, Ende der 80er und Anfang der 90er Jahre, unter dem Druck der wachsenden Auswanderung, wollten die sowjetischen, später russischen Behörden möglicherweise eine Entscheidung zur Wiederherstellung der deutschen Autonomie treffen. Aber zu dieser Zeit hatte die Kremlführung bereits nicht mehr die notwendige wirkliche Macht dafür, und die meisten russischen Deutschen glaubten nicht mehr an diese Möglichkeit und verließen Russland und andere postsowjetische Länder.

Darüber hinaus hätten sich unter den Bedingungen der von den Behörden geschürten antideutschen Stimmungen in der lokalen Bevölkerung an der Wolga nicht alle russischen Deutschen bereit erklärt, sich in die Gebiete der wiederhergestellten Autonomie umzusiedeln, wo sie mit Sicherheit zu Zielen neuer ungerechtfertigter Anschuldigungen und Beleidigungen geworden wären. Zu diesem Zeitpunkt unterlagen die deutsche Bevölkerung im Allgemeinen und insbesondere in Kasachstan und Sibirien keinen nennenswerten nationalen Beschränkungen. Deutsche Jugendliche hatten die Möglichkeit, eine höhere Bildung zu erhalten, viele wurden Leiter von Verwaltungsgebieten, großen Unternehmen, Bildungs- und Forschungseinrichtungen, arbeiteten als Ingenieure, Ärzte, Lehrer, qualifizierte Arbeiter in Industrie und Landwirtschaft verschiedener Regionen. In diesem Zusammenhang ist es schwer vorstellbar, dass die russischen Deutschen in absehbarer Zukunft nicht nur die erforderlichen 90%, sondern sogar nur die Mehrheit auf dem Gebiet der möglichen Autonomie an der Wolga bilden könnten, dass bereits lange Zeit von einer anderen Bevölkerung besetzt war. Und die Autonomie selbst ohne die Schaffung eines Systems von Verwaltung, Bildung auf allen Ebenen, Verlags- und kultureller Aufklärungsarbeit in der Muttersprache hätte keinen Sinn gehabt und hätte nicht zu einem bestimmten Bildungs- und Kulturzentrum für die gesamte deutsche Bevölkerung Russlands werden können, unabhängig von ihrem Wohnort.

Nach dem Zusammenbruch der Sowjetunion im Jahr 1991 fanden sich die meisten russischen Deutschen auf dem Gebiet neuer souveräner Staaten inmitten wachsender politischer, ideologischer und wirtschaftlicher Krisen sowie vertiefter zwischenstaatlicher Konflikte wieder. Die Schwächung der Zentralregierung und der Wunsch der Eliten der Nationalrepubliken nach politischer Unabhängigkeit führten am 29. Dezember 1991 zum Zusammenbruch der UdSSR und zur Entstehung mehrerer neuer unabhängiger souveräner Staaten auf ihrem Territorium.

Das im Mai 1991 unter Gorbatschow verabschiedete Gesetz über die Möglichkeit, das Land zu verlassen, wurde einige Monate vor dem Zusammenbruch der UdSSR zu einem historischen und bedeutenden Dokument, das den Bürgern des Landes erlaubte, es auf Einladung von Verwandten, Freunden oder auf Ersuchen verschiedener staatlicher, gesellschaftlicher und religiöser Organisationen zu verlassen. Das Recht, das Land frei und ungehindert zu verlassen und zurückzukehren, wurde später durch die Verfassung der Russischen Föderation garantiert, die am 12. Dezember 1993 verabschiedet wurde.

Die Möglichkeit, das Gebiet der ehemaligen UdSSR vollständig zu verlassen, wurde von den russischen Deutschen weitgehend genutzt. Unter diesem Sammelbegriff werden alle Deutschen in den Ländern der ehemaligen Sowjetunion bezeichnet. Der zuvor relativ geringe Auswanderungsstrom aus der UdSSR, dessen rechtliche Grundlage das Recht auf Familienzusammenführung und subjektive Entscheidungen der Machthaber waren, verwandelte sich ab diesem Zeitpunkt in eine Massenauswanderung in die Bundesrepublik Deutschland. Es sei darauf hingewiesen, dass bereits zwei Jahre vor Verabschiedung des Gesetzes über die freie Ausreise aus dem Land die Zahl der deutschen Emigranten nach Deutschland stark zunahm. So gab es im Jahr 1986 nur 753, im Jahr 1987 bereits 14.488, im Jahr 1988 47.572, und im Jahr 1989 waren es bereits 98.134 Menschen. Dies lässt sich durch die zunehmende Atmosphäre von Freiheit und Demokratisierung des gesellschaftlichen Lebens in Russland erklären, von der auch die Beamten der staatlichen Einrichtungen, die positive Entscheidungen zur Emigration der russischen Deutschen trafen, nicht verschont blieben.

Russlanddeutsche verließen das Land, in dem sie lange Zeit verfolgt und erniedrigt wurden. Ein Land, für das sie Hunderte von Jahren hart gearbeitet hatten, in dem sie während der sowjetischen Ära eine autonome Republik an der Wolga hatten, die zu Beginn des Krieges mit dem nationalsozialistischen Deutschland weggenommen wurde, und in dem sie, im Vergleich zu anderen Orten ihres kompakten Wohnsitzes, gewaltsam nach Sibirien, Kasachstan und

Zentralasien deportiert wurden. Ein Land, dessen Behörden es nach dem Krieg versäumten, Gerechtigkeit gegenüber ihrem deutschen Volk wiederherzustellen, indem sie ihm mehrmals die Autonomie verweigerten und die Möglichkeit, Sprache, Kultur und Traditionen zu bewahren, die sich über Hunderte von Jahren des Zusammenlebens mit anderen Völkern Russlands entwickelt hatten.

Die Auswanderung der Russlanddeutschen aus den Ländern der ehemaligen Sowjetunion nahm stetig zu und erreichte ihren Höhepunkt im Jahr 1994, als 213.214 Russlanddeutsche nach Deutschland umsiedelten, und in den zehn Jahren nach der Öffnung der Grenzen von 1990 bis 1999 waren es 1.630.107 Menschen. Betrachten wir die Hauptmerkmale und Trends der Auswanderung der ethnischen Deutschen aus den Orten ihrer ehemaligen Wohnorte in den Ländern, die nach dem Zusammenbruch der UdSSR entstanden sind, die wir bis heute als Länder der ehemaligen Sowjetunion bezeichnen.

Es fällt auf, dass in der Anfangsphase der Auswanderung von 1992 bis 2001 die Abwanderung der deutschen Bevölkerung aus Kasachstan massiver war als aus Russland, aber ab 2002 änderte sich die Situation. Seitdem übersteigt die Anzahl der Umsiedler aus Russland ständig diejenige aus Kasachstan. Dies kann durch die Situation erklärt werden, dass Deutsche aus Kasachstan, die noch keine Einwanderungsrechte erhalten hatten, zunächst nach Russland umsiedelten und später von dort nach Deutschland.

Es ist auch zu beachten, dass das bereits erwähnte Gesetz *"Über die Beseitigung der Folgen des Krieges"*, das ab 1993 die Aufnahmebedingungen für *"Spätaussiedler"* verschlechterte, die Auswanderung aus den Ländern der ehemaligen UdSSR nur geringfügig verringerte. Im Jahr 1993 betrug die Gesamtzahl der Umsiedler aus der ehemaligen UdSSR 207.347 Personen, im Jahr 1994 stieg sie sogar auf 213.214, und im Jahr 1995 waren es immer noch 209.409 Menschen. Dann begann die Anzahl der Umsiedler zu sinken, aber nicht so stark wie erwartet. Im Jahr 1995 betrug sie 172.181, und im Jahr 1998 waren es immer noch 103.599 Menschen.

Um die Auswanderungsraten zu reduzieren und gleichzeitig die Integrationsbedingungen für *"Spätaussiedler"* zu verbessern, führte die deutsche Regierung am 15. Juli 1996 einen obligatorischen Sprachtest ein, der in den Botschaften und Vertretungen der BRD im Land des Aufenthalts abgelegt werden musste. Anfangs konnten 70% ihre Sprachkenntnisse nachweisen, aber bis 2000 waren es nur noch 41% der Umsiedlungswilligen. Die Tendenz zu einer ständigen Abnahme der Anzahl der Menschen, die ihre Deutschkenntnisse nachwiesen, setzte sich in den folgenden Jahrzehnten fort, und damit sank auch das Quoten- und tatsächliche Auswanderungsniveau der ethnischen Deutschen nach Deutschland. Ein überzeugender Beweis für die direkte Abhängigkeit der Auswanderungsraten von dem eingeführten Sprachtest ist die Reduzierung der Gesamtzahl der Emigranten um das 4,6-fache, von 35.396 im Jahr 1995 auf 7.626 im Jahr 1996, nur ein Jahr nach seiner Einführung.

Der im Jahr 1993 in Kraft getretene Gesetz *"Über die Beseitigung der Folgen des Krieges"* bestimmte die neuen Strukturen und Bedingungen für die Umsiedlung und legte den Status des Spätaussiedlers fest. Eine Analyse der vorliegenden statistischen Daten zeigt, dass die Verschärfungen im deutschen Gesetz vor allem die Spätaussiedler aus den Ländern der ehemaligen Sowjetunion betrafen. Der Großteil der Deutschen aus den übrigen Ländern Zentral- und Südosteuropas konnte bis 1993 nach Deutschland umsiedeln. Zu dieser Zeit wurden nur 30,8% oder 747.235 ethnische Deutsche aus den Ländern der ehemaligen UdSSR als Umsiedler anerkannt, während die restlichen 69,2% oder 1.677.154 späte Umsiedler gezwungen waren, sich unter deutlich schlechteren Bedingungen in die deutsche Gesellschaft zu integrieren. Das Ergebnis der neuen strengeren Aufnahmebedingungen war eine ständige Abnahme der Anzahl der deutschen Umsiedler aus den postsowjetischen Ländern nach Deutschland, die bis 2012 nur noch 1.782 Personen betrug.

Dennoch setzt sich heute nicht nur die Auswanderung fort, sondern er verstärkt sich in gewisser Weise erneut. Die Schaffung von wider bessere Aufnahmebedingungen für Umsiedler hat zu einem Anstieg der jährlichen Umzugszahlen nach Deutschland auf 6-7 Tausend Menschen geführt. Im Jahr 2021 betrug die Zahl 7046, 2022 genau 7000 und 2023 waren es 6647 Menschen. Insgesamt sind im Zeitraum von 1950 bis 2023 2.424.389 ethnische Deutsche und Mitglieder ihre Familien aus den Ländern der ehemaligen UdSSR nach Deutschland umgesiedelt.[154] Und es ist zu beachten, dass die Anzahl der

aufgenommenen Umsiedler nach wie vor um das 3-4-fache geringer ist als die Anzahl der Anträge auf Umzug nach Deutschland. Alle oben genannten Daten zeigen überzeugend, dass die Behauptung einiger Autoren und

Kommentatoren, *"dass alle, die gehen wollten, bereits aus-gewandert sind"*, falsch ist. Was den Spätaussiedlern tat-sächlich im Laufe der Zeit den Umzug verwehren könnte, ist die Anerkennung dieses Status nur für diejenigen, die bis Ende 1992 geboren wurden. Alle danach Geborenen werden nicht mehr in der Lage sein, selbstständig als Spätaussied-lern nach Deutschland zu ziehen. Zusammenfassend lässt sich sagen, dass die Ausmaße und Migrationswellen der Umsiedlung von ethnischen Deutschen aus den Ländern Osteuropas, Zentraleuropas und Südosteuropas eng mit der Geschichte und den Phasen der politischen und wirtschaft-lichen Beziehungen dieser Länder zu Deutschland verbun-den sind. Die Massenauswanderung der deutschen Bevölke-rung aus den Ländern des ehemaligen Ostblocks wurde durch das Bundesgesetz *"Über Heimatvertriebene und Flüchtlinge"* und eine Reihe anderer Gesetze und Bestim-mungen ermöglicht, die die grundlegenden Bedingungen für die Nachkriegsumsiedlung der ethnischen Deutschen in die Bundesrepublik Deutschland regelten. Neue und stren-gere Kriterien für die Erlangung des Status eines *"Spätaus-siedlers"*, insbesondere der im Jahr 1996 eingeführte Sprachtest für alle Familienmitglieder, stellten eine ernst-hafte Hürde für viele potenzielle Umsiedler dar, nach Deutschland zu kommen. Die Auswanderung wurde auch durch die realen Schwierigkeiten der Integration in die deut-sche Gesellschaft zurückgehalten, die mit einem praktisch unvermeidlichen sozialen Statusabbau verbunden waren.

Parallel zu ihrer zielgerichteten, wenn auch nicht immer kohärenten, sondern verantwortungsbewussten und edlen Einwanderungspolitik, die Millionen von ethnischen Deut-schen die Möglichkeit gab, in ihre Heimat zurückzukehren, finanzierte die Bundesrepublik Deutschland gleichzeitig umfangreiche Investitionsprojekte in den Ländern des ehemaligen Ostblocks. Durch die Bereitstellung erheblicher Mittel für Infrastruktur- und Geschäftsprojekte verfolgte Deutschland zwei gleichzeitige Ziele: *Erstens* sollten die Lebensbedingungen der ethnischen Deutschen in Gebieten mit kompakter Siedlung verbessert werden, um die Erhaltung ihrer Sprache und Traditionen zu ermöglichen. *Zweitens* versuchte Deutschland, die Migration aus diesen Ländern zu stoppen oder erheblich zu reduzieren.

Die Zeit hat die Illusion dieser Pläne und die geringe Effizienz der investierten Mittel gezeigt, die nicht immer zweckgemäß verwendet wurden. In den letzten Jahren hat die deutsche Regierung die Finanzierung großer Infrastruktur- und landwirtschaftlicher Projekte eingestellt und finanzielle Unterstützung für ethnische Deutsche hauptsächlich für die Steigerung ihres Beitrags zur Gesamtwirtschaft in den Gastländern bereitgestellt. In dem Bestreben, die Politik der Emigrationsreduzierung und der Erhaltung der ethnischen Deutschen in den Gastländern fortzusetzen, werden Mittel für die Entwicklung gemeinsamer wirtschaftlicher, kultureller und humanitärer Projekte bereitgestellt, die enge Kontakte zu Deutschland fördern.

Es ist heute schwer genau festzustellen, wie viele ethnische Deutsche noch in den postsowjetischen Ländern leben, da die letzten offiziellen Volkszählungen in Kirgisistan 1999, in Tadschikistan und Usbekistan 2000 und in der Ukraine 2001 durchgeführt wurden. Nur in Kasachstan und Russland sind diese Informationen für die Jahre 2021 verfügbar. Nach unserer Einschätzung und basierend auf den Daten der letzten Volkszählungen sind es zirka 470 – 490

Tausend ethnischen Deutschen, die in den ehemaligen Sowjetrepubliken noch leben.

Es scheint, dass in den kommenden Jahren ein Teil der noch in Russland, Kasachstan und der Ukraine verbliebenen ethnischen Deutschen, einschließlich Mitglieder ihrer Familien anderer Nationalitäten, nach Deutschland auswandern werden, während der Rest freiwillig bleibt und sich endgültig assimiliert. Es ist schwer vorstellbar, in welchem Verhältnis diese beiden Teile der verbleibenden deutschen Bevölkerung stehen werden. Die Entscheidung zu gehen oder zu bleiben hängt von vielen Faktoren ab, vor allem von der politischen und wirtschaftlichen Stabilität sowohl in den Ländern, in denen sie heute leben, als auch in Deutschland, dessen Einwanderungsgesetzgebung weitgehend das Niveau der Auswanderung der ethnischen Deutschen bestimmt.

Heute sind wir Zeugen des sich abschließenden letzten Stadiums des Auszugs der Russlanddeutschen aus Russland und anderen post-sowjetischen Staaten, als Teil eines gemeinsamen einzigartigen Phänomens und historischen Ereignisses des jahrhundertelangen Aufenthalts und der massenhaften Abwanderung der Nachkommen deutscher Kolonisten aus den Ländern Europas und Asiens.

Die Massenauswanderung der russischen Deutschen wurde durch die in den 90er Jahren entstandenen Faktoren ihrer Vertreibung bestimmt, darunter das drastische

Verschlechtern der wirtschaftlichen, sozialen und politischen Situation in den meisten Ländern der ehemaligen Sowjetunion. Die Auswanderung war weitgehend mit dem Anstieg der Kriminalität in den postsowjetischen Ländern und der damit verbundenen realen Gefahr für das Leben der deutschen Bevölkerung verbunden. Die Bestrebungen der ethnischen Deutschen, sich wieder mit ihren ausgewanderten Familienmitgliedern, Verwandten und Bekannten zu vereinen, die bereits in Deutschland waren, spielten auch eine wichtige Rolle.

Beim Verlassen ihrer langjährigen Heimat haben die ethnischen Deutschen viele besorgniserregende Tage erlebt und sich dem Widerstand vieler Beamter entgegengestellt, die die Formalitäten behinderten, sowie kriminellen Banden, die Blutzahlungen erpressten, die aus dem Verkauf von Häusern und Eigentum stammten. Gleichzeitig pflegten sie absolut vertrauliche und freundliche Beziehungen zu ihren Nachbarn, Arbeitskollegen und Vertretern anderer Nationalitäten. Die Zeit hat gezeigt, dass diese Beziehungen auch heute, Jahrzehnte nach der Auswanderung der ethnischen Deutschen nach Deutschland, bestehen bleiben. Für viele von ihnen und für die in ihren ehemaligen Wohnländern verbliebenen zahlreichen Freunde, unabhängig von ihrer Nationalität, wurden gegenseitige Besuche, gemeinsame Freizeitgestaltung, das Kennenlernen und die Freundschaft der später geborenen Kinder zur Norm.

Besondere Erwähnung verdienen die menschlichen Qualitäten des kasachischen Volkes, das während der schweren Kriegsjahre Hunderttausende russische Deutsche aufnahm und beherbergte, die dorthin verbannt wurden. Das damals gezeigte Mitgefühl für das unterdrückte Volk, die

Bereitschaft, es in den eigenen Wohnungen aufzunehmen und das wenige Brot zu teilen, werden den kasachischen Deutschen dankbar in Erinnerung bleiben. Von seiner Seite während all der Nachkriegsjahre leistete die deutsche Bevölkerung in Kasachstan einen würdigen Beitrag zur Entwicklung seiner Wirtschaft, Wissenschaft, Bildung und Kultur.

Selbst die heimlich von den regionalen Behörden organisierte Demonstration von Studenten in Zelinograd im Jahr 1979 gegen die Schaffung einer deutschen Autonomie im Norden Kasachstans konnte die freundschaftlichen Beziehungen zwischen dem deutschen und dem kasachischen Volk nicht beeinträchtigen.

Nach langen Prüfungen bot das Schicksal den russischen Deutschen die Möglichkeit, in ihre historische Heimat zurückzukehren und wieder ein organischer Bestandteil des vereinten deutschen Volkes zu werden. Der Integrationsprozess in die deutsche Gesellschaft ist unaufhaltsam, er kann nicht durch verschiedene widersprüchliche *"politische"* Bewertungen und Erklärungen gestoppt werden. Er entwickelt sich erfolgreich, insbesondere in den neuen Generationen, unter den Kindern und Enkeln, die sich nicht mehr außerhalb der rechtlichen, kulturellen und sprachlichen Umgebung Deutschlands vorstellen können. Die vollständige Integration der ethnischen Deutschen aus Rumänien, Ungarn, Polen und anderen Ländern Mittel- und Südosteuropas, die vor den Aussiedlern und den Spätaussiedlern aus Russland nach Deutschland gekommen sind, ist ein Beweis für die Unvermeidlichkeit dieses Prozesses.

Kapitel 9

Die Wolgadeutschen im Spiegel der Geschichte einer Familie

9.1. Auf der Suche nach meinen Vorfahren

Ich habe beschlossen, dieses Buch mit der Beschreibung meiner genealogischen Suche nach meinen Vorfahren abzuschließen und anhand des Lebens vieler Generationen die Geschichte der deutschen Siedler in Dänemark und Russland aus der Perspektive einer einzelnen Familie näher zu beleuchten. Ich denke, dass dies das Verständnis des Schicksals vieler Generationen von Deutschen in Russland ergänzen und verbessern wird, deren Vorfahren vor Hunderten von Jahren ihre Heimat verlassen haben, um ein besseres Leben zu suchen. Dabei haben sie bewusst oder unbewusst das Schicksal aller Generationen ihrer Nachkommen vorbestimmt, und wie wir jetzt wissen, oft auf tragische Weise. Es sei darauf hingewiesen, dass es viele solcher Geschichten und Schicksale einzelner Familien von Nachkommen deutscher Siedler gibt, Hunderttausende von ihnen, und jede von ihnen spiegelt das gemeinsame Schicksal ihres Volkes wider.

Die Suche nach meinen Vorfahren begann ich in unterschiedlichem Maße sofort nach der Umsiedlung meiner Familie von Kasachstan nach Deutschland als Spätaussiedler im Jahr 1993. Nachdem ich das Buch von Stumpp gelesen hatte, dass das Ergebnis langjähriger grundlegender Arbeit ist und bis heute die umfassendste Quelle für die Ahnensuche der Russlanddeutschen darstellt, entdeckte ich einen einzigen Siedler mit dem Namen Maul, der 1766 mit Frau und einem Kind an die Wolga nach Russland kam.

Da es in dem Buch keine weiteren Siedler an der Wolga mit diesem Nachnamen gab und sein Name Michael war, der in unserer Familie weit verbreitet ist (mein Großvater und mein leiblicher Onkel trugen diesen Namen), entschieden wir, dass er unser erster Vorfahre war, der nach Russland kam. Zwei Umstände bereiteten uns jedoch Unbehagen. Erstens kam er von der Mecklenburg-Region an der Wolga an, die nicht der Ort war, von dem aus die Deutschen massenweise nach Russland auswanderten. Zweitens ließ er sich in der Kolonie Schafhaugen an der Wolga nieder, während unsere Vorfahren in der Kolonie Schilling lebten. Meine Zweifel an der Richtigkeit unserer Annahmen verstärkten sich nach der Lektüre des Buches von Andreas Idt und Georg Rauschenbach *"Seiten der Geschichte des Kolonisierungsprojekts von Katharina II. 1673-1775"*. Ich betrachte es als einen wichtigen Beitrag zur Erforschung der Geschichte der deutschen Siedler in Russland. Es wird besonders für die heutige Generation der russlanddeutschen Menschen nützlich sein, die versuchen, ihre entfernten Vorfahren zu finden. In dieser Hinsicht ist es eine bedeutende Ergänzung zur grundlegenden Arbeit von Karl Stumpp.

In diesem Buch wird eine Liste derjenigen aufgeführt, die sich in der Kolonie Schilling niedergelassen haben, darunter gleich vier Familien mit dem Nachnamen Maul: Maul Johann Filipp, Maul Johann Georg, Maul Johann Michael und

Maul Philipp Ludwig. Nach meiner Meinung gibt es in dieser Liste keinen Maul Michael, den ich für meinen Vorfahren hielt und der definitiv in der Kolonne Paiykul-Rebinder nach Russland kam. Während die Autoren (S. 486) davon ausgehen, dass er in der Liste vorhanden ist, nehmen sie offensichtlich an, dass es sich um Maul Johann Michael handelt, der in der Liste der Siedler aufgeführt ist, die von Musin-Pushkin nach Russland geschickt wurden (S. 74). Er ist jedoch mit einer völlig anderen Familienzusammensetzung aufgeführt (zwei Kinder, Mutter und zwei Schwestern), während Maul Michael laut der Paiykul-Rebinder-Liste nur eine Frau und einen 18-jährigen Sohn hatte. Wir finden ihn mit dieser Familienzusammensetzung nicht in Andreas Idt und Georg Rauschenbachs Buch und auch nicht in den Materialien späterer Volkszählungen von Siedlern.

Nachdem ich erkannt hatte, dass meine ersten Annahmen bezüglich Maul Michael wahrscheinlich falsch waren, setzte ich meine Suche nach meinen Vorfahren aktiver fort. Ich begann, mit den Autoren des oben genannten Buches zu korrespondieren, in der Hoffnung, Zugang zu den von ihnen als Quelle erwähnten Kirchenbüchern zu erhalten, und bekam den Rat, sie auf der weit verbreiteten Website *"Geschichte der Wolgadeutsche"* zu suchen.

Mit den Materialien dieser Website war ich gut vertraut und hatte bereits seit Jahren ihre Entwicklung verfolgt. Alle ihre Abschnitte fand ich interessant und lehrreich, wobei ich den Abschnitt *"Bibliothek"*, insbesondere *"Fond seltener Bücher"*, sowie das *"Forum"* hervorhob. Die Möglichkeit, sich mit einzigartiger Literatur über die ferne Vergangenheit der deutschen Siedler, mit Originalen historischer Dokumente und Büchern, die nur schwer zugänglich oder stark eingeschränkt sind, vertraut zu machen, ist von unschätzbarem Wert! Die Website hebt sich vorteilhaft von anderen ähnlichen Seiten im Internet ab. Es ist kein Zufall, dass heute bekannte Autoren, Nachkommen deutscher Siedler, ihre Veröffentlichungen im Abschnitt *"Autorenseiten"* veröffentlichen. Das Material im Abschnitt *"Forum",* das sich im Laufe der Jahre angesammelt hat, ist riesig und einzigartig und hat vielen unserer Landsleute geholfen, ihre Vorfahren und Verwandten zu finden.

Zu diesem Zeitpunkt hatte ich bereits alle Materialien Ihres Forums sorgfältig durchstudiert, besonders alles, was mit dem Nachnamen Maul zu tun hatte. Ich neigte dazu, der Version des Moderators mit dem Pseudonym Viktor 2 zu glauben, der behauptete, dass alle Kolonisten mit dem Nachnamen Maul in der Kolonie Schilling Nachkommen von Maul Andreas und seiner Frau Anna Margaretha Glaser seien, die aus Dänemark angereist waren und zuvor in Ernsthofen, Landgrafschaft Hessen-Darmstadt, gelebt hatten.

Damals ging ich davon aus, dass der Sohn von Andreas, Johann Michael, mein Vorfahre sei. Weil er in Schilling lebte, und wiederholte das Vorhandensein des Namens Michael in der Familie. Allerdings zeigten spätere Recherchen, dass auch diese Annahme falsch sein würde, aber alles zu seiner Zeit.

Um vollen Zugriff auf die Materialien der Website und die Möglichkeit zur Kommunikation mit den aktiven Mitgliedern zu erhalten, habe ich mich registriert, meine Forschungen bekannt gegeben und bald erkannt, dass ich trotz der Bereitschaft erfahrener Mitglieder der Website, mir zu helfen, meine Suche nicht erfolgreich abschließen könnte, ohne Zugang zu den Archivmaterialien, Volkszählungen und Kirchenbüchern in den Kolonien zu haben. Dabei war mir klar, dass ich meinen Forschungsweg vom Bekannten ins Unbekannte, vom jetzt ins Fernere Vergangenheit führen musste. Es war sicher bekannt, dass unsere Vorfahren von der Kolonie Schilling in die Tochterkolonie Neuschilling umgezogen waren, und mein Urgroßvater Jakob Martin Maul (1865-1907) und seine Frau Stör Maria Kristian (1867-1938) wurden in Neuschilling geboren und starben dort. Mein Großvater Maul Michael (1891-1966) und seine Frau Katarina Stör (1891-1981) wurden ebenfalls in Neuschilling geboren und starben bereits an den Vertreibungsorten. Basierend auf diesem Wissen plante ich, mithilfe von Geburtseinträgen in Kirchenbüchern und Volkszählungsmaterialien zuerst die Eltern meines Urgroßvaters in Neuschilling und dann in Schilling zu ermitteln, um so meinen Weg weiter in die Vergangenheit bis zum ersten Siedler zu verfolgen, der aus Deutschland an die Wolga kam.

Aber es ist leicht zu wollen und nicht einfach zu tun. Angesichts der heutigen Umstände schloss ich für mich die Möglichkeit aus, persönlich in den Archiven Russlands zu arbeiten, und bewertete auch realistisch die begrenzten Möglichkeiten meines Zugangs und meiner Materialbeschaffung. In diesem Zusammenhang möchte ich meine aufrichtige Dankbarkeit gegenüber Prof. Dr. Igor Pleve ausdrücken, einem renommierten Forscher der Geschichte der deutschen Kolonisten in Russland und Autor vieler bekannter Bücher zu diesem Thema. Er hat es geschafft, diese nicht einfache Arbeit trotz Zeitmangels zu erledigen und alle meine direkten Vorfahren zu ermitteln. Daher bin ich ihm für alle weiteren von mir angeführten Informationen, einschließlich Auszügen aus Kirchenbüchern, zu Dank verpflichtet. Um sicherzustellen, dass die richtige Linie der Maul-Generation erforscht wird, begannen wir unsere Suche mit meinem Großvater, für den absolut zuverlässige Daten vorlagen. Diese wurden durch den nächsten Eintrag im Kirchenbuch bestätigt: Am 15. Mai 1891 um 21 Uhr wurde das Kind Johann Michael geboren und am 23. Mai von Pastor Allendorf getauft. Die Eltern waren Jakob Maul und Maria Christina, geborene Maul. Die Paten waren Johann Friedrich Luft mit seiner Frau Katarina Elisabeth, geborene Sinner, und Johannes Maurer.

Die Geburtsdaten aus dem Kirchenbuch, unter Berücksichtigung ihrer Umrechnung vom julianischen zum gregorianischen Kalender, stimmten vollständig mit seiner Geburtsurkunde überein. Wie bekannt ist, begann in Russland die Verwendung des neuen Stils Anfang 1918, und der Unterschied zwischen den Daten nach dem alten und dem neuen Stil beträgt 13 Tage. Im Abb. 6 finden Sie diesen Kirchenbucheintrag, der der dritte von oben ist.

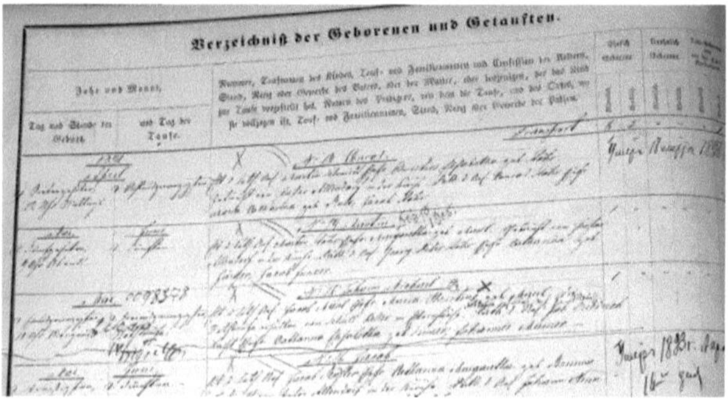

Verzeichniß der Geborenen und Getauften.

Abb.6: Eintrag in das Kirchenbuch über die Geburt und Taufe meines Großvaters Johann Michael und seiner Eltern Jakob Maul und Maria Christina.

Nachdem wir sicher waren, dass die richtige Linie gefunden wurde und wir die Namen der Eltern meines Großvaters aus dem Kirchenbucheintrag kannten, fanden wir bereits einen Eintrag mit Informationen zur Geburt seines Vaters. Der entsprechende Eintrag mit der Nummer 59 im Kirchenbuch ist im Abb. 7 zu sehen. Dort steht, dass am 10. Juli 1865 um 10 Uhr morgens das Kind Johann Jakob geboren wurde und am 25. Juli von Pastor Dettling getauft wurde. Die Eltern waren Johann Michael Maul und Margareta Barbara Ro. Die Paten waren Konrad Maul mit seiner Frau Eva Katharina.

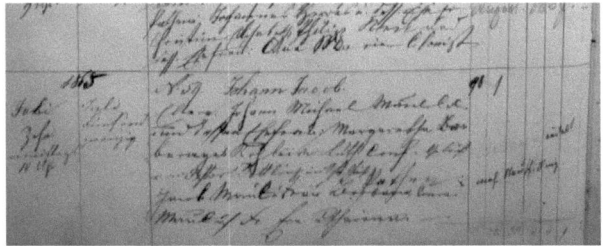

Abb.7: Eintrag in das Kirchenbuch über die Geburt und Taufe von Johann Jakob und seinen Eltern Johann Michael Maul und Margareta Barbara Ro.

Leider stießen wir in diesem Stadium der Suche auf eine Sackgasse. Obwohl wir bereits die Eltern meines Urgroßvaters kannten, konnten wir aufgrund des Verlusts von Kirchenaufzeichnungen mit Geburtsdaten und den Namen der Eltern nicht weiterkommen. Professor Pleve konnte jedoch eine Lösung für dieses Problem finden. Wie bekannt ist, wurden in deutschen Kolonien, wie in ganz Russland, Volkszählungen durchgeführt, die damals als Revisionsgeschichten bezeichnet wurden. Diese Listen enthielten die Namen, Vornamen und Nachnamen des Familienoberhaupts, sein Alter sowie die Namen und Vornamen der Familienmitglieder mit Altersangabe. Nach Analyse der Ergebnisse solchen Revisionen in den Jahren 1775, 1798, 1834 und 1857 für die Kolonie Shilling, in denen alle Familien mit dem Namen Maul erfasst wurden, wurde nur ein Michael gefunden, der Ende 1857 20 Jahre alt war, noch nicht verheiratet und der Einzige sein konnte, der der Vater meines Urgroßvaters wurde. Die Daten dieser Revisionen für die Kolonisten und Kinder der Kolonie Shilling sind in der untenstehenden Tabelle 4 aufgeführt.

Tabelle 4

Familie Maul in den Revision Daten

Name und Vorname	1775	1798	1834	1857
Maul Johann Philipp	25	49		
Frau Eva Maria	25			
Tochter Maria Katarina	3			
Sohn Johann Adam		21		
Seine Frau Anna Kristina		17		
Maul Michael	30	55		
Frau Maria Bigler		11		

Tochter Anna Barbara		7		
Eva Maria	1			
Sohn Michael	8			
Anna Barbara		11		
Katarina		7		
Anna Margareta		18		
Anna Sophia		15		
Margareta Barbara	4			
Sohn Konrad	3	27		
Sohn Johann Adam		21		

Danach folgen weitere Daten zu 6 Familiennamen, bevor wir zu der gesuchten Familie kommen, zu der Michael gehört.

Maul Johann Kristian			23	46

Frau Maria Katerina			23	46
Tochter Katerina Margareta			2	
Anna Katarina				16
Sohn Michael				**20**
Sohn Johann Jakob				19
Anna Margareta				11
Gottlieb				9
Christian				5
Peter				5
Martin				1/2

Jetzt mussten wir nur noch den Eintrag im Kirchenbuch über seine Geburt und alle seine Vorfahren finden, die zum Glück erhalten geblieben sind. Ich präsentiere sie in der entsprechenden Reihenfolge.

Am 28. Januar 1837 um 19 Uhr wurde das Kind Johann Michael geboren und am 5. Februar getauft. Die Eltern waren Christian Maul und Maria Katharina Garres. Die Paten waren Michael Maul mit seiner Frau Elisabeth Margaretha und Michael Garres mit seiner Frau Katharina Margaretha (Abb.8).

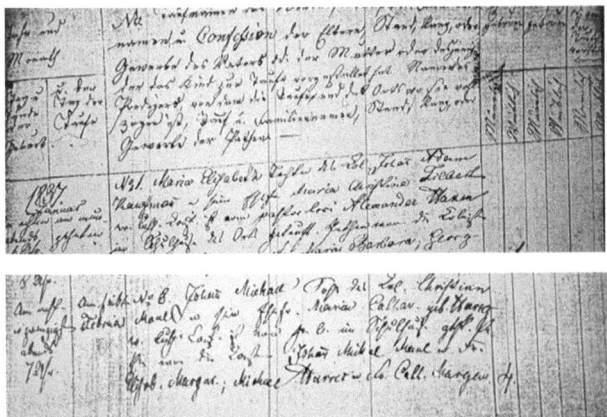

Abb.8: Eintrag in das Kirchenbuch über die Geburt und Taufe von Johann Michael und seinen Eltern Christian Maul und Maria Katharina Garres.

Am 15. August 1810 wurde das Kind Christian geboren und am 30. August getauft. Die Eltern waren Georg Martin Maul und Anna Margaretha Mende. Die Paten waren Christian Maul mit seiner Frau Katharina Gergenreder (Abb.9).

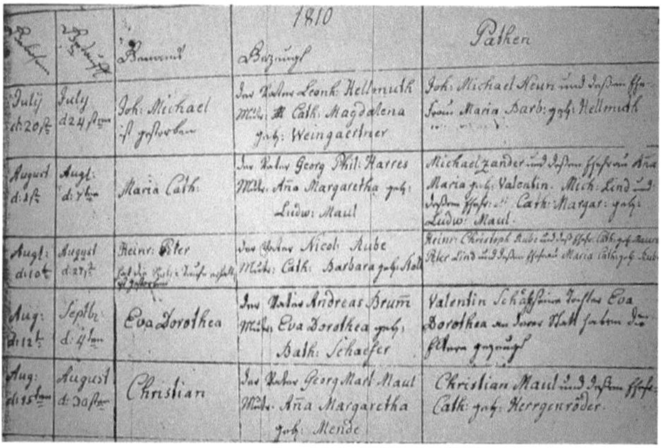

Abb.9: Eintrag in das Kirchenbuch über die Geburt und Taufe von Christian und seinen Eltern Georg Martin Maul und Anna Margaretha Mende.

Am 10. Januar 1768 wurde das Kind Georg Martin geboren und am 23. Januar getauft. Die Eltern waren Johann Georg Maul und Anna Margaretha Garres. Die Paten waren Martin Baidack aus Talovka mit seiner Frau Katharina und Johann Michael Maul (Abb. 10).

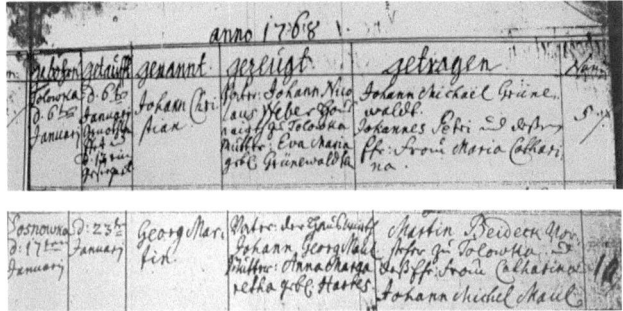

Abb. 10: Eintrag in das Kirchenbuch über die Geburt und Taufe von Georg Martin und seinen Eltern Johann Georg Maul und Anna Margaretha Garres.

Und endlich sind wir bei meinem ersten Vorfahren angelangt, der bereits in Russland geboren wurde, und sein Vater?! Aufmerksamkeit! Trompeten erschallen! Sein Vater ist Johann Georg Maul, der zweite Sohn von Andreas! Wie bereits bekannt, war Johann Georg zusammen mit seinem Vater und Brüdern Kolonist in Dänemark, und wie wir jetzt genau wissen, kam er nach Russland an die Wolga in die Kolonie Schilling, wo dann seine Kinder und Enkel geboren wurden. Insgesamt lebten, wenn man von Andreas ausgeht, acht Generationen meiner Vorfahren an der Wolga, während meine Familie im Jahr 1941, wie viele Hunderte anderer Nachkommen deutscher Kolonisten, in den nördlichen Teil Kasachstans deportiert wurde.

Jetzt, nachdem alle meine Vorfahren gefunden wurden, kann ein genealogischer Stammbaum erstellt werden, der alle Generationen entlang der männlichen Linie der Maul-Familiennamen anschaulicher darstellt (Abb. 11).

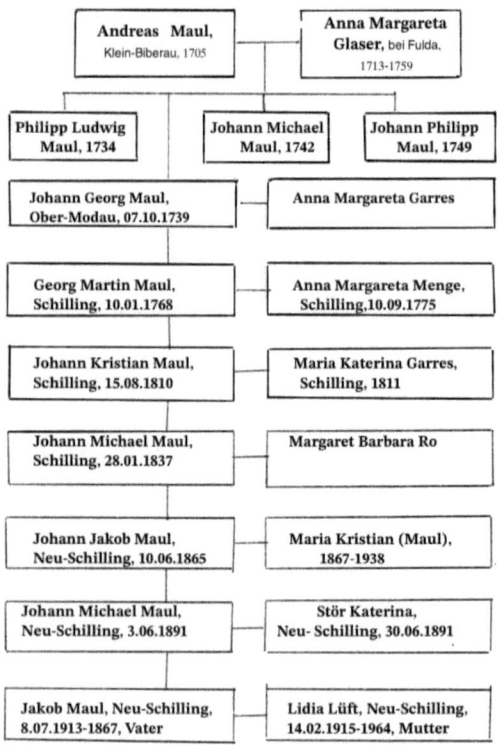

Andreas Maul, Klein-Biberau, 1705 — Anna Margareta Glaser, bei Fulda, 1713-1759

Philipp Ludwig Maul, 1734 | Johann Michael Maul, 1742 | Johann Philipp Maul, 1749

Johann Georg Maul, Ober-Modau, 07.10.1739 — Anna Margareta Garres

Georg Martin Maul, Schilling, 10.01.1768 — Anna Margareta Menge, Schilling,10.09.1775

Johann Kristian Maul, Schilling, 15.08.1810 — Maria Katerina Garres, Schilling, 1811

Johann Michael Maul, Schilling, 28.01.1837 — Margaret Barbara Ro

Johann Jakob Maul, Neu-Schilling, 10.06.1865 — Maria Kristian (Maul), 1867-1938

Johann Michael Maul, Neu-Schilling, 3.06.1891 — Stör Katerina, Neu- Schilling, 30.06.1891

Jakob Maul, Neu-Schilling, 8.07.1913-1867, Vater — Lidia Lüft, Neu-Schilling, 14.02.1915-1964, Mutter

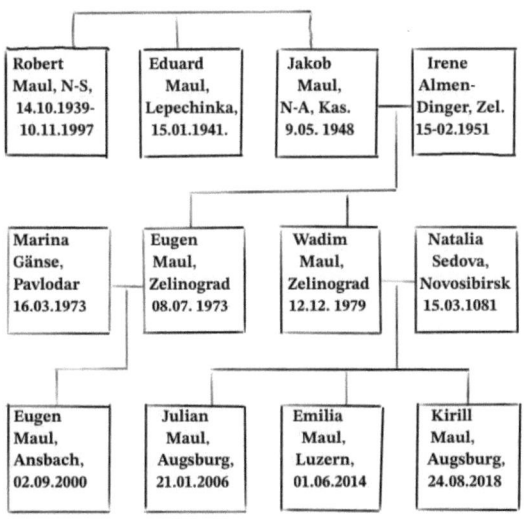

Robert Maul, N-S, 14.10.1939-10.11.1997	Eduard Maul, Lepechinka, 15.01.1941.	Jakob Maul, N-A, Kas. 9.05. 1948	Irene Almen-Dinger, Zel. 15-02.1951
Marina Gänse, Pavlodar 16.03.1973	Eugen Maul, Zelinograd 08.07. 1973	Wadim Maul, Zelinograd 12.12. 1979	Natalia Sedova, Novosibirsk 15.03.1081
Eugen Maul, Ansbach, 02.09.2000	Julian Maul, Augsburg, 21.01.2006	Emilia Maul, Luzern, 01.06.2014	Kirill Maul, Augsburg, 24.08.2018

Abb.10: Genealogischer Stammbaum der Maul-Familiennamen

Wir kennen nun alle Namen unserer Vorfahren mit dem Nachnamen Maul, beginnend mit denen, die Deutschland verlassen haben: Andreas, Johann Georg, Georg Martin, Johann Kristian, Johann Michael, Johann Jakob, Johann Michael, Jakob (unser Vater). Anna Margaretha, Anna Margareta, Anna Margareta, Maria Katarina, Margaret Barbara, Maria Kristiana, Katarina, Lidia (unsere Mutter).

Es ist zu beachten, dass bei doppelten Namen, die früher üblich waren, der zweite Name im täglichen Gebrauch verwendet wurde. Es wäre nicht falsch, wenn wir die Namen Johann Michael und Georg Michael nur als Michael bezeichnen. Der Stammbaum des Nachnamens Maul lässt sich in der Umgebung von Ersthofen bis 1550 zurückverfolgen. Nach meinen Recherchen könnte ich auch den Stammbaum von Andreas Maul in die Vergangenheit darstellen, in dem wir seinen Vater Johann Peter Maul, Mutter Anna Adam und Großeltern Johannes Wolfgang Maul und Anna Margretha Heinckel sehen.

9.2. Meine Großeltern und Eltern an der Wolga

Wie wir nun wissen, beginnt die Geschichte unseres Nachnamens, die mit der Kolonisierung und Erschließung von Land in Dänemark und Russland verbunden ist, mit Andreas Maul. Er wurde am 27. Januar 1705 in dem kleinen Dorf Klein-Bieberau geboren, das heute Teil der Gemeinde Modautal im südhessischen Landkreis Darmstadt-Dieburg im vorderen Odenwald ist.

Andreas hatte sieben Kinder. Drei von ihnen, Maul Philipp Ludewig, Maul Johann Philipp und Maul Johann Georg, standen ebenfalls auf der Liste der dänischen Kolonisten. Aus Dänemark desertierte er mit Familie, die sich entschiedet, sein Glück in Russland zu suchen. Diese dreien und noch sein jüngeren Sohn Michael finden sich auch viel später in der Revision der Wolgakolonisten Schilling von 1798, in der Ludwig 64, Georg 60, Philipp 49 und Michael 55 Jahre alt sind. Es ist also klar bewiesen, dass männliche Kinder nach Schilling kamen und dort viele Jahre später lebten. Aber Andreas selbst, trotzt zahlreichen Referenzen über sein Umzug nach Schilling, konnten wir nicht auf keiner

Liste finden. Aber, wir wissen jetzt genau, dass der zweite Sohn von Andreas, mein direkter Vorfahre Johann Georg Maul, mit drei Brüdern in der Kolonie Schilling an der Wolga lebte. Leider gibt es keinerlei Informationen von unseren Vorfahren über ihr Leben an der Wolga bis zu unseren Urgroßvätern und Großvater, das sind ungefähr 140–150 Jahre. Es ist lediglich die allgemeine Geschichte der deutschen Wolgakolonisten in dem Buch bereits dargestellt, die am besten durch eine Redensart aus dem 18. Jahrhundert beschrieben wird: *"Die Ersten fanden den Tod, die Zweiten hatten die Not, und die Dritten erst das Brot."*

Bevor die blühenden, komfortabel eingerichteten und wirtschaftlich erfolgreichen deutschen Siedlungen entstanden, gab es eine schwierige Anfangszeit und den Tod zahlreicher Kolonisten aufgrund von Krankheiten, Angriffen, Mord, Plünderungen und Verschleppung. In der Wolgaregion waren es kirgisische und baschkirische Nomaden, die die deutschen Siedlungen im Laufe der ersten zehn Jahre bei zahlreichen Angriffen zerstörten, die Kolonisten töteten und teilweise verschleppten, um sie anschließend auf den Sklavenmärkten Bucharas zu verkaufen. Trotz der schwierigen Anfangsphase gelang es den deutschen Kolonisten an der Wolga, zu loyalen Staatsbürgern zu werden, Wohlstand zu erlangen und einen wesentlichen Beitrag zur Entwicklung des Landes zu leisten, das für sie zur neuen Heimat geworden ist.

Das Dorf Schilling war unten den ersten fünf deutschen Kolonien, am 14. August 1764 von deutschen Lutheranern am rechten Ufer der Wolga, 40 km südwestlich von Saratow, gegründet. Es erhielt seinen Namen von dem Nachnamen des ersten Vorstehers und wurde nach 1768 in Sosnovka umbenannt. Die Bewohner von Schilling überstanden alle Schwierigkeiten und Widrigkeiten der ersten Jahre, einschließlich der Überfälle von Pugatschows Banden, Missernten, Dürren und strengen Wintern. Sie konnten wohl nur Normannenüberfälle vermeiden, da ihre Kolonie am gegenüberliegenden Bergufer der Wolga lag, dass die Nomaden mit ihren Pferden nicht überwinden konnten. Wie auch insgesamt, begann nach der ersten schweren Entwicklungsphase in Schilling ein schnelles Bevölkerungswachstum. Die Bevölkerungszahl stieg von 404 Menschen im Jahr 1769 auf 1839 im Jahr 1850 und auf 3594 im Jahr 1911. Daher stellte sich, wie in den anderen Wolgakolonien, das Problem der Landmangel akut, dass die russische Regierung durch die Zuweisung neuer Ländereien, die Bildung von Tochterkolonien und die Erlaubnis zur Auswanderung zu lösen versuchte.

Unter den Tausenden Wolgadeutschen, die damals Russland verließen, befanden sich sowohl Verwandte als auch Namensvettern meiner Vorfahren. So finden sich in der Liste der wolgadeutschen Kolonisten[155], die für die Jahre 1886, 1890-1892, 1900, 1906-1909, 1912 ausländische Pässe für Reisen nach Amerika erhielten, folgende Familien mit dem Nachnamen Maul:

Maul Konrad aus Norka; Maul August Konrad aus Saratow; Maul Peter aus Alexandertal; Maul Georg aus Ust-Zalicha und noch sechs Familien, die alle aus Schilling (Sosnovka) waren: Maul Charlotte; Maul Kristina Elizabeth; Maul Peter; Maul Johann Peter; Maul Katharina und

272

Maul Johann Georg. Über die Verwandtschaft mit einigen von Ihnen wurde auch von meiner Großmutter erzählt. Meine Vorfahren, haben sich nicht getraut so einen Schritt zu machen und umsiedelten etwa 1865, wie auch mehrere andere Kolonisten, aufgrund von Landmangel in die Tochterkolonie Neu-Schilling.

Zu dieser Zeit gibst schon die ersten konkreten Kenntnisse über unsere Vorfahren und ihr Leben an der Wolga aus den Erzählungen von Großvater, Großmutter, Mutter, Onkel Michael und Tante Katarina, die von meinem Bruder Eduard sorgfältig aufgezeichnet wurden. Ich werde seine schriftlich festgehaltenen Erinnerungen auch in der Zukunft häufig nutzen, und bin ihm dafür sehr dankbar sein. Unten auf der Karte (Abb.12), die aus dem Ende des 18. Jahrhunderts stammt, habe ich die Strecke von Schilling nach Neu-Schilling gezeichnet. Damals war Neu-Schilling noch nicht auf der Karte, weil sie erst Mitte des 19. Jahrhunderts entstanden ist. Wie wir sehen, liegt die Kolonie an der östlichen Seite der Wolga, damals gekennzeichnet als leere Steppe und Gebiet der kirgisischen Nomaden. Die ersten Einwohner und Gründer dieser Kolonie kamen alle aus der Kolonie Schilling. In Neu-Schilling wurden meine Großeltern, Eltern und auch mein Bruder Robert geboren.

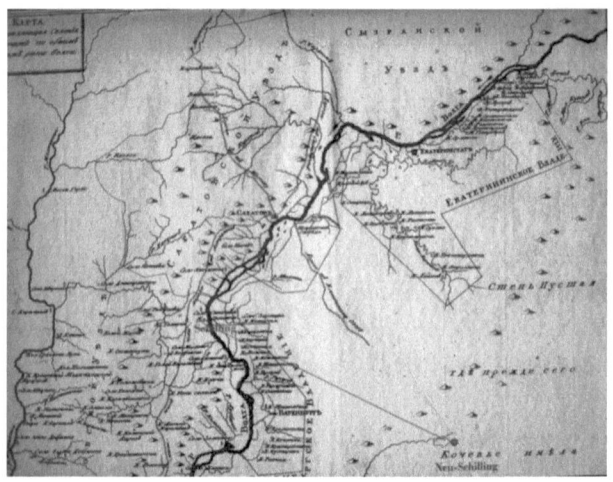

Abb.12: Die deutschen Kolonien Schilling und
Neu-Schilling an der Wolga

Unser Großvater, Maul Michel, war erst sieben Jahre alt,
als sein Vater im Jahr 1907 im Alter von 42 Jahren an einer
unbekannten Krankheit starb. Zu dieser Zeit gab es keine
Ärzte in den Dörfern, und es kam vor, dass Menschen an
sogenannten unheilbaren, unbekannten Krankheiten noch in
jungen Jahren starben. Er hinterließ seine Frau, Maul Maria,
mit fünf kleinen Kindern, und unser Großvater war der Äl-
teste unter seinen Geschwistern. Seine Mutter heiratete nach
dem Tod ihres Ehemannes einen anderen, ebenfalls verwit-
weten Mann. Ihr neuer Ehemann hatte ebenfalls zwei kleine
Kinder aus erster Ehe und lebte im benachbarten Dorf von
Neu-Schilling. Die Mutter konnte ihre eigenen Kinder nicht
mitnehmen, da es unmöglich gewesen wäre, mit einer so
großen Anzahl von Kindern durchzukommen. Daher

wurden ihre eigenen Kinder unter den Dorfbewohnern von Neu-Schilling untergebracht.

Unser Großvater wurde von einem entfernten Verwandten, einem kinderlosen Mann, den alle Dorfbewohner "Maule-Vater" nannten, aufgenommen. Obwohl er keine eigenen Kinder hatte, half er anderen Waisenkindern, groß zu werden und den Weg ins selbständige Leben zu finden. Die vier jüngeren Geschwister unseres Großvaters, Johannes, Gottlieb, Jakob und seine Schwester Katharina, wurden bei anderen Dorfbewohnern untergebracht. Michel blieb bei "Maule-Vater", bis er die Kirchschule beendet und die Konfirmation abgelegt hatte. "Maule-Vater" war ein gutmütiger, aber strenger Mann. Als Michel älter wurde, musste er bei den Gartenarbeiten und der Viehversorgung helfen. "Maule-Vater" hatte einen Obstgarten, den er liebte und pflegte. Im späten Sommer, wenn die Äpfel reif waren, machte Michel Feuer auf dem kleinen Gartenherd, stellte seine kleine Gusspfanne auf, ließ etwas Butter darin schmelzen und briet ein paar in Scheiben geschnittene Äpfel darin. Das war sein Frühstück, danach trank er einen Kaffee, den er ebenfalls auf dem Gartenherd aufbrühte, und arbeitete weiter. Michel hat viel von "Maule-Vater" gelernt, was in seinem späteren Leben sehr nützlich war, und für diese Lehre war er ihm sehr dankbar.

Als Großvater 15 Jahre alt war, sagte "Maule-Vater" zu ihm: "Du bist jetzt groß genug, um für dich selbst zu sorgen. Geh deinen eigenen Weg." Mit seiner Hilfe mietete sich Michel als Knecht bei einem Dorfladen namens *"Lavke-Schmieds"* (Ladenschmied) ein. Die Schmieds waren entfernte Verwandte und wohlhabende Bauern mit einem Laden, in dem sie verschiedene notwendige Waren für die

Dorfbewohner verkauften. Großvater hatte die Aufgabe, bei der Viehversorgung und den Feldarbeiten zu helfen, bei Bedarf Waren für den Laden abzuholen und Hausarbeiten zu verrichten. Bei den Ladenschmieds diente und lebte Michel, bis er 18 Jahre alt war und das Recht hatte, sich selbstständig zu machen. Die gleichen schwierigen Kinder- und Jugendjahre hatte auch unsere Großmutter väterlicherseits, Katharina Stöhr, deren Leben und Schicksal dem unseres Großvaters ähnelten. Ihr Vater, Stöhr Johannes, geboren 1859, starb 1903 an einer Lungenkrankheit, als sie nur 4 Jahre alt war.

Die Großmutter und Großvater beendeten die Kirchschule mit guten Noten, und obwohl die Schule streng und anspruchsvoll war, erinnerten sie sich noch in ihren späteren Lebensjahren oft an ihre Schuljahre. In Schilling gab es damals eine Kirchenschule mit vier Klassen, aber der Unterricht erstreckte sich über sieben Jahre. Der Pastor, der den Unterricht leitete, war streng und bestrafte oft undisziplinierte Schüler. Er schlug sie mit dem Lineal auf die Hände, stellte sie in die Ecke oder ließ sie auf den Knien stehen. Nach dem Schulabschluss und der Konfirmation bewarb sich die Großmutter bei der Amerikanischen Mission in Neu-Schilling als Küchenarbeiterin. Dort arbeitete sie, bis sie unseren Großvater, Maul Michel, im Jahr 1909 heiratete, als beide 18 Jahre alt waren. Sie erwarben eine alte Hütte, und Großvater erhielt sein eigenes Stück Land. Die Ladenschmieds belohnten ihn für seine Dienste mit 1,5 Rubel Bargeld. Außerdem schenkten sie ihm zwei Pferde, 2 Kühe und 3 Schafe. Zusätzlich erhielt er einige Geräte für die Landarbeit, was noch fehlte, schafften sie nach und nach selbst an.

Die Großmutter bekam von ihrer Arbeitsstelle ebenfalls 1,5 Rubel, und von ihrer Mutter erhielt sie als Hochzeitsgeschenk das Notwendigste für den Haushalt. Vor der Hochzeit bestellten sie einen Kaftan und ein Paar Stiefel für den Großvater, ein Kleid, ein Paar Schuhe, einen Mantel und andere Kleidungsstücke für die Großmutter. Solche Kleidungsstücke trug man nur zu besonderen Anlässen, wie großen Feiertagen oder wenn man samstags in die Kirche ging. Die Männer zogen gewöhnlich ihre Stiefel vor dem Kircheneingang an. Nach der Versammlung zogen sie diese wieder aus und trugen sie unter dem Arm nach Hause. Damals waren dies sehr wertvolle Kleidungsstücke, die man sich nicht jeden Tag leisten konnte. Omas Mantel und Opas Kaftan haben wir noch in Kasachstan in den sechziger Jahren gesehen, als sie sorgfältig in der Kiste unserer Großmutter aufbewahrt wurden.

Als Großvater heiratete und in sein eigenes Haus zog, nahm er seine beiden jüngeren Brüder, Johannes und Gottlieb, zu sich, und sie wohnten bei ihm, bis sie alt genug waren, um sich selbstständig zu machen. An dieser Stelle möchte ich anhand eines Beispiels meine Großeltern darauf aufmerksam machen, wie hilfsbereit die Einwohner waren, wie streng das organisierte öffentliche Leben war und wie die menschlichen Beziehungen in der Familie und im öffentlichen Leben in den deutschen Kolonien an der Wolga aussahen.

Im Jahr 1911 bekamen meine Großeltern ihr erstes Kind, ein Mädchen namens Lisa, gefolgt von einem Sohn namens Jakob, meinem zukünftigen Vater, im Jahr 1913. Anfang 1913 wurde mein Großvater zum Militärdienst einberufen. Zu dieser Zeit war das Wehrdienstprivileg für deutsche

Siedler bereits abgeschafft, und jedes Dorf war verpflichtet, eine bestimmte Anzahl an Rekruten für den Militärdienst zu stellen. Korruption war auch im Kaiserlichen Russland nicht selten, und so kam es vor, dass Männer aus der ärmsten Bevölkerungsschicht zum Militärdienst herangezogen wurden, weil sie sich nicht freikaufen konnten.

Zu dieser Zeit befand sich Russland im Kriegszustand mit der Türkei, und mein Großvater, wie viele andere Wolgadeutsche Männer, musste an diesem Krieg teilnehmen. Viele deutsche Männer Russlands kamen in diesem Krieg ums Leben oder wurden schwer verletzt. Unter den Verstorbenen war auch mein Großvaters Onkel Maul Jakob, der getroffen wurde, als er versuchte, in den benachbarten Schützengraben zu gelangen, um sein Gesangbuch von einem Landsmann zu holen. Mein Großvater wurde nur einmal von einem Holzsplitter verwundet, der ihm den Nagel vom Daumen riss. Er sprach ungern über den Krieg und sagte nur: *„Ich bin unverletzt aus dem Krieg zurückgekehrt, weil ich an Gott glaubte und ihn in meinen Gebeten darum bat"*.

Wie wir wissen, tobte auch an der Wolga der Bürgerkrieg. In dieser Zeit kamen viele deutsche Kolonisten ums Leben, und auch mein Großvater wurde von den „Weißen" verhaftet, weil er sich dem Militärdienst in ihren Reihen verweigert hatte. Ihm drohte die Todesstrafe. Doch der Ort, an dem mein Großvater im Gefängnis saß, wurde überraschend schnell von der „Roten" Armee erobert, und er kam wieder frei und behielt sein Leben. 1920 bekamen unsere Großeltern ihren zweiten Sohn, Michel, und 1923 ihre Tochter

Katja. Das Ackerland ihrer Familie wurde zu klein, also zogen sie nach Friedendorf um. Friedendorf war eine kleine Siedlung, auch als „Hutter der Nackten" bekannt, weil dort die ärmsten Leute von Neu-Schilling lebten. Aber hier gab es genug freies Ackerland, das fruchtbarer war als das Land bei Neu-Schilling.

In den Jahren 1929-1930 brach im Wolga-Gebiet eine große Hungersnot aus. Es gab in der Sommerzeit keinen Regen, und die Ernte war sehr schlecht. Im Herbst kam eine Kommission der Sowjetischen Regierung, die mit der sogenannten „Prodrazwörstka" beschäftigt war. Die Kommission durchsuchte die Bauernhöfe und nahm ihnen das letzte weg, ohne Rücksicht auf Familien mit kleinen Kindern. Die Großmutter erzählte, dass es auch kein Futter für das Vieh zum Überwintern gab, und das Vieh geschlachtet wurde. Unsere Großeltern hatten nur einen Wagen Heu für den Winter vorbereitet, was nicht genug war, um die Kühe über den Winter zu bringen. Aber die Großmutter wollte unbedingt wenigstens eine Kuh behalten, weil es ohne Milch unmöglich gewesen wäre, mit den Kindern die Hungersnot zu überleben. Also ging die Großmutter auf die Felder, wo das Getreide geerntet worden war, und sammelte Strohstoppeln. Sie klopfte die Erde von den Wurzeln ab, sammelte sie in Säcke ein und holte sie nach der Arbeit mit dem Wagen ab. Das tat sie so lange, bis sie sicher war, genug Futter für eine Kuh für die Winterzeit zu haben.

Die Menschen mussten immer noch weiterhin Hunger leiden. Einmal, als unser Vater zur Mittagszeit nach Hause kam, setzte er sich vor der Haustür auf die Treppe und ging nicht hinein, weil er nicht mitansehen konnte, wie seine kleinen Geschwister hungerten. Am nächsten Tag gingen die Kinder auf die Felder außerhalb des Dorfes. Michel, Maria und Katja fingen Ziesel Mausen, aus denen zu Hause Fleischkoteletts zubereitet und dann gegessen wurden. Nur so konnten sie überleben. Viele Menschen überlebten die Hungersnot nicht und starben damals.

Inzwischen regierten die Kommunisten in Russland. Die Kirchen wurden geschlossen, und die Religion wurde als Opium für das Volk erklärt. Anfang der 30er Jahre begann die Kollektivierung, und alle selbständigen Bauern wurden gezwungen, in die Kolchosen einzutreten, mit ihrem Vieh, landwirtschaftlichen Geräten und Wägen. Von nun an gehörte alles der Kolchosgemeinde. Unsere Großeltern hatten zu dieser Zeit zwei Pferde, drei Kamele und zwei Kühe, und ihr jüngster Sohn Johannes, der damals ungefähr fünf Jahre alt war, sagte: *„Sie nehmen uns jetzt die Pferde weg, und ich kann nicht einmal mehr reiten lernen"*. Diejenigen, die sich weigerten, den Kolchosen beizutreten, wurden als Volksfeinde nach Sibirien ausgesiedelt. Dieses Schicksal traf auch die Familie von Peter Luft. Eigentlich war seine Familie nicht besonders wohlhabend. Die wahre Ursache lag darin, dass sein Großvater als Mitglied des Dorfrates sich geweigert hatte, eine Familie als Kulaken anzuerkennen, obwohl sie auf der Liste der Kulaken stand und zur Deportation nach Sibirien verurteilt war. Bereits am nächsten Morgen wurde er selbst als Kulak eingestuft, sein Haus und sein Vermögen konfisziert, und er wurde zusammen mit seiner Frau und ihren sechs Kindern nach Sibirien deportiert. Niemand aus der Familie blieb verschont.

Das gleiche Schicksal ereilte auch den Bruder unserer Großmutter väterlicherseits, Stör Hampheter, und seine Familie. Mit dem Unterschied, dass sein Vermögen ihm belassen wurde, weil er als Waisenkind seinen eigenen Bauernhof aufgebaut und nie jemanden als Knecht beschäftigt hatte. Später wurde er für unschuldig befunden, während unser Großvater mütterlicherseits erst 1933 freigesprochen wurde. Beide Familien durften daraufhin nach Neu-Schilling zurückkehren.

Dieses Beispiel einer Familie verdeutlicht, wie grausam die Kollektivierung in den deutschen Kolonien durchgeführt wurde. Die Zerstörung der etablierten Struktur der landwirtschaftlichen Produktion sowie die Verhaftung und Verbannung der erfahrensten und erfolgreichsten Produzenten landwirtschaftlicher Erzeugnisse führten zu einem drastischen Rückgang der Getreide- und anderer landwirtschaftlicher Kulturen. Hinzu kam die gewaltsame Beschlagnahme aller Getreidevorräte der Bauern. Dies alles war die Hauptursache für die schreckliche Hungersnot von 1932-1933. Wie bereits erwähnt wurde, war dies eine von den Behörden organisierte Bestrafung der Bevölkerung für ihren Widerstand gegen die Kollektivierungsmaßnahmen. In diesem schrecklichen Jahr 1933 starben aufgrund von Nahrungsmittelknappheit und unzureichender medizinischer Versorgung auch die jüngsten Kinder unserer Großeltern: Johannes, der reiten lernen wollte, im Alter von 5 Jahren und Lydia im Alter von 2,5 Jahren.

Anfang 1935 heirateten unsere zukünftigen Eltern, Jakob Maul und Lydia Luft. Sie wohnten von Anfang an im Elternhaus unseres Vaters. Zu dieser Zeit hatte unser Vater einen Mechanisierungskurs absolviert und arbeitete anschließend als Traktorfahrer in der Kolchose. Die neu gegründete Kolchose in Schilling benötigte unter anderem auch ausgebildete Spezialisten. Deshalb beschloss der Vorstandsrat, unseren Großvater als Agronomen in der Stadt Krasny-Kut auszubilden. Nach einem Jahr Ausbildung schloss er erfolgreich die Schule ab und wurde als Agronom in der Kolchose von Neu-Schilling eingestellt. 1936 kaufte unsere Großeltern ein größeres Haus in Neu-Schilling von Frau Waletscke, die verwitwet war und das Haus nicht mehr benötigte. Unser Onkel Michel hatte seinen zehnjährigen Schulabschluss gemacht und wurde zum Militärdienst eingezogen. Später wurde er in der Militärschule in Nikopol (Ukraine) zum Leutnant ausgebildet. An derselben Schule wurden auch sein Vetter Johannes Stöhr und sein Schulkamerad Alexander Nein zu Leutnants ausgebildet.

Tante Katja absolvierte sieben Schuljahre und studierte dann an der Pädagogischen Schule in Karl-Marx-Stadt, um Grundschullehrerin zu werden. 1937 wurde auch unser Vater zum Wehrdienst eingezogen und diente zwei Jahre in Saratow, wo er auch eine Ausbildung zum Autofahrer erhielt. Hier möchte ich die Bedeutung betonen, die unser Großvater der Ausbildung seiner Kinder beimaß, was damals nicht einfach war und viel Anstrengung, Geld und Mut erforderte.

Das Leben war immer noch hart, und im Herbst 1937 ereignete sich in der Kolchose ein Vorfall, der für unseren Großvater schwerwiegende Folgen hatte. Als die Traktorfahrer während ihrer Nachtschicht ein Feld pflügten, schlief einer von ihnen ein und pflügte teilweise das benachbarte Feld um, auf dem Winterweizen gesät war. Dies wurde als absichtliche Sabotage betrachtet. Der Brigadier der Brigade, zu der der Traktorfahrer gehörte, und unser Großvater als Agronom der Kolchose wurden vor Gericht gestellt und zu 25 Jahren Gefängnis verurteilt. Der verurteilte Brigadier, ein Russe, und seine Familie kämpften immer wieder gegen das Urteil an. Bei der neuerlichen Verhandlung wurden sowohl er als auch unser Großvater nach fast zwei Jahren Haft freigesprochen. Nach dem Freispruch konnte unser Großvater seine Position als Agronom in der Kolchose wieder einnehmen.

1937 wurde auch der Bruder unseres Großvaters, Gottlieb, aus politischen Gründen verhaftet. Erst 1990 erfuhr seine Familie, dass er 1945 auf der Halbinsel Kamtschatka gestorben war. Im Jahr 1938 starben an Masern der erstgeborene Sohn unserer Eltern im Alter von 1,3 Jahren und die jüngste Tochter unserer Großeltern, Lydia. Ein Jahr später, am 14. Oktober 1939, wurde mein Bruder Robert geboren. Nach dem Militärdienst erhielt unser Vater eine Ausbildung an einer Ingenieurschule und wurde nach Abschluss des Lehrgangs als Mechaniker bei einer Technikring (MTS. Maschinen-Traktor-Station) im Landkreis eingestellt. Die MTS befand sich in der Nähe der Eisenbahnstation Lepechinka, etwa 12 Kilometer vom Dorf Neu-Schilling entfernt. Unser Vater bekam daher eine Mietwohnung an seinem Arbeitsort, und unsere Eltern zogen nach Lepechinka, wo am 15. Januar 1941 mein zweiter Bruder Eduard zur Welt kam. Das Leben und der Wohlstand meiner Familie verbesserten sich langsam, und keiner von ihnen ahnte, welche schreckliche Zukunft sie erwarten würde.

9.3. Verschleppung und das Leben in Kasachstan

Die Hoffnungen auf ein besseres Leben wurden, wie so oft zuvor, zerstört - dieses Mal durch die Schrecken des Zweiten Weltkriegs, die Liquidierung der deutschen Autonomie und die Deportation Hunderttausender Deutscher nach Sibirien und Kasachstan. Der Flächenbrand des Zweiten Weltkriegs verwandelte das Leben von Millionen von Nachkommen deutscher Kolonisten, die gemeinsam mit anderen Völkern in diesen Ländern lebten, in Asche. Gewalt, Diskriminierung und Völkermord an der deutschen Bevölkerung wurden zu dunklen Kapiteln in der Geschichte zahlreicher Länder und hinterließen tiefe Spuren im genetischen Gedächtnis der ethnischen deutschen Minderheiten. Besonders schwer traf es die Russlanddeutschen, die sich mit dem Höhepunkt ungerechter und unmenschlicher Behandlung konfrontiert sahen. Als unschuldige Opfer mussten sie wahllose Anschuldigungen als Verräter ertragen, den Verlust ihrer Autonomie hinnehmen, ihren erworbenen Besitz verlieren, nach Sibirien und Kasachstan deportiert werden und Hunger sowie den Tod in Arbeitslagern erleiden.

Die dunklen Zeiten der Sowjetischen Deutschen wurden bereits allgemein beschrieben. Hier bleibt mir nur zu sagen, dass meine Großeltern, Eltern sowie meine Brüder Robert und Eduard ein ähnliches Schicksal erlebten. Sie wurden zusammen mit anderen Nachkommen deutscher Kolonisten in die Steppe von Ubagan im Gebiet Kustanai in Nordkasachstan deportiert, rund zweitausend Kilometer von ihrer

Heimat entfernt, und zwar in das Dorf, in dem ich später geboren wurde.

Nach zwei Wochen Fahrt erreichten meine Verwandten endlich den Hauptbahnhof der Stadt Kustanai in Kasachstan. Die Menschen wurden mit ihren Habseligkeiten auf von Ochsen gezogenen Wagen verladen und in alle Richtungen des Gebiets transportiert. Nach weiteren zwei Tagen erreichten sie das Dorf Novo-Alexeevka im Kreis Ubagan, 100 km von Kustanai entfernt. Die Dorfverwaltung bemühte sich, die ankommenden Familien unterzubringen, aber es gab nicht genügend Wohnungen. Meine Eltern erhielten eine unbewohnte, teilweise verfallene kasachische Hütte angeboten. Es fehlte die Eingangstür, an den Fenstern fehlten die Scheiben, der Heizungsofen war zerstört. Mit Hilfe von Verwandten wurde die Wohnung repariert und bewohnbar gemacht. Ein Kochherd wurde eingebaut, den meine Großmutter gut bedienen konnte. Fensterscheiben wurden aus mitgebrachten Bilderrahmen herausgenommen und zugeschnitten. Mein Großvater wurde als Agronom in der Kolchose *"Weg zum Kommunismus"* eingestellt.

Mein Großvater zog mit seiner Familie in das Haus eines Mannes, der als Verwalter einer Abteilung der Kolchose eingestellt war und umziehen musste. Nach Absprache mit seinem Kollegen, einem Kasachen, durfte mein Großvater das Haus nutzen, es in bewohnbarem Zustand halten und es bei Bedarf sofort freigeben. Als es kälter wurde, stellte sich heraus, dass das Haus, in dem meine Familie lebten, den Winter nicht überstehen konnte. Es gab keinen ausreichend großen Heizungsofen, und es fehlte an notwendigem Brennstoff. Das Haus, in dem meine Großeltern wohnten, war groß genug, also zogen wir zu ihnen um.

Unser Vater arbeitete als Schlosser in der MTS. Im Januar 1942 wurden unser Großvater und Vater in die Arbeitsarmee (Trudarmee) einberufen. Großvater kehrte sofort zurück, da er bereits 50 Jahre alt war und daher von der Kreiskommission entlassen wurde. Im März 1942 wurde Tante Marija in die Arbeitsarmee einberufen, 1943 musste auch Tante Katja in die Arbeitsarmee. Onkel Michel wurde bereits vor Kriegsbeginn in die Rote Armee einberufen und war in einer Leutnanten Schule. Aber, wie wir bereits wissen, durften deutsche Staatsangehörige nicht an die Front. Wie uns Onkel Michel später erzählte, befahl einen morgens der vorgesetzte Offizier allen Kursanten deutscher Nationalität, zwei Schritte aus der Reihe zu treten, und sagte: *„Die Leute deutscher Nationalität dürfen nicht an die Front, ihr werdet sofort in die Arbeitsarmee versetzt."* Onkel Michel kam nach Sibirien, Kreis Kemerowo, und wurde als Baumeister eingestellt. Es wurden Baracken für die Arbeiterarmee gebaut, und er geriet oft in lebensgefährliche Situationen, die er knapp überlebte. Stör Johannes, Michels Cousin mütterlicherseits, der mit ihm an der Leutnanten Schule studiert hatte, wurde in die Arbeitsarmee nach Tscheljabinsk einberufen und dort erschossen. Der Grund für das Urteil wurde den Verwandten nie mitgeteilt.

Im Winter 1942 wurde der Vater in die Arbeiterarmee einberufen, er kam nach Sibirien und musste im Gebiet Jekaterinburg in den Wäldern Bäume fällen. Das Holz wurde an das kriegsverbündete England geliefert. Unsere Mutter, Lydia, stand ebenfalls auf der Liste der Dienstbedürftigen, aber Frauen mit Säuglingen durften zurückbleiben. Obwohl Eduard zu dieser Zeit nach Alter kein Säugling mehr war, sah er noch so aus und wurde als solcher der Kommission vorgestellt. Es war riskant, aber unsere Mutter konnte so bei den Kindern bleiben. Tante Maria wurde in die Arbeiterarmee auch eingezogen, ebenso wie ihr Mann. Sie kam nach Sibirien, in das Gebiet Tjumen (damals Molotow-Gebiet), und arbeitete dort schwer im Wald. Die gesamte Holz Fällarbeit musste von Hand erledigt werden, ohne jegliche Mechanisierung. Im bitterkalten Winter wurden die Menschen nicht ausreichend mit Arbeitsuniformen versorgt. Die meisten waren leicht bekleidet, da sie ihre Kleidung von zu Hause mitbrachten. Die schlechte Ernährung und übermenschliche tägliche Anstrengung führten dazu, dass viele Menschen hungerten und abmagerten, einige starben. Tante Katja wurde als letzte aus unserer Verwandtschaft in die Arbeitsarmee einberufen und arbeitete in Nischni Nowgorod, dem ehemaligen Gebiet Gorki, in einer Gärtnerei als Brigadierin. Die Aufgabe der Menschen, mit denen sie zusammenarbeitete, bestand darin, Gemüse für die Armee anzubauen. Sie lebte gemeinsam mit ihren Arbeitskolleginnen in den Baracken, die mit einem Stacheldrahtzaun umzäunt und, wie alle Arbeitslager, von bewaffneter Wache überwacht wurden. In diesem Arbeitslager waren auch deutsche Kriegsgefangene untergebracht, die als Zwangsarbeiter beim Gemüseanbau eingesetzt wurden.

Das Leben in den ersten Jahren nach dem Zweiten Weltkrieg war sehr schwer; die Leute mussten immer noch hungern. Aber langsam kam auch in unserem Dorf in Nordkasachstan Normalität auf. Viele Männer und Frauen kehrten im Jahr 1947 aus der Arbeitsarmee nach Hause zurück. Auch wir warteten auf unseren Vater, und er kam auch, aber nur zu einem kurzfristigen Besuch. Er behauptete, er habe immer noch keine Entlassung von seiner Dienststelle bekommen und könne deswegen noch nicht für immer nach Hause kommen. Im Herbst 1947 kaufte unser Großvater eine größere, noch gut erhaltene Hütte mit zwei Wohnzimmern und einer Küche. Wir hatten erwartet, dass auch unser Vater bald nach Hause kommen würde. Dann könnte er mit seiner Familie in einem Wohnzimmer wohnen, während Großvater mit seiner Familie das andere nutzen würde.

1947 kam Vater zu seiner Familie und den Eltern, die mit uns lebten, nach Hause in den Urlaub, und deshalb wurde auch ich neun Monate später geboren. Er erzählte allen, dass er immer noch nicht aus dem Arbeitslager entlassen sei, aber unsere Mutter ahnte schon damals, dass etwas nicht stimmte. Bald erfuhren wir, dass er eine andere Frau und ein Kind hatte, was der Grund war, warum er nicht heimkehrte. Viele Jahre später erfuhren wir aus seinen Archivunterlagen, dass er bereits am 8. Januar 1945 aus der Arbeitsarmee entlassen worden war und weiterhin bis zum 18. November 1946 als Freibewerber gearbeitet hatte. So hatte ich meinen Vater noch vor meiner Geburt verloren und nie mit ihm zusammengelebt.

Im Herbst 1947 begann mein ältester Bruder Robert die Schule. Anfangs hatte er große Probleme beim Lernen, da er zu dieser Zeit kaum Russisch konnte. Großmutter sprach kein Russisch, und auch die anderen Familienmitglieder waren nicht besonders gut darin. Deshalb wurde zu Hause nur Deutsch gesprochen. Tante Katia konnte am besten Russisch. Sie half Robert oft bei den Hausaufgaben. In Mathe war Robert immer stark, aber das Schreiben in Russisch fiel ihm schwer. Aufgrund seines begrenzten Wortschatzes hatte Robert Probleme damit, einen gelesenen Text nachzuerzählen. Dennoch war er beim Lernen immer fleißig und erzielte später gute Noten.

Am 9. Mai 1948 wurde auch ich als jüngster Bruder von Robert und Eduard geboren. Mein Babysitter war Eduard, weil unsere Mutter von früh bis spät schwer arbeiten musste. Unser Großvater arbeitete als Brigadier in der Gärtnerei der Kolchose. Seine Stelle als Agronom hatte nach seiner Rückkehr aus dem Krieg ein Offizier erhalten. Obwohl er keinen zivilen Beruf hatte, wurde ihm aufgrund seiner Verdienste als Kommunist und seines militärischen Rangs diese Stelle anvertraut. Ich erinnere mich noch gut daran, wie mein Großvater mich oft auf Ausflüge mitnahm, bei denen wir in einem zweirädrigen Pferdewagen fuhren. Auf den Getreidefeldern überprüfte mein Großvater die Ernte, indem er zu Fuß über die Felder ging, eine bestimmte Anzahl von Schritten machte, die Ähren abzupfte, sie drosch, wog und den erwarteten Ertrag zählte. Besonders gerne besuchten wir die Melonenfelder, wo der Wächter uns mit leuchtend roten Wassermelonen verwöhnte.

Nach längerer Verzögerung erhielten wir Alimente von unserem Vater. Großmutter war damit sehr unzufrieden und beschloss mit dem Großvater, zu ihrem jüngsten Sohn Michel im Sommer 1952 umzuziehen. Onkel Michel lebte zu dieser Zeit im Gebiet Kemerowo, in Anzero-Sudschensk. Die Hütte überließen sie uns unter der Bedingung, im Notfall wieder einziehen zu dürfen. Unsere Mutter blieb mit uns Kindern allein zurück, während Robert 13 Jahre alt war, Eduard 11 und ich gerade erst 4 Jahre alt geworden war. So erinnern sich Eduard und ich heute an unsere Lehmhütte, in der ich bis 1966 in Kasachstan lebte (Abb.13).

Abb.13: Jakob Maul. Unsere Lehmhütte in Kasachstan, 2023, Öl, 40*30

In dieser Zeit verschlechterte sich die Gesundheit unserer Mutter. Es begann, nachdem sie sich schwer verletzt hatte, als sie in den Stall ging, um etwas zu holen. Im Dunkeln stolperte sie, fiel hin und durchbohrte sich den Fuß mit einer Heugabel. Als Robert vorbeikam, fand er unsere Mutter am Boden liegen, die Gabel in ihrem Fuß steckend. Er entfernte die Gabel und rief Tante Katia zu Hilfe. Nach dem Unfall war sie schwer erkrankt und verbrachte mehr als einen Monat im Bett. Tante Katia übernahm alle Hausarbeiten, kochte, wusch unsere Wäsche und melkte die Kühe. Obwohl das Bein der Mutter heilte, klagte sie über Herzschmerzen, Atemnot und trockenen Husten. Zu dieser Zeit gab es kein Arzt im Dorf. Die Krankenschwester, die unsere Mutter untersuchte, diagnostizierte eine Lungenentzündung und verschrieb entsprechend Medikamente. Diese halfen jedoch nicht und verschlechterten sogar ihre Gesundheit. Sie erholte sich nie vollständig von dem Unfall. Jahre später, bei einer ärztlichen Untersuchung in der Kreisstadt Kustanai, wurde festgestellt, dass sie an einer Herzkrankheit litt, nicht an einer Lungenentzündung. In diesen Zeiten gab es noch Kolchosen, und jeder musste arbeiten, denn es galt: *"Wer nicht arbeitet, der isst auch nicht!"*. Unsere Mutter konnte jedoch eine leichtere Arbeit aufnehmen und sich um die Kälber auf der Farm kümmern.

Im Herbst 1955 kehrten unsere Großeltern zurück. Sie konnten es nicht ertragen, uns alleine zurückgelassen zu haben, obwohl es drei lange Jahre dauerte. Danach lebten wir wieder als Familie zusammen. 1956 zog auch Onkel Michel mit seiner Familie aus dem Gebiet Kemerowo zu seinen Eltern nach Novo-Alexeevka. Anfangs wohnten sie bei uns, bis sie eine Lehmhütte von einer tschetschenischen Familie erwarben, die in ihr Heimatdorf zurückkehren wollte. 1958 wurde Robert zum Militärdienst eingezogen und diente in einem Panzerregiment in der Stadt Gusev im Gebiet Kaliningrad. 1960 wurde Eduard zum Militärdienst eingezogen und diente als Panzerschütze in Turkmenistan, damals eine Republik der Sowjetunion. Im zweiten Jahr seines Dienstes wurde er bei einem Militärmanöver schwer verletzt und im Herbst 1962 aus gesundheitlichen Gründen aus dem Dienst entlassen. Im Frühling 1964 wollte unsere Mutter unbedingt den Bau eines neuen Hauses beginnen, da Robert nach seinem Studium heiraten wollte. Unsere alte Hütte verfiel zusehends, und wir konnten sie im Sommer kaum noch Instandhaltern. Doch bevor wir mit dem Bau beginnen konnten, verstarb unsere Mutter überraschend am 4. Mai 1964.

Ihr Tod traf uns schwer, obwohl wir wussten, dass es passieren könnte. Ich war damals erst 16 Jahre alt und fühlte mich plötzlich ohne Mutter, ein Vater hatte ich auch nie. Im Sommer 1966 verstarb auch unser Großvater, und es waren schwere Jahre für unsere Familie.

Nach dem Tod unserer Mutter lebte ich mit meiner Großmutter, und meinen beiden älteren Brüdern Robert und Eduard zusammen. Ich erinnere mich oft an diese Jahre in unserem Unterstand, in dem wir sogar Sport trieben. Meine Brüder brachten mir bei, Gewichte zu heben, indem sie verschiedene Gewichte an einer Waage an einem Seil aufhängten. Wir hatten eine Schnur für Hochsprünge, die an einer Säule befestigt war und das Dach stützte. Mein Bruder Eduard war besonders sportbegeistert und trainierte hart; er war in vielen Sportarten bei Bezirkswettbewerben führend. Ich erinnere mich daran, wie meine Brüder mich im Winter mit Schneebällen bewarfen und lobten, weil ich schnell und wendig war und nicht getroffen wurde. Doch bald traf mich ein Schneeball ins Gesicht, und mein Geschrei begann.

Unsere Großmutter überlebte den Großvater um 15 Jahre. Sie stand mir sehr nahe und zog mich von meiner Geburt bis zum Abschluss meiner letzten Schulklasse auf. Wir lebten mehrere Jahre zusammen, nur wir beide. Sie hatte einen starken und unabhängigen Charakter und kam mit den Familien ihrer Kinder nicht zurecht, obwohl diese nebenan in unserem Dorf lebten. Sie zog es vor, mit uns drei Brüdern zusammenzuleben und später nur mit mir. Es sollte auch weiterhin so bleiben, aber als ich in die Stadt ging, um zu studieren und zu arbeiten, wurde sie gezwungen, zu Onkel Michael zu ziehen. Später ging sie zu ihrer Tante Katja, die mit ihrer Familie zurück an die Wolga zog, von wo sie zu

Beginn des Krieges vertrieben worden waren. Dort wurde sie 1981 begraben. Es war Ende Januar, aber es regnete immer noch, überall war Schlamm, die Häuser und das Dorf wirkten vernachlässigt, und ich mochte den Ort überhaupt nicht. Ich erinnerte mich jedoch daran, wie gern meine Mutter und meine Großmutter mir von ihrem Leben in der deutschen Wolgaregion vor dem Krieg erzählten, von den blühenden Gärten im Frühling und den Gärten voller Äpfel, Birnen und anderer Früchte im Herbst. Ihren Erzählungen zufolge waren dies paradiesische Orte, an die sie sich immer wieder mit Tränen in den Augen erinnerten, aber auch daran, wie grausam, ungerecht und gewaltsam sie während des Krieges nach Kasachstan vertrieben worden waren.

9.4. Mein Lebenslauf in Kasachstan

Aber es geschahen auch gute Dinge. Mit Segen und Hilfe von Onkel Michael konnte Robert an der radiotechnischen Fachschule in Alma-Ata, der Hauptstadt Kasachstans, studieren. Als er 1961 aus dem Dienst zurückkehrte, arbeitete er in der Sowchose als Traktorist. Onkel Michel sagte zu Robert: *"Wir kommen hier auch ohne dich zurecht, du bist noch jung und hast die Möglichkeit, einen besseren Beruf als Traktorist zu ergreifen."* Nach seiner Ausbildung arbeitete er in der Stadt Kustanai als Techniker im Rundfunkzentrum und später als Chefingenieur im Fernsehzentrum. Onkel Michel äußerte später dasselbe auch zu meinem zweiten Bruder Eduard, der erfolgreich Elektrotechnik an der

Fachschule studierte und später an der Fachhochschule in Zelinograd als Ingenieur Elektriker abschloss. In der letzten Zeit in Kasachstan leitete er den Elektrifizierungsdienst in einem landwirtschaftlichen Kreis im Gebiet Kustanai.

Also gingen meine beiden Brüder auf eine Fachhochschule, während meine Großmutter und ich allein in unserem Unterstand blieben und zusammenlebten, bis ich die Schule beendet hatte. Unser Dorf wurde hauptsächlich von Russen, Kasachen und Deutschen bewohnt, die während des Krieges aus den zentralen Regionen Russlands vertrieben worden waren. Dementsprechend gehörten sowohl meine Kindheits- als auch meine Schulfreunde diesen Nationalitäten an, aber mein engster Freund war Murat Kukebasov; nur mit ihm teilte ich meine geheimsten Gedanken und besprach meine Zukunftspläne. Unser Leben war nicht untätig. Wir mussten leben und arbeiten wie alle anderen im Dorf. Wir hatten eine Kuh, ein Schwein, Hühner und einen großen Garten. Wer auf dem Land lebte, weiß, was für eine Arbeit das war: Futter für die Tiere vorbereiten, sie füttern, tränken, den Mist entfernen und reinigen, den Garten pflügen, Kartoffeln pflanzen und Unkraut jäten, im Herbst putzen und einlagern, täglich den Heizofen schüren, Asche austragen und vieles mehr. All diese Arbeiten erledigten meine Großmutter und ich allein. Gleichzeitig musste ich meine Hausaufgaben machen und pünktlich zur Schule gehen.

Im Allgemeinen gab es keine Langeweile oder Klagen. Ich fand Zeit, Bücher zu lesen, oft im Schein einer Petroleumlampe, da der Motor, der das Dorf mit Strom versorgte, oft ausfiel. Wie alle Jungen dieser Zeit verschlang ich Bücher über den Krieg und Spione, aber auch Abenteuerromane von Hugo, Dumas und anderen. Ich erinnere mich daran, dass ich die Bücher des Schriftstellers Dumas regelrecht verschlungen habe: Die drei Musketiere, Zwanzig Jahre danach, Zehn Jahre danach, Der Graf von Monte Cristo und viele andere. Es sei darauf hingewiesen, dass unser Dorf über eine ausgezeichnete Bibliothek und eine sehr gute Sekundarschule mit einem starken Lehrkörper verfügte, was mir eine gute Sekundarschulbildung ermöglichte.

Zweifellos hat meine harte Kindheit, geprägt von der täglichen Arbeit im Dorf und den Schuljahren, in mir einen ziemlich zähen Charakter, Willenskraft und Entschlossenheit gefördert, die es mir später ermöglichten, gewisse Erfolge im Leben zu erzielen. Nach der Schule traf ich meinen Vater ein zweites Mal, als er unerwartet zu uns kam, denn später wurde klar, dass er uns vor seinem Tod noch einmal sehen wollte. Und bald darauf reisten wir, Onkel Michael, Robert, Eduard und ich, zum ersten Mal an den Ort seiner ehemaligen Verbannung, den Bahnhof Tavda im Gebiet Jekaterinburg, jedoch schon zu seiner Beerdigung. Während der Beerdigung trafen wir zum ersten Mal die Töchter des Vaters aus seiner neuen Familie, die auch unsere Schwestern waren. Wie es der Zufall wollte, sind wir uns in unserem Leben nie wieder begegnet.

Aber zurück zu unserer Familiengeschichte. Nach dem Schulabschluss zog meine Großmutter zu ihrem Sohn Michael. Ich wechselte zunächst meinen Wohnort und zog nach Kustanai, wo zu diesem Zeitpunkt mein älterer Bruder Robert nach dem Abschluss der technischen Schule von Almaty im Radiozentrum arbeitete. Er half mir, eine Stelle als Zeichner in der hydrogeologischen Expedition zu finden, die sich in den Vororten von Kustanai befand. Warum als Zeichner? Ich war ein guter Zeichner und träumte davon, Maler zu werden. Ich stand mit dem Surikow-Kunstinstitut in Verbindung und erhielt von dort sogar ein dickes Buch über Malerei, das ich bis heute sorgfältig hüte. Zur gleichen Zeit war ich am Zelinograder Landwirtschaftsinstitut in der Fakultät für Landmanagement (Flurbereinigung) eingeschrieben, und zwar per Fernstudium. Zunächst wollte ich zum Fachbereich Architektur wechseln, der ebenfalls an dieser Fakultät angesiedelt war, aber nachdem ich nach einem Jahr zum Vollzeitstudenten geworden war, änderte ich meine Meinung und beendete das Institut im Fachbereich Landmanagement (Flurbereinigung) im Jahr 1972. Während meines Studiums wurde ich von meinen Brüdern Robert und Eduard finanziell unterstützt, die mir regelmäßig Geld für Essen und Kleidung schickten. Meine engsten Studienfreunde waren Leonid Solovjov und Oskar Tegschanov. Gemeinsam schwänzten wir oft die Vorlesungen und tranken Bier mit getrocknetem Fisch in einem Lokal namens *"Blue Shalman"*.

Ich erinnere mich an das Praktikum im Alma-Ata-Institut Kazgiprozem und an das Vorpraktikum in der Ust-Kamenogsker Zweigstelle des Kazgiprozem-Instituts, bei dem ich ziemlich gute praktische Kenntnisse und Fähigkeiten erwarb, die es mir ermöglichten, während des Praktikums bestimmte Arten von geodätischen Arbeiten selbständig auszuführen.

Der Betreuer meines Abschlussprojekts war der junge Lehrer und begabte Wissenschaftler Sergej Tkatschuk, mit dem ich bereits freundschaftlich verbunden war. Dank ihm entdeckte ich mein Interesse an der Wissenschaft und den

Wunsch, ein Doktoratsstudium zu absolvieren. Aber trotz der Tatsache, dass ich ein ausgezeichnetes Diplom hatte und der Viertbeste in meinem Studiengang war, gab es zu dieser Zeit zehn freie Stellen, aber man ließ mich nicht am Institut bleiben. Daher suchte ich mir einen Platz in der ostkasachischen Niederlassung des Kazgiprozem-Instituts, wo ich mein Vordiplompraktikum absolvierte. Dort arbeitete ich als Landvermesser, führte Planungsarbeiten durch und bereiste fast alle Regionen Ostkasachstans, die an Russland und China grenzen und eine Region mit einzigartigen Landschafts- und Klimabedingungen ist.

In all diesen Jahren strebte ich jedoch ständig nach dem Ziel, so bald wie möglich nach Zelinograd zurückzukehren, um ein Doktoratsstudium aufzunehmen und wissenschaftlich zu arbeiten. Aber das war gar nicht so einfach. Erstens musste man drei Jahre lang in der Direktion arbeiten, wie es in der Union für junge Fachleute, Absolventen von Universitäten, vorgeschrieben war. Zweitens musste man, um am Wettbewerb für ein Doktoratsstudium teilnehmen zu können, entweder eine Aufnahmeprüfung bestehen oder gleich Promotionsprüfungen absolvieren. Drittens konnte nur Professor Gendelman, der Rektor des Agrarinstituts, ein sehr beschäftigter Mann, ein Doktoratsstudium in meinem Profil durchführen. Außerdem wurde ihm nur ein Platz pro Jahr für ein Vollzeit-Doktoratsstudium zugeteilt. Ich plante und nutzte meinen Arbeitsurlaub so, dass ich an den jährlich stattfindenden wissenschaftlichen Konferenzen im Zelinograder Landwirtschaftsinstitut teilnahm, wo ich einen wissenschaftlichen Bericht verfasste.

In dieser Zeit gelang es mir, Professor Gendelman einmal im Jahr zu treffen und mit ihm persönlich zu kommunizieren, wobei ich versuchte, in sein Doktoratsstudium einzusteigen. Später traf ich ihn oft und sprach mit ihm, aber diese ersten drei Treffen sind mir besonders in Erinnerung geblieben. Er beeindruckte mich mit seiner wohlwollenden Haltung gegenüber einem einfachen Ingenieur, und obwohl er Rektor einer großen Hochschule war, fand er Zeit, mit mir zu sprechen. Beim ersten Treffen wies er mich auf die Notwendigkeit hin, die Prüfungen für einen Doktortitel abzulegen, und beim zweiten Treffen überredete er mich, an einem Fernstudium teilzunehmen. Gleichzeitig war er sehr überrascht darüber, dass ich bereits Prüfungen in Philosophie und Fremdsprachen an den Universitäten von Ust-Kamenogorsk abgelegt hatte. In jenem Jahr gab es für mich keinen Platz in einem Vollzeit-Doktoratsstudium. Ich erinnere mich noch genau an das Sprichwort, das er während unseres Gesprächs benutzte: *"Lieber ein Spatz in der Hand als den Kranich am Himmel"*. Ein weiteres Jahr später und dank seiner Bemühungen wies mir das Landwirtschaftsministerium in Moskau einen Platz zu und versetzte mich von einem Fernstudium in ein Vollzeitstudium.

Er war ein äußerst beschäftigter Mann, deshalb traf er sich an den Wochenenden bei ihm zu Hause, um bestimmte Abschnitte meiner Arbeit zu besprechen, die er zuvor gelesen hatte. Nach diesen Treffen überprüfte ich meine Textpassagen anhand seiner Anmerkungen. Seine Rolle in meiner wissenschaftlichen Ausbildung war enorm, und meine Dankbarkeit ihm gegenüber ist grenzenlos. Am Forschungsinstitut für Ökonomie der Sibirischen Abteilung der

Akademie der Landwirtschaftswissenschaften verteidigte ich 1978 meine Doktorarbeit und 1987 meine Habilitationsschrift. Letztere wurde von der Obersten Attestationskommission der UdSSR in Moskau als die beste Habilitationsschrift auf dem Gebiet der Agrarwirtschaft jenes Jahres anerkannt. Bald darauf wurde ich zum Dozenten am Lehrstuhl für Landmanagement ernannt, später zum stellvertretenden Dekan und schließlich zum Dekan der Fakultät für Flurbereinigung gewählt.

Zur gleichen Zeit fanden in Zelinograd bekannte Studentendemonstrationen gegen die Errichtung einer deutschen Autonomie in Kasachstan statt. Diese Ereignisse wurden ausführlich in den Medien behandelt. Ich hatte die Gelegenheit, sie zu beobachten und viele Jahre später, als ich bereits in Deutschland war, mit Andrei Braun, damalige erste Sekretär des Gebiets Parteikomitees, darüber zu sprechen, der direkt am Geschehen beteiligt war und viel mehr über diese Ereignisse wusste als die meisten Menschen. Daher werde ich den Inhalt dieser Ereignisse zusammenfassen und meine eigene Einschätzung abgeben.

Die Gründung einer autonomen deutschen Oblast in Kasachstan sollte die Massenabwanderung von Deutschen nach Westdeutschland stoppen, die einen erheblichen Anteil am kasachischen Arbeitskräftepotenzial, insbesondere in der Landwirtschaft, ausmachte. Obwohl die Sowjetdeutschen in den dicht besiedelten Gebieten an der Wolga eine autonome Republik hatten, wurde diese trotz zahlreicher Bitten nicht wiederhergestellt. Im Juni 1979 fand eine Sitzung des Politbüros des Zentralkomitees der KPdSU statt, auf der beschlossen wurde, ein autonomes deutsches Gebiet in Kasachstan mit Ermentau als Zentrum, 100 Kilometer von der Stadt Zelinograd entfernt, zu schaffen. Die Autonomie sollte die Gebiete zweier Kreise von Zelinograd sowie je einen Kreis der Oblaste Kokchetav und Karaganda umfassen. Bald darauf begann eine Kommission unter der Leitung von A. Korkin in der Oblast Zelinograd mit der Vorbereitung von Verwaltungsgebäuden in Ermentau, der Klärung der Grenzen und der Einstellung von Personal für die künftige Autonomie. Der erste Sekretär der Oblast sollte A. Braun und der Vorsitzende des Oblast-Exekutivkomitees M. Sagdijev werden.

Dies geschah jedoch heimlich, ungeschickt und ohne Rücksicht auf die Meinung nicht nur der lokalen kasachischen Bevölkerung, sondern auch der deutschen Bevölkerung, die nie die Wiederherstellung ihrer Autonomie in Kasachstan wollte. Am 16. Juni versammelten sich hauptsächlich kasachische Jugendliche um 8 Uhr morgens an mehreren Orten in Zelinograd und marschierten mit Transparenten mit Aufschriften wie *"Kasachstan ist unteilbar"*, *"Nein zur deutschen Autonomie"*, *"Nieder mit den Deutschen"*, *"Geht dahin, wo ihr hergekommen seid"* und anderen. Auf dem Leninplatz vor dem Gebäude des Zentralkomitees der Partei begann um 10 Uhr eine Kundgebung, bei der die Demonstranten eine Erklärung gegen die Gewährung der Autonomie an die Deutschen abgaben. Sie drohten mit weiteren Protesten, falls ihre Forderungen nicht erfüllt würden. Während des Treffens mit den Demonstranten trat der erste Sekretär des Regionalkomitees N. Morosow aus dem Gebäude und gab eine lange, irrelevante Rede über die diesjährige Ernte. Am Ende erklärte er, dass die Autonomie *"nicht auf der*

Tagesordnung steht und nie gestanden hat", verwies auf sein Telefongespräch mit dem ersten Sekretär des Zentralkomitees der KP der Republik D. Kunajew und versicherte, dass keine Autonomie gewährt werden würde. In Veröffentlichungen zu diesem Thema finden sich verschiedene Versionen und Vermutungen über die Verantwortlichen für die Weitergabe von Verschlusssachen und die Organisatoren des Jugendprotests, der letztendlich zur Nichtumsetzung des Politbürobeschlusses führte. Es gibt unbestätigte Vermutungen, dass es sich um ein subtiles politisches Spiel des obersten Tschekisten des Landes, Juri Andropow, oder D. Kunajew gehandelt haben könnte, was meiner Meinung nach absolut unwichtig ist. Wichtig ist, dass nicht nur die Kasachen, sondern auch die Deutschen selbst in Kasachstan nichts von solchen geheimen politischen Spielchen wussten und entschieden gegen eine solche Entscheidung in Bezug auf ihre nationale Frage waren. Wenn es den Wunsch der Parteiführer des Landes gab, das Problem der Wiederherstellung der deutschen Autonomie endlich zu lösen, so war es meiner Meinung nach bereits zu spät und hätte nur in Russland an der Wolga eine positive Lösung finden können.

Der gescheiterte Versuch, eine deutsche Autonomie in Kasachstan zu errichten, kam für mich persönlich völlig überraschend. Zum ersten Mal fühlte ich mich national unwohl, denn zu meiner Schande muss ich zugeben, dass ich zuvor nur sehr wenig über die Geschichte und das heutige Leben der Deutschen als Volk gewusst hatte. Ich wusste, dass alle Deutschen, wie meine Eltern und andere Verwandte, während des Zweiten Weltkriegs nach Sibirien und Kasachstan verbannt worden waren, dass Männer und junge

Frauen zur Trudarme geschickt worden waren, dass Deutsche bis 1954 der Kommandantur unterstanden, aber ich hatte nie eine ethnische Voreingenommenheit mir gegenüber bemerkt. Ich dachte, das sei Vergangenheit, ich dachte, ethnische Konflikte seien in der UdSSR nicht mehr möglich. Und dann passierte das plötzlich. Ich war unangenehm überrascht, nicht von der Demonstration selbst, sondern von der Tatsache, dass sie sich nicht gegen den geheimen Beschluss zur Errichtung der deutschen Autonomie richtete, sondern gegen die Deutschen, die friedlich und würdig an der Seite der Kasachen und anderer Völker zum Wohle Kasachstans arbeiteten. Es war allen klar, dass die Texte auf den Plakaten und die Slogans den Demonstranten von oben geschickt wurden. Es war nicht nur klar, von wem. Die Aufforderung an die Deutschen zu gehen, bedeutete und erinnerte sie daran, dass sie nicht zu Hause waren.

Im November 1990 hatte der Rektor, Professor Sagadiev meine Hochschule verlassen und war zum leitenden wissenschaftlichen Sekretär des Präsidiums der Kasachischen Akademie der Wissenschaften in Alma-Ata ernannt und später noch zum Präsidenten der Nationalen Akademie der Wissenschaften gewählt worden. Zu diesem Zeitpunkt war ich bereits Prorektor für die wissenschaftliche Arbeit an der Hochschule, Doktor Habilitation und Professor geworden. Es folgte ein sehr turbulentes Ereignis im Institut, als es um die Antwort auf die Frage ging, wer der neue Rektor sein würde. Der Rektor war bislang im Einvernehmen mit der Parteiführung der Republik und der Oblast auf Anordnung des Landwirtschaftsministers der UdSSR ernannt worden. Nun, da das Land von Michail Gorbatschow geführt wurde,

wurde eine Politik der Glasnost und Perestroika umgesetzt, und eine der Bestimmungen dieser neuen Politik war die Wahl der Leitung der Unternehmen durch ihre Mitarbeiter. Diese Bestimmung galt auch unmittelbar für alle Universitäten des Landes. Die Hochschule begann, mögliche Kandidaten für das Amt des Rektors zu prüfen und zu diskutieren, darunter auch mich. Gemäß der Bestimmung über die Wahl eines Rektors musste der Tag der nächsten Wahl innerhalb eines Monats bekannt gegeben und benannt werden. Aber das Gebiets-Komitee der Partei hat der Bekanntgabe der Wahl nicht zugestimmt. Sie wurde nicht öffentlich bekannt gegeben, sondern die Küche brodelte hinter den Kulissen.

Nach einer Untersuchung der Situation im Institut, die zu meinen Gunsten hätte ausfallen können, hat die Gebietsparteiführung die Wahl jedoch verschoben, weil sie keinen Deutschen an dieser Stelle wünschte. Es wurde Druck auf mich ausgeübt, um mich davon zu überzeugen, nicht für das Amt des Rektors zu kandidieren. Als ich trotzdem entschied zu kandidieren, wurde versucht, meine Entscheidung, an den Wahlen teilzunehmen, von der anderen Seite zu beeinflussen. Ich wurde von dem Leiter der Hauptabteilung für landwirtschaftliche Schulen des Landwirtschaftsministeriums der UdSSR zu einem Gespräch nach Moskau eingeladen. Während unseres langen Gesprächs, das in seinem Büro stattfand, sagte er, dass ich ohne die Unterstützung der republikanischen und regionalen Parteibehörden nicht in der Lage wäre, in Kasachstan zu arbeiten, selbst wenn ich die Wahlen gewinnen würde. Er sagte, dass die Zentrale in Moskau mein Potenzial sehr schätze und daher meine Kandidatur bereits mit der Leitung der Region und dem Team des Jaroslawler Landwirtschaftsinstituts abgestimmt habe, und dass sie bereit seien, mich in geheimer Wahl zum Rektor zu wählen. Nach einigem Nachdenken stimmte ich den Argumenten des Stabschefs im Prinzip zu, sagte aber, dass ich jetzt nicht nach Jaroslawl fahren würde, dass ich erst nach Hause gehen und eine solche Entscheidung schließlich mit meiner Familie besprechen müsste. Ehrlich gesagt, wollte ich meine Heimatmannschaft nicht wirklich verlassen. Zudem wusste ich, dass das Institut in Jaroslawl viel kleiner war als unsere Hochschule, und ich vermutete, dass ich mich dort nicht ganz wohlfühlen würde.

In der Zwischenzeit verfolgte unser Institut aufmerksam die Ereignisse im Zusammenhang mit der Wahl des Rektors, und meine dringende Vorladung nach Moskau blieb nicht unbemerkt. Jeder Vizerektor der Hochschule hatte Verbindungen zu den entsprechenden Abteilungen der Zentrale in Moskau, und natürlich versuchten sie sofort, den Grund für meine dringende Geschäftsreise herauszufinden. Auf die Frage, was unser Vertreter in Moskau mache, wurde ihnen mitgeteilt, dass ich nicht länger unserer, sondern der zukünftige Rektor des landwirtschaftlichen Instituts in Jaroslawl sei. Nach meiner spätabendlichen Rückkehr von Moskau nach Zelinograd am Freitag, erschien ich am Samstagmorgen zur Arbeit und wurde sofort von den Ältesten (liebevoll Aksakals genannt) unserer Universität sowie den Mitgliedern des Parteikomitees der Hochschule besucht. Sie begannen ohne lange Vorrede, mir vorzuwerfen, dass ich meine Alma Mater, die mich großgezogen hatte und in deren Mauern ich vom Studenten zum Doktor der Wissenschaften, Professor und Vizerektor der Wissenschaft aufgestiegen war, im Stich lasse. Zunächst war ich vom Druck, den sie ausübten, überrascht, doch dann sammelte ich mich und wies sie zurecht, indem ich erklärte, dass sie sehr wohl wüssten, warum die Wahlen noch nicht angekündigt worden seien und warum ich von allen Seiten unter Druck gesetzt werde. Nachdem sie die Bürotür zugeknallt hatten, verließen sie das Büro. Noch am selben Tag wurde im Erdgeschoss des Hauptgebäudes; ohne Zustimmung von Gebietsadministration, ein Aushang angebracht, der die Wahl des Rektors ankündigte.

Gemäß der Wahlordnung für die Rektoren bestand der Große Rat aus Mitgliedern des akademischen Rates sowie aus Vertretern des administrativ-wirtschaftlichen Teils und der Studentenschaft. Die Abteilungen und Fakultäten des Instituts hatten vier Kandidaten für das Amt des Rektors nominiert: Vizerektor für Bildungsarbeit Degtjarev M., Vizerektor für Fernunterricht Alimzhanov B., Dozent der Abteilung für Wirtschaftskybernetik Abuov K. und mich, Vizerektor für wissenschaftliche Arbeit. Kurzbiografien und Porträts der Kandidaten wurden im Newsletter des Instituts veröffentlicht, und nach einem Monat Wahlkampf, in dem die Kandidaten ihre Programme vorstellten, fand die Wahl des Rektors am 31. Januar im Großen Rat der Hochschule statt. In geheimer Abstimmung erhielt ich etwa zwei Drittel der Stimmen der Mitglieder des gemeinsamen Rates und wurde zum Rektor der Hochschule gewählt. Eine Woche später unterzeichnete der Landwirtschaftsminister der UdSSR in Moskau einen Ernennungsbeschluss, beglückwünschte mich und überreichte mir die Urkunde zum Rektor der Zelinograder Landwirtschaftshochschule. So wurde ich im Alter von zweiundvierzig Jahren Rektor und stand nun vor großen neuen Aufgaben und einer enormen

Verantwortung für ein Team von Tausenden von Studierenden, Lehrkräften und Mitarbeitern.

Um mir selbst gegenüber objektiv zu sein, werde ich meine Arbeit und meine Erfolge als Rektor nicht beschreiben, sondern einen ungekürzten Text über mich in großen und gut illustrierten Büchern wiedergeben, die in kasachischer und russischer Sprache zur Feier des 50- und 60-jährigen Bestehens des Zelinograd Agricultural Institute, der heutigen Kasachischen staatlichen agrotechnischen Universität, die nach Saken Seifulin benannt ist, veröffentlicht wurden:

"Der nächste Rektor des Zelinograder Landwirtschaftsinstituts war ein Doktor der Wirtschaftswissenschaften, Professor. Jakov Maul, ein Absolvent der Fakultät für Landmanagement. Er wird in der Geschichte des Instituts als erster und letzter vom Rat der Hochschule in geheimer Wahl gewählter Rektor und als erster Absolvent an der Spitze seiner Alma Mater bleiben.

Mit seiner großen Erfahrung in der Leitung des Instituts - vom Prodekan über den Dekan der Fakultät für Flurbereinigung bis hin zum Prorektor für Wissenschaft - gelang es Maul in weniger als drei Jahren, trotz der mit der Perestroika verbundenen wirtschaftlichen Schwierigkeiten und der anschließenden Gründung eines souveränen Staates, die Lebensbedingungen des Lehrkörpers zu verbessern. In dieser Zeit wurde der Bau des Bio-Gebäudes abgeschlossen, zwei Wohnhäuser für das Lehrpersonal wurden errichtet: Ein Haus mit 40 Wohnungen in der Studentenallee (heute Ablai Khan Avenue) und ein Haus mit 75 Wohnungen im Mikrobezirk Molodezhny. Aufgrund der Schließung der Vorbereitungsabteilung wurde deren akademisches Gebäude zu einem Wohnhaus für Professoren umgebaut. Im Jahr 1993 wurde ein weiteres Wohngebäude mit 30 Wohnungen in Gemeinschaftseigentum errichtet.

Aber das Hauptverdienst von Jakov Maul ist, dass er in den schwierigen Jahren der Perestroika und der Bildung der Souveränität der Republik durch eine deutliche Erhöhung der Studentenzulassung auf der Grundlage von Gebührenverträgen und die Einführung der Ergebnisse wissenschaftlicher Forschungsarbeit in der Produktion mit einer neuen Bewegung STS (Studentische Wissenschafts-, Forschungs- und Produktionsteams) die finanzielle Unterstützung der Universität auf einem angemessenen Niveau halten konnte. In der Erinnerung der Mitarbeiter sind noch viele andere gute Taten von ihm vorhanden. Im Oktober 1993 reiste Jakov Jakowlewitsch Maul in seine historische Heimat - Deutschland - ab, wo er noch immer in der Wirtschaft tätig ist».

Ich sollte hinzufügen, dass dies eine sehr schwierige Zeit war, sowohl für die Menschen als auch für die Unternehmen. Die Haushaltmittel des Instituts beschränkten sich auf die Gehälter und Stipendien. Es sei darauf hingewiesen, dass damals mehr als 300 Lehrkräfte und 10.000 Studenten, einschließlich Fernstudenten, am Institut studierten und arbeiteten. Es gab nicht einmal Geld für die Reparatur der bestehenden akademischen Gebäude und Wohnheime, und es waren 33 separate Gebäude. Die Finanzierung eines Neubaus kam nicht infrage, aber wir bauten!

In jenen Jahren musste ich mich mit der Stadtverwaltung, Bankern, Leitern von landwirtschaftlichen Betrieben, Bautrusts, einfachen Bauherren und vielen anderen treffen, mit ihnen kommunizieren, Freundschaften schließen und streiten. Wir bauten so viele Wohnungen, dass zum ersten Mal in der Geschichte alle Bedürftigen gut ausgestattete Wohnungen erhielten und es keine Warteliste gab, und das in einer riesigen Hochschule. In diesen Jahren gab es auch viel Routinearbeit als Rektor, wie z.B. wöchentliche Empfänge für Mitarbeiter und Studenten zu persönlichen Angelegenheiten, Vorbereitung und Reden bei verschiedenen regionalen Foren, monatliche Sitzungen des Universitätsrates, bei denen aktuelle Themen der pädagogischen, wissenschaftlichen und anderen Aktivitäten der Abteilungen und Bereiche der Universität gehört und Jubiläen ausgezeichnet wurden. Ich setzte meine wissenschaftliche Forschung fort, hielt Vorträge, schrieb Artikel und unternahm zahlreiche Dienstreisen, auch ins Ausland. Auf Kosten des deutschen Landwirtschaftsministeriums gelang es mir, die Finanzierung eines Praktikumsprogramms für Lehrer und Studenten an einer deutschen Hochschule mit agrarwissenschaftlichen Schwerpunkten (Hochschule Weihenstephan-Triesdorf) zu erhalten. Viele Jahre lang und auch nach meiner Abreise konnten viele Lehrer und Hunderte von Studenten ein Praktikum in Deutschland absolvieren. Ich konnte einen bezahlten Vertrag mit der Bahnklinik abschließen und bezahlen, der besten medizinischen Klinik der Stadt, in der alle Lehrer und Mitarbeiter des Instituts hochprofessionell betreut und medizinisch versorgt wurden. Auf all diese Leistungen bin ich auch stolz.

Drei Jahre später wurde das Land, das sich Sowjetunion nannte, von politischen Umwälzungen erschüttert. Die Veränderungen im wirtschaftlichen und politischen Leben hatten die Spannungen zwischen dem Zentrum und den nach Unabhängigkeit strebenden Unionsrepubliken verschärft. Am 8. Dezember unterzeichneten die Präsidenten Boris Jelzin und Leonid Krawtschuk von Russland und der Ukraine sowie Stanislaw Schuschkewitsch, der Vorsitzende des Obersten Sowjets von Belarus ein Abkommen, in dem sie das Ende der UdSSR verkündeten und die Gemeinschaft Unabhängiger Staaten gründeten. Wenn ich heute auf diese Ereignisse zurückblicke, kann ich umhin festzustellen, dass die Bevölkerung des Landes all diese tektonischen Veränderungen sehr lässig und selbstverständlich hinnahm. Zumindest habe ich nirgendwo jemanden gesehen, der die Sowjetunion verteidigen wollte.

Das Land begann eine Bewegung für die Unabhängigkeit der Republiken, ein Prozess, der als *"Parade der Souveränität"* bekannt wurde. Am 16. Dezember 1991 wurde das Verfassungsgesetz über die Unabhängigkeit der Republik Kasachstan verabschiedet. Als jemand, der in Kasachstan geboren und aufgewachsen war, wusste ich sehr wohl, dass die Kasachen nicht Herr im eigenen Haus waren, und ich war froh, endlich ihre Freiheit und die Möglichkeit zur Selbstbestimmung zu erlangen. Andererseits fühlte ich jedoch stark, dass das deutsche Volk, zu dem ich gehörte, bei dieser Feier fremd war und auf dem riesigen Gebiet der ehemaligen Sowjetunion keine Heimat hatte.

Ich werde jetzt nicht erneut im Detail auf die Geschichte und die Probleme der Deutschen in Russland eingehen, da ich bereits bestimmte Kapitel in dem Buch diesem Thema gewidmet habe. Ich möchte nur anmerken, dass die Deutschen nach dem Zusammenbruch der UdSSR, nachdem sie alle Hoffnung auf die Wiederherstellung ihrer Autonomie verloren hatten, in Scharen begannen, Russland, Kasachstan und andere ehemalige Republiken zu verlassen und nach Deutschland auszuwandern. Anfang der 1990er Jahre wanderten auch alle Verwandten meiner Frau nach Deutschland aus und nahmen unsere Dokumente mit, obwohl wir damals nicht sicher waren, ob wir jemals ausreisen könnten. In der Zwischenzeit überschlugen sich die Ereignisse; die Leitung der Universitäten wurde von Moskau nach Alma-Ata verlegt, eine Liste von Unternehmen, deren Leiter die Staatssprache sprechen mussten, wurde veröffentlicht, und der Rektor der Universität war einer der Ersten unter ihnen. Sehr bald war ich der einzige nicht-kasachische Rektor der neun landwirtschaftlichen Hochschulen Kasachstans. Die Sitzungen in der Zentrale der Hochschuleinrichtungen wurden auf Kasachisch abgehalten, das ich nicht beherrschte. Leider wurden in der Republik zu Sowjetzeiten der gesamte Unterricht und die alltägliche Kommunikation ausschließlich auf Russisch durchgeführt, sodass selbst viele Kasachen ihre Muttersprache nicht sprachen. Ich begann zu erkennen, dass meine Amtszeit als Rektor bald enden würde, und obwohl ich keine offensichtlichen Boshaftigkeiten innerhalb des Instituts feststellen konnte, war mir bewusst, dass sie möglicherweise vorhanden waren. Ich war entschlossen, freiwillig zurückzutreten, anstatt darauf zu warten, dass jemand versuchte, mich zu entlassen und eine Konfrontation zu provozieren. Es war mir wichtig, nicht als jemand in Erinnerung zu bleiben, der krampfhaft an seiner Position festhält, da ich der Ansicht war, dass solches Verhalten die Schwäche unterstreicht. Ich war mir auch bewusst, dass der Prozess objektiv und unvermeidbar war.

Im Sommer 1993 organisierte ich im Beisein und unter Aufsicht eines Beamten des Hauptbüros in Alma-Ata eine Aufnahme von Studienanfängern. Um mögliche Missverständnisse und Vorwürfe der Voreingenommenheit zu vermeiden, führte ich die Aufnahme der Studenten wie üblich in einem großen Saal in Anwesenheit aller Teilnehmer durch. Nach Beendigung des Empfangs verabschiedete ich mich und ging mit meiner Frau zur Erholung in einen der Kurorte im kasachischen Borowoj, hatte aber nicht einmal Zeit, die Koffer auszupacken, sondern wurde durch einen Anruf des Prorektors für Bildungsarbeit *"beglückt"*, der mir mitteilte, dass die Kommission des kasachischen obersten Rates in das Institut gekommen sei, um die Aufnahme und Einschreibung zu überprüfen, und ich solle dringend zurückkommen, obwohl ein Vertreter des Hauptbüros aus Alma-Ata während der gesamten Veranstaltung anwesend war. Es war das erste Mal in der Geschichte, dass der Oberste Sowjet einer Republik die Angelegenheiten einer Universität kontrollierte, was nicht in seinen Zuständigkeitsbereich fiel. In diesem Moment wurde mir klar, dass es nicht um die Hochschule, sondern um mich ging, und ich beschloss, dass es genug war. Ich teilte dem Prorektor mit, dass ich empört war und nicht mehr zur Arbeit kommen würde.

Ich kehrte nach Zelinograd zurück und flog am nächsten Morgen nach Alma-Ata, um mich mit dem Landwirtschaftsminister zu treffen. Er unterstützte meine Entscheidung, nach Deutschland zu gehen, hatte aber meine Kündigung nicht unterzeichnet. Er sagte mir: *"Ich möchte meinen Posten nicht gefährden, indem ich Sie, den letzten nicht-kasachischen Rektor, ohne Zustimmung des Regionalleiters entlasse."* Ich war vielleicht einer der wenigen Deutschen, möglicherweise sogar der Einzige in der Sowjetunion, der Doktor der Wissenschaften, Professor und Rektor der größten staatlichen landwirtschaftlichen Hochschule war. Also kehrte ich mit einem nicht unterschriebenen Kündigungsschreiben nach Zelinograd zurück, gab es im Empfangsbüro des Gebietsleiters ab und bat sie, es nach Alma-Ata zu schicken, sobald es freigegeben war. Kurz darauf reiste ich mit meiner Familie im Jahr 1993 als Spätaussiedler nach Deutschland. Die 5.000 Kilometer von Zelinograd, unserem damaligen Wohnort, nach Dortmund dauerten auf dem Rückweg nur Stunden. Jahre später folgten auch die Familien meiner Brüder Robert und Eduard.

9.5. Wieder in Deutschland zu Hause

Im Laufe der Zeit haben die Mitarbeiter der Universität, zu meiner großen Zufriedenheit, ein gutes Gedächtnis für mich bewahrt, wofür ich aufrichtig dankbar bin. Auch meine Brüder Robert und Eduard zogen nach mir aus Kasachstan nach Deutschland. So befinden wir uns nun in

Deutschland, unserer historischen Heimat, die meine Vorfahren 1760 verlassen haben. Ich bin mittlerweile 45 Jahre alt und muss ganz von vorne anfangen. Mein Deutsch ist relativ durchschnittlich, da ich während meiner Kindheit bei meiner Großmutter Deutsch gelernt habe und es auch in der Schule, an der Universität und während meines Studiums verwendet habe. Zudem habe ich viele Begegnungen mit Deutschen gehabt, die mir zugutekamen. Meine Frau Irene spricht praktisch kein Deutsch, und unsere Kinder, die beide in Kasachstan geboren wurden, haben die deutsche Sprache überhaupt nicht gelernt, da es in der Schule nur Englisch als Fremdsprache gab. Eugen hat sein Studium an der Universität nicht abgeschlossen, und Vadim hat nur die siebte Klasse beendet. Wir mussten wirklich von vorne anfangen: Arbeit suchen, weiter studieren, eine Wohnung suchen, neue Bekannte und Freunde finden und vieles mehr. Unsere engsten Freunde, Bekannten, die Arbeit und alles andere, was uns lieb und teuer war, haben wir zurückgelassen.

Natürlich dürfen wir die enorme Rolle des deutschen Staates bei unserer anfänglichen Anpassung an das neue Leben nicht vergessen. Ohne die organisatorische und finanzielle Hilfe der deutschen Regierung im Rahmen des Programms für Spätaussiedler wäre es für uns viel schwieriger gewesen. Diese Hilfe umfasste kostenlose Unterkunft, Deutschkurse, finanzielle Unterstützung für Lebensmittel und Kleidung und vor allem die Verleihung der deutschen Staatsbürgerschaft. Wir kamen als Spätaussiedler nach Deutschland, wie man damals alle Auswanderer aus der ehemaligen Sowjetunion, Ungarn, Rumänien und anderen Ländern nannte.

Ich hatte zwei Joboptionen. Beispielsweise erinnerte man sich an der Hochschule Weihenstephan-Triesdorf positiv an mich als Organisator eines gemeinsamen Projekts zwischen unseren Hochschulen, und so erhielt ich das Angebot, dort als Dozent zu arbeiten. Allerdings war dies mit einem Zweijahresvertrag verbunden, anstatt dass ich für eine fünfjährige Amtszeit gewählt wurde, was mir nicht gefiel. Ehrlich gesagt wollte ich nicht noch einmal als Lehrer anfangen, nachdem ich es bereits weit gebracht hatte. Deshalb stimmte ich dem Vorschlag meines guten Bekannten, dem Leiter und Inhaber der privaten Akademie für Informatik (AFI), zu, mit dem ich bereits eine Reihe erfolgreicher Projekte als Rektor in Kasachstan durchgeführt hatte. Wir hatten eine langjährige und recht freundschaftliche Beziehung. In dieser privaten Akademie für Informatik organisierte und leitete ich Lehramtsprojekte und Praktika für Studenten russischer Universitäten in Deutschland. Doch die ganze Zeit über dachte ich, dass diese Aufgaben nicht groß und wichtig genug für mich waren. Ich wollte etwas Wichtigeres und Größeres. Bald hatte ich die Gelegenheit dazu. Weiter möchte ich mich kurzfassen. Ich wurde bei debis, einem großen deutschen Unternehmen der damaligen DaimlerChrysler-Gruppe, fest angestellt, um an einem Agrarprojekt mitzuarbeiten und das Unternehmen in Russland zu vertreten. Das debis-Projekt war sehr komplex und sah vor, hunderttausend Hektar Ackerland für den Weizenanbau zu nutzen, um diesen zu verkaufen und so die Investitionskosten wieder einzuspielen. Hierfür war geplant, Maschinenbediener auszubilden und Russland mit dem gesamten Paket an notwendiger Landtechnik, Düngemitteln und Pflanzenschutzmitteln zu versorgen, das für 100.000 Hektar Anbaufläche benötigt wird. In den Bezirken der Region in Russland sollten

Servicestationen für deutsche Landmaschinen mit der notwendigen Ausrüstung eingerichtet werden. Um einen Eindruck vom Umfang der Lieferung zu geben, hier nur eine Auflistung der geplanten und später gelieferten deutschen Landmaschinen: 80 CLAS-Mähdrescher, 68 Amazone-Sämaschinen, 30 Amazone-Düngerstreuer, 57 Fend-Traktoren, 66 RAU-Grubber, 30 Lemken-Pflüge und 50 RAU-Spritzen. Das Projekt sollte mit 114 Millionen DM aus zinsgünstigen deutschen Krediten mit Hermes-Versicherung finanziert werden. Für die Gewährung eines so großen zinsgünstigen Darlehens zu den Bedingungen der Hermes-Versicherung war eine Bürgschaft der russischen Regierung erforderlich, und dies war der Schwerpunkt meiner Arbeit in der ersten Phase.

Es war einer der schwierigsten Abschnitte meines Lebens: Das Konzept des Projekts zu erklären, es auf allen Ebenen der russischen Regierung vorzustellen und zu verteidigen, von den Abteilungen verschiedener Ministerien bis hin zu Sitzungen in Anwesenheit der zuständigen Minister, und später das Projekt dem russischen Präsidenten vorzustellen, erforderte all meine Qualifikationen und mein Talent als Wissenschaftler, meine Eloquenz und Überzeugungskraft als Professor und einfach auch viel Glück. Es war, ohne Übertreibung, eine Herkulesaufgabe. Zusammen mit meinem Freund, dem Rektor des Orjol-Agrarinstituts Professor Parachin, haben wir alle notwendigen Briefentwürfe vorbereitet, das Projekt wiederholt vorgetragen und verteidigt und schließlich die Genehmigungen und Visa von Landwirtschaftsminister, Wirtschaftsminister und Finanzminister erhalten. Natürlich spielte der Gebietsgouverneur eine wesentliche Rolle beim Durchlaufen des Projekts durch die Regierungsbehörden und bei der letztendlichen Verabschiedung des Regierungsbeschlusses; nur dank seines starken Einflusses wurden uns die Türen von Ministerien, Banken und Regierungsstellen geöffnet.

Die Genehmigung dieses Investitionsprojekts und die Eröffnung der Vorzugsfinanzierung durch Deutschland erfordern die Unterstützung durch den russischen Präsidenten und den deutschen Bundeskanzler H. Kohl. Zu diesem Zweck gelang es E. Strojew, den ersten russischen Präsidenten Boris Jelzin davon zu überzeugen, das Projekt zu unterstützen und später den zweiten russischen Präsidenten, und ihm die Wirksamkeit der bereits im Rahmen des Projekts gelieferten deutschen Maschinen zu demonstrieren. Bei beiden Treffen war ich anwesend und hatte persönlichen Kontakt mit den Präsidenten Russlands. Es war die Zeit der ersten Jahre Putins als Präsident Russlands, und niemand konnte sich vorstellen, wie lange es dauern würde und welchen Krieg Russland am Ende gegen eine unabhängige Ukraine führen würde. Damals habe ich mich persönlich mit den Leitern der größten deutschen Landmaschinenfabriken, ihren Geschäftsführern und Finanziers sowie mit einzelnen Bundeslandwirtschaftsministern, Außerordentlichen und Bevollmächtigten Botschafter der Bundesrepublik Deutschland getroffen und gesprochen.

Im Jahr 1998 kam es in Russland zu einem Zahlungsausfall, der Rubelkurs sank abrupt, die Befreiung vom Mehrwert der gelieferten Ausrüstung wurde abgeschafft, wodurch sich die Amortisationszeit des Projekts verlängerte. Auf Wunsch des Gebiets sollte jetzt eine Getreideverarbeitung hinzukommen. Die deutsche Seite lieferte und installierte zwei zusätzliche Mühlenkomplexe mit einer Kapazität von 200.000 Tonnen pro Tag. Die Planung der Komplexe sowie die Lieferung und Installation der Anlagen wurden von der Firma Ravema durchgeführt.

Ich erinnere mich, dass wir zur gleichen Zeit versuchten, die Produktion von Landmaschinen in der Region zu organisieren, Berechnungen anstellten, Vorgespräche mit deutschen Fabriken führten und sogar mit Strojew an einem Treffen zu diesem Thema unter der Leitung des damaligen russischen Ministerpräsidenten in der Stadt Tula teilnahmen, aber das Projekt kam nicht zustande. Damals habe ich mir darüber Sorgen gemacht, aber heute denke ich, dass es gut ist, dass es nicht geklappt hat. Schon bald begann in Russlands Politik die Blockade von Kontakten mit dem Westen zu dominieren, die meisten ausländischen Unternehmen verloren ihre Investitionen und verließen Russland. Das habe ich später selbst zu spüren bekommen, als ich gezwungen war, mein Unternehmen aufzulösen. Abschließend möchte ich trotzdem sagen, dass ich froh und stolz bin, einen wesentlichen Beitrag zur Entwicklung und Umsetzung dieses Projekts geleistet zu haben, dass das größte Investitionsprojekt im russischen Agrarsektor war und immer noch ist. Als der Bau der Mühlenkomplexe abgeschlossen und an die Regierung der Region Orjol übergeben wurde, endete meine Tätigkeit als offizieller Vertreter von debis. Ich beschloss, zu kündigen und mein eigenes Unternehmen zu gründen. Das Management von debis unterstützte diese Entscheidung und gab mir das Recht, alle meine Kontakte aus der Zeit, in der ich an dem Projekt gearbeitet hatte, zu nutzen (besonders wertvoll für mich war das Recht, mit Fabriken - Landtechnikproduzenten - zusammenzuarbeiten), und gab mir eine bestimmte Summe als Abfindung, um mein eigenes Unternehmen zu gründen. Ich erhielt ein Schreiben mit den besten Empfehlungen für die Suche nach einem neuen Arbeitgeber, falls mein eigenes Unternehmen nicht funktionieren sollte.

In den folgenden Monaten verfolgte ich aktiv meinen Plan, ein eigenes Unternehmen zu gründen; ich wollte den Geschäftsbereich beibehalten und weiterhin Projekte für die Lieferung von Landmaschinen entwickeln, wobei ich die gewonnenen Erfahrungen und Kontakte nutzen wollte. In Russland gründete ich ein Unternehmen, das mit landwirtschaftlichen Betrieben, Banken, Spediteuren und anderen russischen Partnern zusammenarbeitet, und in Deutschland eine Firma, die sich mit der Finanzierung und Versicherung von Projekten, der Vorbereitung von Verträgen mit deutschen Fabriken und Partnern sowie der Lieferung von Maschinen befasst.

Bald gelang es mir, einen offiziellen Status als Vertreter einigen deutschen Werken in Russland zu erhalten. Voraussetzung dafür war nicht nur ein Büro in Russland, sondern auch ein Industriekomplex mit Räumlichkeiten für die Unterbringung und Sicherung der gelieferten Maschinen, Lager für Ersatzteile und Komponenten sowie eine Ausbildungseinrichtung für Maschinenführer. Um diese Bedingungen zu erfüllen, kaufte ich eine unfertige und verlassene Wartungsbasis mit einem großen Grundstück und baute sie in kürzester Zeit zu meinem neuen und eigenen Büro- und Produktions-/Lagerkomplex um. Dazu habe ich einen Kredit aufgenommen und alle meine Mittel, einschließlich des Geldes von debis, verwendet.

Mein Unternehmen entwickelte sich recht erfolgreich, und es gelang mir, mehrere relativ große Projekte zur Lieferung von Maschinen nach verschiedene Regionen Russlands durchzuführen. Meine Firma nahm aktiv an Ausstellungen in Russland teil, veröffentlichte Werbebroschüren und Bücher, die ich selbst geschrieben hatte, und gab sogar gelegentlich eine Zeitung heraus, die einen Überblick über den Markt und die Merkmale der importierten Maschinen und die Bedingungen für ihre Lieferung durch mein Unternehmen gab. Während meiner Tätigkeit in Russland war ich weiterhin aktiv in Wissenschaft und Lehre tätig, hielt wissenschaftliche Vorträge und veröffentlichte aktiv meine Arbeiten. Ich wurde zum Mitglied des Rates für Dissertationen an einer Landwirtschaftsakademie ernannt, zum Professor der Wirtschaftsabteilung der Akademie gewählt, übernahm die akademische Betreuung und bildete vier wissenschaftliche Kandidaten aus, die ihre Doktorarbeiten in Wirtschaftswissenschaften erfolgreich verteidigten.

Die guten Zeiten in meinem Geschäft gingen jedoch bald zu Ende. Die russische Regierung versuchte, die eigene Landmaschinenproduktion anzukurbeln, erhöhte die Zölle auf importierte Maschinen und verbot den wichtigsten Banken, der Sberbank und der Rosselchosbank, Kredite an russische Unternehmen zu vergeben, wenn diese Maschinen aus dem Ausland kauften. Eine Zeit lang kämpften mein neuer Partner und ich immer noch darum, das Geschäft in Russland aufrechtzuerhalten, und ich versuchte, auf die Lieferung von Solarmodulen umzusteigen, und schloss sogar einen Vertrag mit einem großen Unternehmen, das in Bayern Solarmodule herstellt, für das Recht, seine Produkte zu verkaufen. Ich habe den Eigentümer zweimal nach Russland gebracht und eine Ausstellung seiner Produkte organisiert, aber auch das hat nicht geklappt. Das Land, das reich an natürlichen Ressourcen und vor allem an Öl und Gas ist, war nicht sehr interessiert an neuen und fortschrittlichen Technologien für alternative Energien. Am Ende habe ich mein Geschäft in Russland aufgegeben. Nachdem ich mein Russland-Geschäft geschlossen hatte, ging ich in den Vorruhestand und übergab mein deutsches Unternehmen an meinen ältesten Sohn Eugen, und bin als Mitarbeiter im Unternehmen geblieben, das seine Geschäfts Prioritäten änderte und aus dem Russischem Markt austeigte.

Wie Sie aus den obigen Ausführungen ersehen können, hat die Politik mehr als einmal eine gewisse Rolle, nicht nur Allgemein in der Geschichte deutschen in Russland gespielt, sondern hatte auch den Einfluss in dem Schicksal und Leben einzelnen deutschen Familien.

Die einzige positive politische Persönlichkeit ist für mich Michail Gorbatschow, der erste und letzte Präsident der UdSSR, als einzige Führer, der dem russischen Volk wirklich etwas gegeben hat, vor allem die Freiheit. Er war wankelmütig, er war nicht immer konsequent, er wollte die Union erhalten, aber er hat den Afghanistankrieg nicht entfesselt, sondern beendet. Er gab dem sowjetischen Volk demokratische Wahlen, Freiheit der politischen Debatte, verbesserte die Beziehungen zum Westen, bot die Möglichkeit ins Ausland zu reisen. Und Gorbatschows Politik hat in meinem Leben zweimal eine wichtige Rolle gespielt. Das erste Mal, als ich auf der Grundlage seines Wahlgesetzes für Führungskräfte Rektor einer Universität werden konnte, und das zweite Mal, als meine Familie zusammen mit mehreren Millionen Deutschstämmigen aus der ehemaligen Sowjetunion und Osteuropa nach Deutschland ziehen und die deutsche Staatsbürgerschaft annehmen konnte.

Zum Abschluss der Geschichte meiner Vorfahren und meiner Familie möchte ich anmerken, dass ich froh und stolz, mit meiner Familie nach Deutschland gezogen zu sein, wo meine Kinder trotz aller anfänglichen Schwierigkeiten, einschließlich der Sprachprobleme, zu Hause leben. Ich bin froh, dass meine Enkelkinder Eugen, Julian, Emilia und Kirill in einem Land geboren wurden, aufwachsen und studieren, dass sie sofort als ihr eigenes betrachten, in dem sie nicht Gefahr laufen, aufgrund ihrer Nationalität in Studium, Beruf und Karriere oder einfach im Alltag diskriminiert zu werden. Und Sie werden auch unsere Familie Maul als nächste Generation weiter Präsentieren.

Die gesamte Reise unserer Familie Maul im Ausland dauerte somit 233 Jahre. Wie wir wissen, Andreas auswanderte 1760 nach Dänemark und nach der Einbürgerung wurden er, seine Frau und Kinder zu Dänen. Vier Jahre später verließen sie Dänemark und siedelten als Kolonisten an die Wolga in Russland über, wo sie die russische Staatsbürgerschaft erhielten. Unsere Vorfahren behielten diese Staatsbürgerschaft 177 Jahre lang, bis sie 1941 nach Kasachstan deportiert wurden. Nach dieser Zwangsaussiedlung erhielten wir die Staatsangehörigkeit der UdSSR, bevor Kasachstan ein souveräner Staat wurde und wir 1993 die kasachische Staatsangehörigkeit erlangten, von der wir später als deutsche Staatsbürger zurücktraten.

Also, in den 233 Jahren unserer Familiengeschichte gehörten wir dem Heiligen Römischen Reich der Deutschen an, erlangten dann die dänische, russische, UdSSR- und kasachische Staatsbürgerschaft, um nach der Rückkehr die deutsche Staatsangehörigkeit anzunehmen. Trotz der wechselnden Staatsbürgerschaften blieben unser Name und unsere Nationalität immer deutsch.

Epilog

Ich möchte die Geschichte der deutschen Kolonisten in Dänemark und Russland abschließen, indem ich einige Merkmale und verallgemeinernde Schlussfolgerungen skizziere, die die Einzigartigkeit dieses historischen Phänomens noch deutlicher machen. Es wird die Auffassung vertreten, dass die Jahrhunderte während Übersiedlung, das Zusammenleben mit anderen Völkern und die anschließende Rückkehr ein beispielloses und einzigartiges historisches Phänomen darstellt. Diese Behauptung lässt sich nicht nur durch die vielen Richtungen und die Dimension der Auswanderungsströme begründen, die schon für sich gesehen einzigartig sind, sondern auch durch die Besonderheiten, Ziele, den Charakter und die Folgen der Emigration der deutschen Kolonisten.

Die deutschen Kolonisten begaben sich nicht als bewaffnete Eroberer, die auf die Unterstützung und die Stärke eines sie aussendenden Staates bauen konnten. Sie siedelten gegen den Willen ihrer Herrscher auf Einladung von Monarchen in ihre neuen Länder über, in die sie zerlegte Pflüge und Saatgut für künftige Ernten auf ihren Kolonistenwagen und auf See- und Flussschiffen mitbrachten. Ihr wichtigstes Arsenal waren Kenntnisse und Erfahrungen im Ackerbau, und ihr Ziel bestand im Wesentlichen im riesigen Verlangen, die öden Ländereien in den neuen Ländern zu erschließen, in fruchtbares Land zu verwandeln und ein erfüllteres Leben darauf zu beginnen. Erfolgreich bewältigten sie die Aufgaben, vor die sie sich gestellt sahen, und erreichten ihre eigenen Ziele. Die öden Landstriche an der Wolga, an der

Schwarzmeerküste, im Kaukasus und in anderen Regionen Russlands wurden erschlossen. In all diesen Ländern entstanden Tausende ökonomisch erfolgreiche und florierende deutsche Kolonien. Die Übersiedlung in die neuen Länder erfolgte unter Bedingungen, die ihnen von den Monarchen von Dänemark und Russland garantiert und in speziellen Manifesten festgehalten wurden. Deren Inhalt wiederum hing in vielerlei Hinsicht vom damaligen Konkurrenzkampf um die deutschen Kolonisten ab. Dies galt ebenso für das Vorgehen und die nicht immer legalen Praktiken der zahlreichen Anwerber, die den deutschen Bauern in ihren Ländern häufig wider besseres Wissen den Himmel auf Erden versprachen.

Im Verlauf ihres gesamten, sich über viele Jahrhunderte erstreckenden Lebens in Russland durchliefen die deutschen Kolonisten sämtliches Unheil und Mühsal der Anfangsphase, bevor sie durch ihren aufopferungsvollen Einsatz entscheidend zur Entwicklung der Wirtschaft und aller Seiten des gesellschaftlichen Lebens in ihren neuen Ländern beitrugen. Eindrucksvoll stellten sie ihre Ergebenheit und Zuverlässigkeit genauso unter Beweis wie das Fehlen jeglicher Wünsche und Absichten, ihre neue Heimat eines Tages zu verlassen. Allerdings verließ die absolute Mehrheit der deutschen Bevölkerung die ihnen zur Heimat gewordenen Länder aus Gründen, die nicht bei ihnen selbst zu suchen waren. In der zweiten Hälfte des 19. und zu Beginn des 20. Jahrhunderts nahm die legale und illegale Emigration der deutschen Kolonisten aus Russland zurück nach Deutschland zu.

Zu den wesentlichen Ursachen der Massenemigration gehörten in sämtlichen Phasen der Neid auf den wachsenden Erfolg der ethnischen deutschen Bevölkerung und der Drang, sich ihren immensen Grundbesitz und ihr sonstiges Vermögen anzueignen. Die schnell wachsende Bevölkerung und die eingeschränkten Bodenressourcen riefen einen akuten Landmangel in Russland hervor, deren Machthaber sich nicht mehr an die Einladung der deutschen Kolonisten und deren äußerst wichtige Rolle in der Erschließung der einst öden und von Sümpfen übersäten Ländereien erinnern wollten. Nun, nachdem die deutschen Kolonisten ihrer Aufgabe nachgekommen waren, die einstmals öden Landstriche in fruchtbare Gebiete zu verwandeln, begannen die Machthaber und Teile der politischen Elite in der Gesellschaft antideutsche Ressentiments zu schüren.

Die Lage der deutschen Kolonisten verschärfte sich zusätzlich durch die Verschlechterung der internationalen Beziehungen während des Ersten und Zweiten Weltkriegs. Besonders tragisch waren die Auswirkungen der wahllosen Schuldzuweisungen an die ethnischen deutschen Minderheiten für die Verbrechen Nazideutschlands. Dies geschah vor dem Hintergrund, dass die Nachkommen der deutschen Kolonisten und anderer deutscher Bevölkerungsgruppen nichts mit der Machtergreifung und den Verbrechen des Naziregimes zu tun hatten, da sie sich seit Hunderten von Jahren außerhalb Deutschlands aufhielten. Die zahlreichen Fälle von Gewalt, Diskriminierung und Völkermord, die an ihren eigenen Mitbürgern deutscher Herkunft verübt wurden, sind ein dunklen Kapitel in der Geschichte Russlands und prägten sich tief im kollektiven Gedächtnis der deutschen ethnischen Minderheiten ein.

Dies ist einer der Hauptgründe für die darauffolgende beispiellose Massenemigration aus Russland. Die Manifeste der russischen Zaren garantierten den deutschen Kolonisten das Recht auf kompakte Siedlungsgebiete, Selbstverwaltung, freie Religionsausübung und die Nutzung der deutschen Sprache in Bildung und allen Lebensbereichen. Diese Bedingungen ermöglichten es den deutschen Kolonisten, in ihren dörflichen Gemeinden relativ isoliert zu leben und sich bis zum Beginn des Zweiten Weltkriegs praktisch nicht mit anderen Völkern Russlands zu vermischen. Diese isolierte Ansiedlung und Lebensweise der deutschen Kolonisten war auch im Interesse der zaristischen Machthaber, die eine Verbreitung fremder, nicht-orthodoxer Religionen unter der russischen Bevölkerung befürchteten.

Ein weiterer bedeutender Grund für die begrenzte Assimilation der Russlanddeutschen waren die gegen sie gerichteten Kundgebungen ab der Mitte des 19. Jahrhunderts, die während des Ersten Weltkriegs in antideutsche Hysterie, Pogrome und die Verabschiedung antideutscher Gesetze eskalierten. Die deutsche Bevölkerung reagierte auf diese ungerechten Anschuldigungen, Repressionen und Verfolgungen mit einem verstärkten Streben nach innerer Isolation, Protest und dem Wunsch nach Emigration. Trotz aller Ungerechtigkeiten demonstrierten die deutschen Kolonisten ständig ihre Loyalität gegenüber den russischen Machthabern.

Die zunehmende Stärke Deutschlands als historische Heimat der ethnischen Deutschen war ein weiterer Grund für die Politik der erzwungenen Assimilation der deutschen

Bevölkerung in Russland. Die Befürchtungen in Russland wurden insbesondere durch die Machtergreifung Hitlers verstärkt, der plante, die deutsche Bevölkerung im Interesse seiner Politik auszunutzen. Die Annexion Österreichs und des Sudetenlandes in der Tschechoslowakei durch Nazideutschland ließ die Angst vor den ethnischen Deutschen in Russland wachsen.

Die Befürchtungen oder Hoffnungen in einigen Teilen der Bevölkerung, dass Deutsche in Russland zurückkehren könnten, sind unbegründet. Eine erneute Massenmigration ehemaliger ethnischer Deutscher in ihre früheren Siedlungsgebiete ist aus verschiedenen Gründen nicht mehr möglich. Heutzutage überwiegt die Migration nach Deutschland, insbesondere aus Ländern, in denen in der Vergangenheit ethnische Deutsche lebten. Der beeindruckende und einzigartige Pioniergeist der deutschen Kolonisten im 18. und 19. Jahrhundert sowie ihre Bereitschaft zu langen, oft riskanten und abenteuerlichen Reisen, die vor drei Jahrhunderten Hunderttausende deutsche Bauern in die Fremde trieben, sind heute nicht mehr vorhanden. Die Ära der deutschen Kolonisten in Europa gehört unwiderruflich der Vergangenheit an, und das Kapitel über dieses einzigartige Phänomen ist endgültig geschlossen.

Mit Flüchtlingen aus Afrika, dem Nahen Osten, Mittelasien und anderen Ländern, in denen Armut, Hungersnöte und zahlreiche Kriege herrschen, befinden sich heutzutage ganz andere Migranten an den Toren Deutschlands und Russlands.

So schließt sich der Kreis! Das von der Geschichte selbst initiierte Experiment ist abgeschlossen!

Als unsere Vorfahren vor 260 Jahren in fremde Länder aufbrachen, konnten sie sich natürlich nicht vorstellen, dass sie unfreiwillig Teil eines von der Geschichte initiierten Experiments werden würden. Das Ziel dieses historischen Experiments bestand darin, eine Antwort auf die Frage zu finden: Konnten bedeutende Gruppen der deutschen Bevölkerung, die ihr Land verlassen und in fremden Ländern zu Kolonisten wurden, im friedlichen Zusammenleben mit der ansässigen Bevölkerung Wohlstand erlangen und dabei ihre Nationalität, Muttersprache, Kultur und Traditionen bewahren?

Die Realität zeigte Folgendes:

Die einzigartige Geschichte der deutschen Kolonisten in Russland zeigt, dass große und kleine Bevölkerungsgruppen bei der Übersiedlung in andere Länder unabhängig von den Bedingungen und Versprechungen der Machthaber in den aufnehmenden Ländern und von den eigenen Bemühungen ihre nationalen Besonderheiten nicht bewahren können. Stattdessen müssen sie bereit sein, sich freiwillig zu assimilieren. Andernfalls drohen unausweichliche und gewaltsame Assimilation, begleitet von verschiedenen Formen der Diskriminierung und Zwangsmaßnahmen, oder die Notwendigkeit, die neue Heimat zu verlassen und zurückzukehren, falls dies noch möglich ist, um dann von vorne zu beginnen.

Diese Lebenswahrheit sollte bedacht werden, bevor man die Heimat für immer verlässt.

Literaturverzeichnis

1. Bade, Klaus J: Europa in Bewegung: Migration vom späten 18. Jahrhundert bis zur Gegenwart, München, Beck, 2000, S. 24.

2. Preußen-Chronik. Das Mammutprojekt der Trockenlegung des derbruchs. In:http://www.preussenchronik.de/ereignis_jsp/key=chronologie_003240.html

3. Adelheid, Simsch: Die Wirtschaftspolitik des preußischen Staates in der Provinz Südpreussen 1793-1806/07, Duncker & Humblot/Berlin, 1983, S. 214.

4. Григорий, Писаревский: Изъ истории иностранной колонизации въ России въ XVIII в. С. 18.

5. William T. O`Relly: Migration nach Ost-und Südosteuropa vom 18. Bis zum Beginn des 19. Jahrhunderts. Herausgegeben von Mathias Beer und Dittmar Dahlmann, Jan Thorbecke, Stuttgart 1999, S. 109.

6. Bade, Klaus J: Europa in Bewegung: Migration vom späten 18. Jahrhundert bis zur Gegenwart. S. 142.

7. Deutsche Überseewanderung: In: http://de.wikipedia.org/wiki/Deutsche_Überseewanderung

8. Clausen, Otto: Chronik der Heide-und Moorkolonisation im Herzogtum Schleswig (1760-1765). Husum 1981, S. 17.

9. Dr. Alexander Eichhorn, Dr. Jacob Eichhorn und Mary Eichhorn: Die Einwanderung deutscher Kolonisten nach Dänemark und deren weitere Auswanderung nach Russland in den Jahren 1759–1766. Auflage 2012/First Edition 2012, S. 7.

10. Corina Hirthttps://www.volgagermans.org/who-are-volga-germans/origins/surnames/maul

11. Clausen, Chronik, S. 27.

12. Eichhorn, Einwanderung, S. 233, 241, 238.

13. Clausen, Chronik, S. 27, 28.

14. Eichhorn, Einwanderung, S. 229-315.

15. Clausen, Chronik, S. 27.

16. Eichhorn, Einwanderung, S. 89.

17. Eichhorn, Einwanderung, S. 106.

18. Eichhorn, Einwanderung, S.223.

19. https://de.wikipedia.org/wiki/Kartoffeldeutsche

20. Eichhorn, Einwanderung, S. 514, 515.

21. https://forum.ahnenforschung.net/archive/index.php/t-132668.html

22. Eichhorn, Einwanderung, S. 657-694, 223.

23. Pleve, I.: Einwanderung in das Wolgagebiet 1764-1767, Bd. 1-4, Göttingen, 1999-2008.

24. American Historical Society of Germans from Russia, Lincoln,1995.

25. Mai, B.A.: 1798 Census (…). Lincoln, 1999.

26.https://www.volgagermans.org/who-are-volga-germans/origins/surnames/Maul. Researchers Corina Hirt.

27. Karl Stumpp: Die Auswanderung aus Deutschland nach Rußland in den Jahren 1763 bis 1862. Landsmannschaft der Deutschen aus Rußland, 1993, S. 26

28. Robert Selig: Räudige Schafe und geizige Hirten. Studien zur Auswanderung aus dem Hochstift Würzburg

im 18. Jahrhundert und ihre Ursachen, Würzburg historischer Verein Schweinfurt E.V., Würzburg 1988, S. 91.

29 Adalbert Hauck: Die Höpfinger Massenhochzeit aus dem Jahre 1764.

30. Karl Stumpp, Die Auswanderung, S. 30.

31. Die wesentlichen globalen Ursachen sind voll beschrieben und begründet in Jakob Maul, Die deutschen Auswanderer im 18./19. Jahrhundert. Auf der Suche nach neuem Land-in Südosteuropa, Russland, Nord- und Südamerika. Weltbuchverlag, Dresden, 2017, S. 92-106.

32. Немцы-колонисты в Век Екатерины: Сборник документов Российского государственного архива древних актов по истории организации немецких колоний в Поволжье. Древлехранилище. Москва 2004, с. 11-28. Сайт поволжских немцев: http://www.wolga-deutsche.net)

33. Gerhard, Bonwetsch: Geschichte der deutschen Kolonien an der Wolga, Engelhorn Verlag, Stuttgart, 1919, S. 26

34. Christian Gottlob Züge: Der russische Kolonist oder Christian Gottlob Züge's Leben in Russland. (Nachdr. Ed. Ausgabe) Zeitz u. Naumburg, Webel, 1802.

35. Christian Gottlob Züge: Der russische Kolonist oder Christian Gottlob Züge's Leben in Russland. S. 100.

36. Christian Gottlob Züge: Der russische Kolonist oder Christian Gottlob Züge's Leben in Russland. S.104

37. Игорь Плеве: Немецкие колонии на Волге во второй половине XVIII века. 3 издание, АОО «Международный союз немецкой культуры», Москва, 2008, с. 340.

38. Григорий, Писаревский: Изъ истории иностранной колонизации въ Россіи въ XVIII в. С. 111.

39. Григорий, Писаревский: Изъ истории иностранной колонизации въ Россіи въ XVIII в. Приложение 38, с. 74-83.

40. Gottlieb, Beratz: Die deutschen Kolonien an der unteren Wolga in ihrer Entstehung und ersten Entwicklung - Gedenkblätter zur hundertfünfzigsten Jahreswende der Ankunft der ersten deutschen Ansiedler an der Wolga, 29. Juni 1764 - 29. Juni 1914, Saratow, 1915, 2. Auflage Berlin, 1923.

41. Игорь Плеве: Немецкие колонии на Волге во второй половине XVIII века. С. 99.

42. Im meinem Buch „Die deutschen Auswanderer im 18./19. Jahrhundert. Auf der Suche nach neuem Land-in Südosteuropa, Russland, Nord- und Südamerika" (S. 121) wurde er fälschlicherweise als mein Vorfahre ausgeführt.

43. Немцы-колонисты в Век Екатерины. Сборник документов Российского государственного архива древних актов по истории организации немецких колоний в Поволжье. С. 254-284.

44. Gottlieb, Beratz: Die deutschen Kolonien an der unteren Wolga in ihrer Entstehung und ersten Entwicklung. S. 39

45. Max, Praetorius: GALKA eine deutsche Ansiedlung an der Wolga. Druck von Thomas & Hubert. Spezialdruckerei für Dissertationen, 1912, S.7.

46. Igor, Pleve: Einwanderung in das Wolgagebiet 1764-1767. Band 1. Mecke Druck und Verlag, Duderstadt 1999, 1999, S. 12.

47. Christian Gottlob Züge, Der russische Kolonist, S. 88-90.

48. Григорий, Писаревский, Изъ истории иностранной колонизации въ России, С. 68-83.

49. Григорий, Писаревский: Изъ истории иностранной колонизации въ России, Приложения N 37, с. 72-83.

50. А. А. Герман, И. Р. Плеве: Немцы Поволжья. Краткий исторический очерк. Издательство Саратовского университета. Саратов 2002, с. 12. URL: http://www.rusdeutsch-panorama.ru/multimedia/fi-les/10311/file_10311.pdf

51. Gottlieb, Beratz: Die deutschen Kolonien an der unteren Wolga, S. 304-317.

52. Karl Stumpp, Die Auswanderung…, S.116.

53. Peter Simon, Pallas: Reise durch verschiedene Provinzen des Russischen Reichs. Teil 3, Frankfurt und Leipzig, 1778, S. 425-452.

54. Gottlieb, Beratz: Die deutschen Kolonien an der unteren Wolga in ihrer Entstehung und ersten Entwicklung. S. 181-190.

55. Gottlieb, Beratz: Die deutschen Kolonien an der unteren Wolga in ihrer Entstehung und ersten Entwicklung. S. 209, 213.

56. З. Гусакова, А. Майорова: Саратовский край XVIII века в документах. Издательство Саратовского педагогического института, Саратов, 1997, с. 3-54

57. Gottlieb, Beratz: Die deutschen Kolonien an der unteren Wolga in ihrer Entstehung und ersten Entwicklung. S. 211.

58. Указ Екатерины II «О разборе поселенных около Саратова колонистов и об учинении им ссуды». Немцы в истории России: Фонд Александра Яковлева. Документ №23. URL: http://www.alexanderya-kovlev.org/fond/issues-doc/65242

59. В. Киор: Иммиграционная политика царской администрации в Поволжье (вторая половина XVIII – первая половина XIX в.). Вестник РГГУ, № 6, серия «Исторические науки. Региональная история. Краеведение», Москва, 2012, с. 67-68.

60. История России кратко: Война России с Турцией. URL: http://historynotes.ru/russko-tureckie-vo-yny-18-veka/

61. Е.В. Бахмутская: Организация приема и расселения немецких колонистов в Санкт-Петербурской губернии в период правления императора Александра I. Материалы международной научной конференции в Анапе, 26-30 сентября 1997 г., с. 72-85. URL: http://www.rusdeutsch.ru/biblio/fi-les/343_biblio.pdf

62. Е.В. Бахмутская: Организация приема и расселения немецких колонистов... с. 72-85.

63. Alfred Eisfeld: 200 Jahre deutsche Ansiedlung im Schwarzmeergebiet. Rede anlässlich der Jubiläumsfeier der Landsmannschaft der Deutschen aus Russland am 20. September 2003 im Weißen Saal des Neuen Schlosses in Stuttgart:S.5.In: http://lmdr.de/wp-content/uplo-ads/2012/04/blacksee.pdf

64. 1763-2013. 250 Jahre russlanddeutscher Geschichte. Schwarzmeerdeutsche: Landesgruppe Niedersachsen der Landsmannschaft der Deutschen aus Russland e.V.2013, S.12.In: w.mi.niedersachsen.de/down-load/.../250_Jahre_russlanddeutsche_Geschichte.pdf

65. История немцев России. Хозяйственная деятельность колонистов: Информационный портал российских немцев. URL: http://www.rusdeutsch.ru/

66. Ольга Лиценбергер: Бессарабия: Колонизация края. URL: http://www.bessarabia.ru/rus2.htm

67. Bessarabiendeutschen: In: https://de.wikipedia.org/wiki/Bessarabiendeutsche

68. Виктор Дизендорф: Российские немцы в зеркале демографической статистики.Роттенбург,2011,URL:http://wolgadeutsche.net/diesendorf/Demographie.pdf

69. Ernst Almendinger: Katharinenfeld, ein deutsches Dorf im Kaukasus. Selbstverlag, 1989, S. 5-15.

70. Виктор Кригер: Краткий очерк истории российских немцев: географический и демографический аспекты. Причерноморские колонисты. URL: http://www.viktor-krieger.de/html/kratkij.html

71. Сергей Лебедев: Страна иммигрантов. Русская народная линия. Немцы России - самая известная иммигрантская община. URL: http://ruskline.ru/analitika/2015/04/25/strana_immigrantov/

72. 1763-2013. 250 Jahre russlanddeutscher Geschichte: S.10.

73. Е.Бахмутская:Немецкие колонисты. URL: http://genrogge.ru/grbook/13.htm

74. Е. Бахмутская: Немецкие колонисты. Дворянский род Рогге (Rogge). Немцы в России.: URL: http://genrogge.ru/grbook/13.htm

75. Johann, Thießen: Aus der Geschichte der Deutschen in Rußland. In:

http://schutz-brett.org/3x/de/geschichte/15-deutsche-beitraege/geschichte/1439-aus-der-geschichte-der-deut-schen-in-russland.html

76. Александр, Приб: Немецкие колонисты России 1763-2006. Исторический очерк, Waldemar Weber Verlag, Augsburg, 2013, S. 60-61.

77. Alfred Eisfeld: 200 Jahre deutsche Ansiedlung im Schwarzmeergebiet. S. 4-5. In: http://lmdr.de/wp-content/uploads/2012/04/blacksee.pdf

78. Светлана, Герасимова: Одесса. История предприятий. URL: http://blacksea.gr/ru/cities/odessa/4-1-5-1/

79. Эльвира, Плесская и Доротея, Черпняк: Заселение Причерноморья и города Одессы. Промышленность и торговля. URL: http://собор.narod.ru/txt/odessa/dutch.html

80. Памятные книжки Екатеринославской губернии за период 1860 – 1917г.г. (информация о меннонитах в этих календарях). URL:

http://chort.square7.ch/Buch/PKEkat.pdf

81. Туран, Ахундова: «Немцы-колонисты Азербайджана 19 и начала 20 века», издательство «ШУША», Баку, 1999, с. 126.

82. Ernst Almendinger: Katharinenfeld, ein deutsches Dorf im Kaukasus. S. 53.

83. Иван, Пушкарев: Описание Санктпетербурга и уездныхъ городовъ С. Петербурской губернии. Санктпетербург, 1839, с. 49.

84. Т.А. Шрадер: Поселения немецких крестьян-колонистов в Петербурской губернии в 19 веке и первые два десятилетия 20 века. В книге «Немцы в

России. Люди и судьбы». Российская академия наук, Санкт-Петербург, 1998, с. 85.

85. Александр, Клаус: Наши колонии. Опыты и материалы по истории и статистике иностранной колонизации в России. С. 479-521.

86. Gerhard, Bonwetsch: Geschichte der deutschen Kolonien an der Wolga. Engelhorn Verlag. Stuttgart 1919, S. 66.

87. Игорь Плеве: Немецкие колонии на Волге во второй половине XVIII века. С. 122.

88. Немцы в истории России: Документы высших органов власти и военного командования 1652-1917. Именной Указ Павла I «О нарезании поселенным в Саратове колонистам недостающего количества земли». URL: http://wolgadeutsche.net/bibliothek/Dok_1652_1917/30.htm».

89. А. Герман, И. Плеве: Немцы Поволжья. Краткий исторический очерк. С. 21.

90. I. Plewe, A. German: Die Wolga-Deutschen. In: http://siedlung.rusdeutsch.ru/de/Siedlungsgebiete/Wolgagebiet

91. В. Деннингхаус: Безземельные. Немцы России. In: http://rusdeutsch-panorama.ru/jencik_statja.php?mode=view&site_id=34&own_menu_id=4277

92. Johann, Thießen: Aus der Geschichte der Deutschen in Rußland. In:

http://schutz-brett.org/3x/de/geschichte/15-deutsche-beitraege/geschichte/1439-aus-der-geschichte-der-deutschen-in-russland.html

93. П. Вибе: Немецкие колонии в Сибири в условиях социальных трансформаций конца XIX – первой трети XX в.в. Автореферат диссертации на соискание ученой степени доктора исторических наук. «Омский государственный педагогический университет». Омск, 2009, с. 8.

94. В. Г. Тюкавкин: Великорусское крестьянство и столыпинская аграрная реформа, Москва, 2001, с. 251.

95. Столыпинская аграрная реформа: Историческая энциклопедия Сибири. URL: http://irkipedia.ru/content/stolypinskaya_agrarnaya_reforma_istoricheskaya_enciklopediya_sibiri_2009

96. М. Рогачевская: П. А. Столыпин — последний крупный государственный деятель царской России. Новосибирск. URL: http://econom.nsc.ru/eco/arhiv/ReadStatiy/2002_09/Rogachevska.htm

97. Столыпин – политика по переселению крестьян в Сибирь и на Дальний Восток: URL: http://rushist.com/index.php/russia/3291-stolypin-politika-po-pereseleniyu-krestyan-v-sibir-i-na-dalnij-vostok

98. П. Вибе: Образование и становление немецких колоний в Западной Сибири в конце XIX начале XX веков. URL:http://museum.omskelecom.ru/deutsche_in_sib/BOOK/create_col.htm

99. Иосиф Шлейхер и Бергиш Гладбах: Немцы Алтайского края и Омской области в жерновах репрессивной политики. Новые Земляки, Nr. 06. Juni 2016, с. 18.

100. Л. Малиновский: Причины и обстоятельства миграции немецких колонистов на Восток в XIX — начале XX вв. Материалы международной научной конференции. Анапа, 26-30 сентября 1997 г., Москва, Готика, 1998, с. 95.

101. В. Шайдуров: Российские немцы на Алтае (по материалам Всероссийской сельскохозяйственной и поземельной переписи 1917 г.), с. 67. URL: http://new.hist.asu.ru/biblio/demxoz/62-100.html

102. И. Нам: Немцы-переселенцы глазами сибирского чиновника: проблема адаптации в инокультурной среде (на материалах Томской губернии). Международная научная конференция, Саратов, 14-19 сентября 2004 г.

URL: https://refdb.ru/look/1984005-pall.html

103. П. Вибе: Немецкие колонии в Сибири: социально-экономический аспект. Формирование основных районов немецкой крестьянской колонизации. URL: http://sibistorik.ru/project/wiebe/glava1-2.html

104. А. Бетхер: Землевладение и землепользование в немецких поселениях западной Сибири в конце XIX – начале XX вв. URL: http://omskrusdeutsch.ru/index.php?option=com_content&task=view&id=746&Itemid=137

105. В.Э. Кригер: Социально-экономическое развитие немецкой переселенческой деревни Казахстана (дореволюционный период). Диссертация на соискание ученой степени кандидата исторических наук, Алма-Ата, 1991, с. 54-64.

106. Жукова: Немцы-меннониты в южном Хорезме. URL:

http://kungrad.com/history/etno/nem/

107. В.Э. Кригер: Социально-экономическое развитие немецкой переселенческой деревни Казахстана (дореволюционный период). С. 155-162.

108. Helmut Anger: Die Deutschen in Sibirien. Reise durch die deutschen Dörfer Westsibiriens. Ost-Europa-Verlag, Berlin, 1930, S. 15-16.

109. Ю. Подопригора: Немцы Павлодарского Прииртышья. Алма-Аты, 2010, с. 39

110. История Русских Немцев. Под редакцией С. Иванова. Германизация.URL: http://www.russianrevolution.narod.ru/romanov/wolgadeutsch.htm

111. Polenausweisungen: In: https://de.wikipedia.org/wiki/Polenausweisungen

112. С. Дроздов: Немецкий погром 1915 года. URL: https://www.proza.ru/2012/11/24/520

113. Г. Соболев: Тайный союзник. Русская революция и Германия 1914 – 1918. Борьба с немецким засильем.

114. Памятные книжки Екатеринославской губернии за период 1860-1917 годы (информация о менонитах в этих календарях): URL: http://chort.square7.ch/Buch/PKEkat.pdf

115. А. Айсфельд, В. Бруль: Депортация. URL: http://www.rusdeutschpanorama.ru/jencik_statja.php?mode=view&site_id=34&own_menu_id=4 115

116. Г. Соболев: Тайный союзник. Русская революция и Германия 1914 – 1918. Борьба с немецким засильем.

117. О. Мисько: Иностранные инвестиции и «германское засилье» в экономике России начала столетия: причины, борьба и последствия. В вестнике Санкт-Петербургского университета «История развития экономики и экономической

мысли».Сер.5,выпуск 3, URL http://vest-nik.spbu.ru/html15/s05/s05v3/05.pdf

118. И. Плеве: Начало эмиграции поволжских немцев в Америку. URL: http://wolgadeut-sche.net/pleve/emigration.htm

119. Valdir Gregory: Zur deutschen Einwanderung in Brasilien, S. 121 In: http://www.kas.de/wf/doc/10826-1442-1-30.pdf

120. Э. Путятова: Колонии российских немцев в Южной Америке в конце XIX века.URL:http://lib.herzen.spb.ru/media/magazines/contents/1/12(84)/putyatova_12_84_72_78.pdf

121. А. Фаст: «Эмиграционное движение немцев Сибири (1928-1930 гг.). Документы и материалы», Барнаул, 2005, с. 8.

122. Л. Белковец: "Большой террор" и судьбы немецкой деревни в Сибири. ММосква, 1995, стр. 10.

123. Г. Тарле: Российские документы о правилах въезда и выезда за границу в 20-х годах XX в. (Анализ источников), с. 96.

124. Столыпин – политика по переселению крестьян в Сибирь и на Дальний Восток: URL: http://rushist.com/index.php/russia/3291-stolypin-politika-po-pereseleniyu-krestyanv-sibiri-na-dalnij-vostok

125. А. Айсфельд: Немцы в Украине и германский рейх в годы Первой мировой войны. С.67.

126. Т. Ивлев: Законодательство российского государства в отношении российских немцев. Вестник Красноярского государственного аграрного университета.N.5,2012,с.465.URL:http://cyberleninka.ru/article/n/zakonodatelstvo-rossiyskogo-gosudarstva-v-otnoshenii-rossiyskih-nemtsev

127. А. Герман: Немецкая автономия на Волге. 1918—1941. Часть I. Автономная область. 1918—1924. Саратов: Издательство Саратовского университета, 1992. Часть II. Автономная республика. 1924—1941. Саратов, издательство Саратовского университета, 1994. 416 с.

128. Н. Осташева: Организационная деятельность менонитского объединения «Союз потомков голландских выходцев» как фактор обеспечения эмиграционного процесса первой половины 20-х гг. XX в. С. 235-238.

129. Ю. Митин: Роль менонитской общины Барвенковщины в конце 19-первой трети 20 века и ее судьба. URL: http://chort.square7.ch/Pis/Mitin.pdf

130. П. Вибе, И. Черказьянов: Немцы в Сибири. Историческая справка. URL:http://museum.omskele-com.ru/deutsche_in_sib/history.htm

131. П. Полян: Эмиграция: кто и когда в XX веке покидал Россию. Россия и ее регионы в XX веке: территория - расселение – миграции, под редакцией О. Глезер и П. Поляна, Москва, ОГИ, 2005, с. 493-519.

132. C. Böttger, I. Biereigel, G. Dittrich, W. Förster, A. Hilzheimer: Lexikon zur Geschichte und Deutsche Kultur der Russlanddeutschen. C. 346.

133. В. Дизендорф. Демографические процессы. Немцы России. Энциклопедия, том 1, Москва, 1990, с. 684.

134. П. Полян: Эмиграция: кто и когда в XX веке покидал Россию. С. 493-519.

135. C. Böttger, I. Biereigel, G. Dittrich, W. Förster, A. Hilzheimer: Lexikon zur Geschichte und Deutsche Kultur der Russlanddeutschen, c. 346.

136. В. Дизендорф: Демографические процессы. Немцы России, с. 684.

137. А. Герман: Коллективизация. Немцы России. Энциклопедия. Том 2, Москва, 2004, с. 139-143.

138. А. Герман: Голод. Немцы России. Энциклопедия, том 1,Москва,1999,с. 597.

139. В. Кондрашин: Голод 1932—1933 годов в деревнях Поволжья. «Вопросы истории»,№6,1991,с. 176-181. URL: http://scepsis.net/library/id_459.html.

140. А. Герман: Голод. Немцы России,1999, с. 596.

141. В. Дизендорф. Демографические процессы, с. 685.

142. Н. Петров, А. Рогинский: «Польская операция» НКВД 1937–1938 гг. (НИПЦ «Мемориал»), URL: http://www.memo.ru/history/POLAcy/00485ART.htm

143. Н. Охотин и А. Рогинский: из истории "немецкой операции" НКВД 1937-1938 гг. URL: http://www.memo.ru/history/nem/Chapter2.htm

144. Н. Охотин и А. Рогинский: из истории "немецкой операции" НКВД 1937-1938 гг. URL: http://www.memo.ru/history/nem/Chapter2.htm

145. История российских немцев. Депортация немецкого населения европейской части СССР в Сибирь и Казахстан. URL: http://www.geschichte.rus-deutsch.ru/21/54

146. Николай Бугай: Депортация народов.

URL: http://scepsis.net/library/id_1237.html.

147. В. Дизендорф: Депортация российских немцев в 1941-1942 гг.: причины, особенности, последствия. URL: http://wolgadeutsche.net/diesendorf/deportation.htm

148. А. Герман: Трудовая армия. Немцы России. Энциклопедия, том 3, Москва, 2006, с. 570-580.

149. А. Герман: Репатриация немцев в СССР в 1945-48. Немцы России. Энциклопедия, том 3, с. 264-269.

150. В. Земсков: Спецпереселенцы в СССР. 1930-1960, Москва, Наука,2005, с.167.

151. В. Бердинских: Спецпереселенцы. Политическая ссылка народов

советской России, Москва, Новое литературное обозрение, 2005, 768 с.

152. Г. Гончаров: Трудовая армия на Урале в годы Великой Отечественной войны. Автореферат диссертации на соискание ученой степени доктора исторических наук. Челябинск, 2006, URL: http://www.dissercat.com/content/trudovaya-armiya-na-urale-v-Gold-velikoi-otechestvennoi-voiny

153. П. Полян: не по своей воле… История и география принудительных миграций в СССР. Вместо заключения: геодемографический масштаб и последствия принудительных миграций в СССР, О.Г.И - Мемориал, Москва, 2001.

154. Alle Statistischen Daten im Buch zu Spätaussiedlern stammen von BAMF - Bundesamt für Migration und Flüchtlingen.

155. Igor Pleve. Aus der Autorenseite der Internetseite „Die Geschichte der Wolgadeutschen". Liste der deutschen Wolga-Kolonisten, die ausländische Pässe erhielten für eine Reise nach Amerika für 1886, 1890-1892, 1900, 1906-1909, 1912.